RESEARCH ON RATIONALIZATION
OF INTERNATIONAL ECONOMIC ORDER

# 国际经济秩序
## 合理化研究

程恩富　孙绍勇　主编

上海财经大学出版社

**图书在版编目（CIP）数据**

国际经济秩序合理化研究/程恩富,孙绍勇主编.——上海：上海财经大学出版社，2023.3
ISBN 978-7-5642-4101-8/F·4101

Ⅰ.①国⋯ Ⅱ.①程⋯②孙⋯ Ⅲ.①国际经济-经济秩序-研究 Ⅳ.①F11-0

中国版本图书馆CIP数据核字(2022)第220052号


**国际经济秩序合理化研究**

作　　者：程恩富　孙绍勇　主编

责任编辑：陈　明

书籍设计：张克瑶

出版发行：上海财经大学出版社有限公司

地　　址：上海市中山北一路369号（邮编200083）

网　　址：http://www.sufep.com

电子邮箱：webmaster@sufep.com

经　　销：全国新华书店

印刷装订：上海华业装璜印刷厂有限公司

开　　本：710mm×1000mm　1/16

印　　张：12.25

字　　数：199千字

版　　次：2023年3月第1版　2023年3月第1次印刷

定　　价：80.00元

# 目　录

# 前　言

　　当今世界面临百年未有之大变局，经济全球化、政治多极化、文化多样化潮流不可逆转，各国间依存度加深，国际经济秩序合理化越来越成为国际社会共同的追求和目标，为国际体系转型提供了需求与动力。2013年3月27日，习近平同志在金砖国家领导人第五次会晤时强调："不管全球治理体系如何变革，我们都要积极参与，发挥建设性作用，推动国际秩序朝着更加公正合理的方向发展，为世界和平稳定提供制度保障。"[①]2015年3月28日，面对风云变幻的国际和地区形势，习近平同志在博鳌亚洲论坛发表主旨演讲时倡导，"共同营造对亚洲、对世界都更为有利的地区秩序，通过迈向亚洲命运共同体，推动建设人类命运共同体"[②]。近年来，国际力量对比正在发生前所未有的积极变化，新兴市场国家和发展中国家群体性崛起正在改变全球政治经济版图，世界多极化和国际经济秩序合理化大势难逆，以西方国家为主导的全球治理体系出现变革迹象，但争夺全球治理和国际规则制定主导权的较量十分激烈，西方发达国家在经济、科技、政治、军事上的优势地位尚未改变，更加公正合理的国际政治经济秩序的形成依然任重道远。

---

　　① 习近平.习近平谈治国理政［M］.北京：外文出版社，2014：324.
　　② 习近平.迈向命运共同体 开创亚洲新未来——在博鳌亚洲论坛 2015 年年会上的主旨演讲［OL］. http://www.gov.cn/xinwen/2015－03/29/content_289796.htm.

当前的世界正在发生空前深刻的变化,不仅表现在国际力量格局正经历着明显的改变,而且表现在国际经济秩序合理化的发展也面临着严峻的挑战,包括霸权主义和强权政治有所强化、领土与主权问题有所突出、非传统安全的威胁有所增加、单边主义盛行、国际组织发挥作用有限等。美国等西方国家试图用单一的意识形态统一文化多元化的世界,文明的冲突在所难免。虽然美苏冷战已经结束,但美国对社会主义国家的冷战思维依然持续,加剧了国际冲突。资本主义的剥削结构日益扩展到不同国家、民族和地区之间,带有"全球性"的劳动与资本的对抗势必加大富国与穷国的差距,从而加剧世界经济政治发展的不平衡。国际社会力量不平衡影响建立国际新秩序,国际制度本质上体现了"制度性的霸权",并不完全以国际正义和平等为准则。美国利用对外军售,插手地区事务和影响世界局势,导致世界军事发展的不平衡等负面影响因素阻碍了国际经济秩序合理化进程。

国际经济秩序合理化的实现,关系到新的国际秩序格局的构建,关系到众多国家特别是弱小穷国利益的维护。当前,国际政治格局总体平稳,国际政治格局的多极化为国际经济秩序的合理化提供了较为有利的国际环境。美国党派纷争使得国家治理能力削弱,试图称霸世界力所不及。反观欧盟、日本、俄罗斯、中国,通过不断发展变革增强自身的实力,在国际舞台上的作用日益凸显。国际政治力量的分化组合促进了世界发展的多极化,对于遏制霸权主义和强权政治及推进国际经济秩序的合理化具有重要意义。2016 年 10 月 16 日,习近平同志深刻指出:"当前,世界经济复苏势头仍然脆弱,全球贸易和投资低迷,大宗商品价格持续波动,引发国际金融危机的深层次矛盾远未解决。一些国家政策内顾倾向加重,保护主义抬头,'逆全球化'思潮暗流涌动。"①实现国际经济秩序合理化目标是一个长期的渐进过程,从当前国际经济秩序合理化面临的机遇和障碍来看,要推进国际经济秩序合理化需要做到:一是通过加强经济平等互利合作、发展多元化的货币、改革国际货币基金组织等途径促进全球经济均衡发展;二是维护和尊重世界的多样性,尊重各国各民族文明差异,保护世界文明的多样性,推动不同文明之间的交流与借鉴;三是发挥联合国的主导作用,加强地区性国际组

---

① 习近平. 坚定信心 共谋发展——在金砖国家领导人第八次会晤大范围会议上的讲话 [OL]. http://www.xinhuanet.com//world/2016-10/16/c_1119727543.htm.

织和世界银行、世界贸易组织等国际经济组织的作用,从而提升国际组织的影响力;四是恪守国际法和国际秩序基本准则,不断充实和完善国际法的编撰,改革国际法庭等国际法律机构,加强国际法官选任的透明度和公开性。

在以美国垄断资本主义主导的经济全球化条件下,全球阶级斗争依然尖锐。列宁告诫我们:"只要有不同的阶级存在,就不能说'纯粹民主',而只能说阶级的民主。"[①]"'纯粹民主'是自由主义者用来愚弄工人的谎话"[②],西方民主只是资产阶级的民主,所谓"普世价值"并不具有普适性,而只是资产阶级的价值观。从国际上来说,美国的劣质民主只是美国的民主,而不是别国的民主样板。美国只输出"民主",而不输出民生。在美国的利益有安全保障的情况下,美国就会把输出"民主"束之高阁;当美国的利益受损的时候,它就会拿起民主的大棒到处攫取自己的利益。尤其是冷战结束后,美国一家独大,肆无忌惮地推销起自己的"民主"来,从政治上、经济上、外交上、军事上多管齐下,能打哪张牌就打哪张牌,手法熟练老到。一个多世纪过去了,美国民主政治的形式有了些许变化,如现今黑人代表可以进入美国政坛,在法律上美国的印第安人和其他少数族裔也可以拥有选举权和被选举权等。然而,两党政治人物所代表的美国垄断资本集团的根本利益没有变,其所维护的美国式资本主义制度的本质始终不变。各国人民只有认清西方民主的真相,团结一致反对霸权主义,才能建立新的国际政治经济秩序,共建人类命运共同体。中国将继续积极引导国际社会共同建立更加公正合理的国际新秩序,引导国际社会共同维护国际安全,推动公正的经济全球化和自由贸易,促进人类命运共同体和利益共同体的构建,使国际经济秩序不断合理化和世界人民福利最大化。

习近平同志曾明确提出:"世界繁荣稳定是中国的机遇,中国发展也是世界的机遇。和平发展道路能不能走得通,很大程度上要看我们能不能把世界的机遇转变为中国的机遇,把中国的机遇转变为世界的机遇。"[③]中国作为一个发展中国家,在和平崛起的进程中取得了举世瞩目的成就,随着以美国为首的西方国家将战略重点转向亚洲,中国如何在复杂的环境中实现自身持续发展并推动国际经济秩序合理化,是一项重要课题。面对这一课题,中国提出了创造性的解决方

---

① 列宁选集(第三卷)[M].北京:人民出版社,2012:600.
② 列宁选集(第三卷)[M].北京:人民出版社,2012:601.
③ 习近平.习近平谈治国理政[M].北京:外文出版社,2014:248.

案并为之付出实际行动:一是深化同发展中国家的合作,维护弱小国家利益;二是借助新兴大国力量调整,推动国际秩序的变革;三是坚持走和平发展的道路,推进"一带一路"建设;四是正确认识"凉战"与冷战的异同,积极应对"凉战"形势;五是推进人民币区域化和国际化,建立全球经济新秩序;六是发挥好中国在世界经济体系的"准中心"地位作用。中国推动国际经济秩序合理化的积极态度有助于世界各国明确方向、凝聚共识和增强信心,积极推进国际经济秩序的改革,引导国际社会共同塑造更加公正合理的国际经济新秩序,并积极应对"凉战"形势。

本书编写者有程恩富、孙绍勇、蒯正明、戴圣鹏、杨培祥、李静。十分感谢上海财经大学出版社帮助出版此书!

2023 年 1 月

# 第一章

# 国际经济秩序合理化基本理论概述

习近平同志在庆祝改革开放 40 周年大会上的讲话中指出:"前进道路上,我们必须高举和平、发展、合作、共赢的旗帜,恪守维护世界和平、促进共同发展的外交政策宗旨,推动建设相互尊重、公平正义、合作共赢的新型国际秩序。我们要尊重各国人民自主选择发展道路的权利,维护国际公平正义,倡导国际关系民主化,反对把自己的意志强加于人,反对干涉别国内政,反对以强凌弱。我们要发挥负责任大国作用,支持广大发展中国家发展,积极参与全球治理体系改革和建设,共同为建设持久和平、普遍安全、共同繁荣、开放包容、清洁美丽的世界而奋斗。"①自 1648 年《威斯特伐利亚和约》面世以来的近 400 年的国际秩序史,就是各民族国家追求主权平等、独立自主和公正国际秩序的历史,而国际经济秩序合理化是建立公正合理国际新秩序的必要前提。国际经济秩序合理化是从以统治和服从为特征的强权型国际秩序向以独立自主、平等参与、互利合作为特征的民主型国际经济关系转化的过程,是长期演进、不断进步的历史过程。长期以来,国际经济关系呈现等级结构,几个主要大国争夺世界霸权,霸权国家压迫中小国家,毫无民主可言,与资产阶级革命追求的自由、民主、平等相背离。20 世纪初,在世界性社会主义运动和亚非拉民族解放运动等进步潮流的推动下,国际经济秩序合理化进程才开始启动。因此,在分析当下国际经济秩序关系的现状之

---

① 习近平. 在庆祝改革开放 40 周年大会上的讲话 [N]. 人民日报,2018 - 12 - 18.

前,需要了解国际经济秩序合理化的内涵、意义,以及艰难推进的历史进程。

## 一、国际经济秩序合理化的内涵和目标

搞清楚国际经济秩序合理化的基本内涵和要求,是推进这一过程的首要前提。国际经济秩序一般是指在一定世界格局基础上形成的国际经济运行规则和相应的贸易机制,通常包括国际分工、国际协议及惯例和贸易规则等。

国际经济秩序合理化与国内政治中的民主化概念有关。理解国际经济秩序合理化,首先要了解国内政治中民主的定义。"民主"原意是指多数人的统治。它起源于古希腊政治学家亚里士多德对古希腊城邦国家的分类。他把一个人统治的国家称为君主国,少数人统治的国家称为贵族国,多数人统治的国家称为民主国。从现代科学意义上看,民主是一种社会政治现象,是包含民主精神、民主目标、民主原则、民主机制的有机整体。

就其表现形式而言,民主主要表现为四个方面:一是表现为每个个体有基本的自由权利,可以自由地决定各自的事务。二是表现为每个个体之间的权利是平等的,无论个体差异如何,都享有平等的权利,不允许任何特权存在。三是表现为遵循多数裁决原则。民主意味着所有个体对公共事务的自主自决。对于一些需要做决定的公共问题,每个个体都有权平等地参与决定,并在自由讨论和协商的基础上,依照一定程序将各种不同意见付诸表决,按"每个个体一票,少数服从多数"的原则,按照多数人的意见做出决定。四是表现为平等而不是平均主义。民主尊重每个个体的性格特征,肯定每个个体都有平等和自由发展的条件和机会,提倡公平竞争,并承认在公平竞争下由于能力、水平上的差异而造成的结果上的不平等。

国内政治与国际政治密不可分,两者以国家这一行为体为纽带,国际政治是国内政治的延伸,国内政治是国际政治的根源。因而传统民主理论的精髓完全有可能、也有必要在国际经济秩序合理化进程中加以借鉴。但是,国际政治与国内政治有质的区别:国内政治是统治权支配下的"立体式"结构,而国际社会是主权实体林立的"平面式"结构。因此,对传统民主理论不能采用简单的"拿来主

义",而应加以丰富和引申,以便用更开阔的视野来审视民主,以更完备的民主理论来构建新的世界经济秩序。

"化"的本意是达到至善的过程,"合理化"是追求民主、实现民主的过程。在经济全球化深入发展的大背景下,各国发展息息相关。没有发展中国家普遍发展和平等参与,就没有世界共同繁荣,就无法建立更加公正合理的国际经济秩序。在这种情况下,迫切需要建立一个新的对话合作平台,加强全球经济治理,推动建立新的更加公平、公正、合理的国际经济秩序。而这个过程就是国际经济秩序合理化。国际经济秩序合理化突破了民主理论及实践在一国范围内的界限,将民主观念及基本原则付诸国际秩序领域,使国际社会从以统治和服从为特征的强权型国际秩序向以独立自主、平等参与和互利合作为特征的国际经济秩序转化。对此,江泽民同志就明确地提出,国际政治经济新秩序,应该保障各国享有主权平等和内政不受干涉的权利;应该保障各国享有平等参与国际事务的权利;应该保障各国享有平等的发展权利,特别是要保障广大发展中国家发展权利;应该保障各个民族和各种文明共同发展的权利。① 2009 年 9 月 23 日,胡锦涛同志在第 64 届联大一般性辩论中发表重要讲话,指出:"没有发展中国家普遍发展和平等参与,就没有世界共同繁荣,就无法建立更加公正合理的国际经济秩序。"②就其具体内涵来看,国际经济秩序合理化主要包括:

第一,民主精神是国际经济秩序合理化的内在底蕴。国际经济秩序合理化要有精神的支撑。任何国家都是在一定理念的支配下和精神的支持下开展国际活动,也正是这种活动又影响到国际经济秩序合理化的程度。具体来说,一是协商精神。各国的事情要由各国人民做主,国际上的事情要由各国平等协商,全球性的挑战要由各国合作应对。世界上所有国家,不分大小、贫富、强弱,都是国际社会的平等成员。无论发达国家还是发展中国家,都拥有平等参与协商国际事务的权利。二是包容精神。尊重世界的多样性,承认和尊重各国在历史传统、宗教文化、社会制度、意识形态、生活方式、文明样式等方面的差异性,允许各种制度和文明和平共存,让人民和历史对其最终做出选择。三是开放精神。在经济全球化大背景下,要求人们以全球的视野和开放的眼光来审视人类社会生存和

---

① 中共中央文献研究室.江泽民论有中国特色社会主义(专题摘编)[M].北京:中央文献出版社,2002:543-544.

② 中共中央文献研究室.十七大以来重要文献选编(中)[M].北京:中央文献出版社,2011:216.

发展的共同利益,这种全球精神是民主精神的时代内涵。

第二,民主原则在国际经济秩序合理化进程中的拓展。民主原则可归纳为:平等原则、多数决定原则、保护少数原则等。在推进国际经济秩序合理化的进程中,这些民主原则不仅要在国内使用,更需要推广到国际社会中。具体而言:一是平等原则。即主权平等原则,尊重各国主权的独立和平等参与国际事务的权利。二是多数决定原则。即在国际事务决策中,各国均有平等自由表达权利要求的机会,但同时要服从多数国家的意见。三是保护少数原则,表现为对所有国家的尊重,不管其大小、强弱、贫富,更不能以意识形态、发展模式等是否为主流而动辄将他国列为"专制国家"、"邪恶国家"等。四是无反对原则。即对某些重大国际事务的决定中,联合国五个常任理事国无反对票而通过,也体现国际民主原则。

第三,共同发展是国际经济秩序合理化的终极目标。人类社会,尤其是广大发展中国家之所以要推进国际经济秩序合理化,就在于它对于国际事务的处理、对于国际社会的互利合作和共同发展都具有极为重要的意义。国际经济秩序合理化和国际社会的共同发展是相互联系、相互制约的,国际经济秩序合理化能够促进国际社会的共同发展。在霸权主义和强权政治主宰的国际社会中不可能有国际公平与公正,这就必然造成国际社会的不平等和动荡不安,也就不可能有国际社会的共同发展。反过来,没有世界各国的普遍发展和共同繁荣,也就难以圆满实现国际经济秩序合理化。


## 二、国际经济秩序合理化推进的艰难历程

在欧洲历史上,旧的国际经济秩序合理化进程萌芽于欧洲启蒙运动,奠基于1648年欧洲国家签订的《威斯特伐利亚和约》。在威斯特伐利亚体系产生之前,欧洲没有现代意义上的主权国家,欧洲的政治局面表现为罗马天主教会和封建主联合统治的邦国林立、纷争不已的"欧洲秩序"。《威斯特伐利亚和约》确定的一项重要原则是各国无论大小,都应以主权国家的身份参与国际事务。此后欧洲各国虽然战争不断,但基本上还是根据威斯特伐利亚和会所确定的原则行事。

由于世界强国之间的冲突和竞争加剧,各列强先后订立维也纳会议文件、《凡尔赛和约》《华盛顿条约》等国际协约,推动了国际经济秩序合理化的进程。1815 年,维也纳体系取代威斯特伐利亚体系,这使欧洲的国际秩序发生了历史性变革。维也纳体系是欧洲国家在围剿法国革命、击败拿破仑帝国和恢复欧洲旧秩序的基础上建立起来的。维也纳会议以"正统原则"来恢复被推翻的封建王朝,以"补偿原则"来协调各君主国的利益范围,以"均势原则"来维持各大国之间的力量对比,从而开始了一个所谓的均势的"黄金"时期。欧洲列强正是在这"黄金"时期中蓬勃发展起来的,并把它们的势力拓展到全世界,成为全球的主宰。第一次世界大战后,"凡尔赛—华盛顿体系"被建立起来。这一体系越出了欧洲范围,将远东也纳入欧洲列强所设定的国际秩序中。这一体系的目标是防止战败国德国的再起,同时满足或平衡战胜国家(不包括中国,虽然中国也曾参战并属于战胜国)的既得利益。从时间上看,这个体系是短命的,因为它持续了不到20 年就土崩瓦解了。

可见,旧的国际经济秩序合理化反映和适应了资本主义列强协调与规范相互关系的历史需要,其目的都在于避免因恶性无序竞争而引发战争,维护和增进强国,尤其是战胜国在体系中的权力和利益,但这种"民主化"是强权的产物,实质是列强分赃,这决定了整个国际秩序中几乎没有多少公平和民主可言。此后,第二次世界大战的爆发宣告了旧的国际经济秩序合理化的彻底破产。

现代国际经济秩序合理化始于第二次世界大战后。随着国际法西斯阵营的垮台,民族解放运动成了一股不可抗拒的时代潮流,到处冲击着帝国主义殖民体系,遂使其土崩瓦解。"第二次世界大战前,世界上的殖民地和半殖民地人口约达 15 亿,到 1955 年已有 12 亿~13 亿人口获得了解放。"[1]同时,第二次世界大战后,世界政治地图迅速发生变化。在欧洲,南斯拉夫、阿尔巴尼亚、保加利亚、匈牙利、波兰、捷克斯洛伐克、罗马尼亚和民主德国相继脱离了资本主义体系,走上社会主义道路。在亚洲,中国、朝鲜和越南也成功地实现了这一目标。社会主义国家共拥有世界人口的三分之一和世界土地面积的四分之一。欧洲和亚洲一大批国家走上人民民主专政和社会主义革命的道路,战后彼此之间又开展了紧密合作,战后国际秩序的新变化强烈要求以民主、平等为基础的国际新秩序取代列

---

① 李植. 20世纪世界史(下卷)[M].武汉:湖北教育出版社,1998:38.

强主宰的国际旧秩序,新的国际经济秩序合理化主张应运而生。

新兴国家有着强烈的独立自主意识和平等参与国际事务的意识,坚决反对任何国家损害其国家主权或垄断国际事务。它们为了提高本国的国际地位和作用,纷纷走上联合自强之路,通过各个地区性组织和不结盟运动及 77 国集团等组织,加强并深化区域一体化与国际合作,提高了自己在国际上的能见度和话语权。发展中国家既是国际经济秩序合理化的催生者,也是推进这一合理化进程的主力军。1960 年 9 月,一些石油生产国为了反对国际石油垄断财团对石油生产、提炼、运输和销售的控制与垄断,维护自己的主权和利益,首先发起成立了"石油输出国组织",经过斗争取得了提高石油标价和石油税率、增加产油国在西方石油公司中的股权等重大胜利。随着第三世界的觉醒和壮大,发展中国家逐渐认识到掌握在自己手中的石油资源是反帝、反殖、反霸的有效武器。

进入 20 世纪 70 年代以后,建立国际经济新秩序的斗争进入高潮。1970 年,第三次不结盟国家和政府首脑会议通过了《关于和平、独立、发展、合作和国际关系民主化的卢萨卡宣言》,强调各国应充分行使国家主权,各国拥有对其内政外交的主导能力,国家不分大小、强弱、贫富,都应平等地独立自主参与国际事务并发挥应有的作用。为了改变国际经济关系中的不平等状况,实现世界经济的共同繁荣,广大发展中国家还积极倡导南南合作,促进南北对话。1974 年,经过第三世界国家的努力和联合斗争,第 6 届联大特别会议和第 29 届联合国大会讨论并通过了《关于建立新的国际经济秩序宣言》、《行动纲领》和《各国经济权利与义务宪章》,终于形成了具有指导意义的纲领性文件。1974 年以后,又举行了多次以发展中国家为主的国际性会议,发表了许多宣言和决议,进一步丰富了关于新的国际经济秩序的思想内容,也进一步推动国际经济秩序合理化的进程。

20 世纪 80 年代在世界经济发展不利于南北谈判的情况下,发达国家和发展中国家在坎昆会议上交换意见,就南北关系的一些具体问题取得了一致。南南合作在这一时期也取得了引人注目的发展,发展中国家在贸易优惠谈判的基础上签订了全球贸易制度总协定,它们在应用技术上加强合作互助,共享技术进步的成果,为国际经济秩序合理化创造了良好的国际环境。但在这一时期,美苏两个超级大国分别支配了资本主义和社会主义两大阵营,主要资本主义国家长期实行的"冷战"严重妨碍全球经济、政治和文化进步,并使军备竞赛加剧,也严重阻碍了国际经济秩序合理化的进程。

从 20 世纪 90 年代至今,随着冷战的结束,全球化得到了快速发展。交通和信息技术的迅猛发展将全世界各国更为紧密地联系在一起,加速了生产要素的跨国界流动,全球化也不断向纵深发展。全球化将各国纳入世界性市场经济体系中,在科技革命推动下国际分工的深度、广度和水平不断加强,各国和各地区之间的经济利益日益交织。这种无法割断的联系使任何国家,无论其经济实力多强,都不能特立独行,都必须在有关领域与其他国家进行合作。国际合作是主权国家间的利益协调,它的一个必要前提和基本原则是相互尊重国家主权,坚持平等互利。此外,国家间经济合作也培育了人们对于谈判、妥协和国际秩序中法律秩序的期望。这些都属于国际经济秩序合理化的重要内容。这种发展的重要结果之一就是全球相互依赖进一步加深,为 21 世纪前期世界和平提供了重要机遇,也有利于世界多极化的发展。"在多极格局基础上形成世界大国相互制约和协调合作关系,才能使各国寻求一种利益平衡,达到一种动态的稳定。"①但是,为了巩固"全球领导地位",美国不断交替使用"单边主义"、"多边主义"等战略手段,阻遏多极化和民主化趋势。从立足于联合国转移到国际货币基金组织、世界银行、世界贸易组织、国际能源机构和北约军事组织等,美国主导国际规则的制定,推行新自由主义、新霸权主义、新帝国主义政策,把接受美国的价值观和亲美的立场作为提供对外援助和贷款的先决条件,把国际政策变成维护其本国实力、遏制或削弱他国实力以实现自己狭隘利益的工具,从而极大地破坏了全球经济、政治、文化和军事的民主治理。这导致维持国际体系稳定的集体行动能力明显降低,并使全球公共物品供给相对不足,各种全球性问题不断凸现。仅在经济领域,世界范围内的贸易战、金融战、资源战、科技战等层出不穷,由此成为国际经济秩序合理化的主要障碍。

## 三、国际经济秩序合理化对全球治理的意义

第一,只有实现国际经济秩序合理化,才有利于建立合理的国际政治新秩

---

① 徐坚.国际环境与中国的战略机遇期 [M].北京:人民出版社,2004:137.

序。实现国际经济秩序合理化的过程就是建立公正合理的国际政治新秩序的过程,这是既立又破的过程。因为"只有国际民主才能使仍然充满国家间外交和军事冲突的国际关系受到公众监督"①,才能减少少数发达国家操纵国际秩序的可能性及对国际政治造成的消极后果。事实上,国际经济秩序合理化,无论是在国际政治体系中,还是在国际经济、文化和军事体系中,都意味着对国际等级制度、霸权主义、新帝国主义和颠覆主权国家等政治行为的否定,都意味着一切国家,包括发达国家和发展中国家之间的政治互信度和协调合作关系不断得到加强。可见,国际经济秩序合理化有助于实现国家之间在主权独立前提下的真正平等,有利于建立一个世界各国既独立自主,又能相互协调的国际新体系,从而为人类命运共同体的构建提供良好的国际环境。

第二,只有以国际经济秩序合理化为基础的经济全球化,才有利于世界经济健康发展。随着冷战的结束,东西方两大阵营的隔绝状态被打破,世界上几乎所有的国家、地区都已经先后被卷入经济全球化的进程之中。经济全球化作为一种不可抗拒的历史潮流,不仅把原来的东方阵营逐步纳入统一的全球市场体系,而且推动广大发展中国家和地区也先后走上开放道路,加入经济全球化的大潮中。它表现为:一方面,在全球范围内各国、各地区的经济相互交织、相互影响、相互融合成统一整体,即形成"全球统一市场";另一方面,在世界范围内建立起了规范经济行为的全球规则,并以此为基础建立了经济运行的全球机制。不过,现阶段经济全球化是以美国为首的发达资本主义国家支配的全球化。在国际金融垄断资本主义主导下的经济全球化过程,客观上是国际垄断资本把全球一切实物都逐步进行商品化和货币化的过程。它们把一切实物先进行货币化的包装,然后逐步纳入金融流通领域,并迫使所有主权国家开放本国货币,从而实现金融全球化,进而直接或间接地控制所有国家的物质财富,强化了全球资本主义生产网络和"中心—外围"的世界经济结构。在这一结构中,美国居于最核心,欧洲和日本处于次核心,它们都是资本主义核心国家,而非洲、拉丁美洲和东南亚等发展中国家则处于最外围。这种经济结构必然造成一系列的全球问题,如国家之间的激烈竞争和经济摩擦、全球经济失衡等,这些问题直接导致全球经济发展的无序性和不可持续性。而国际经济秩序合理化可以使一些发展中国家在合

---

① 罗志刚.全球化视域下的国际关系民主化 [J].武汉大学学报(哲学社会科学版),2012(1).

作共赢的环境中充分发展自己,同时广泛地投入到越来越多样化的国际经济事务中去,这对于协调各个国家和整个国际社会的经济关系,促进全球经济的有序健康发展极为重要。

第三,只有国际经济秩序合理化基础上的军事多极化,才有利于世界稳定与和平。单极世界体系下的国际秩序表现为强权政治和强权军事,超级大国"领导"世界,其实质是支配与被支配、压制与被压制的不平等关系。在这种世界体系下,国际秩序和国际事务中不可能有真正的民主与和平。自冷战以来,世界朝着多极化的方向迈出了重要的步伐,但霸权国家主导下的这种多极化仍然战火频仍,军事威胁盛行。如果没有军事领域的民主化,霸权国家大搞针对别国的军事同盟和长期驻军等行为,和平共处与和平发展必然困难重重。这是因为,世界多极化的发展要求更多的国家参与,共商国际事务,合作解决全球性问题,要求世界各国能够更好地遵循公正、合理的国际法准则办事,抑制霸权国家以强凌弱的强权政治军事行为,而这一切都离不开世界军事力量的多极化和军事民主化;否则,世界和平与发展的总目标就将受阻或落空。

# 第二章

# 国际经济秩序合理化的世界格局背景

国与国之间关系的"民主化"，实际上是国家内部"民主化"的外部延伸，即在外交上的体现。国际经济秩序合理化不断纵深的进程，伴随着世界政治、经济、文化发展格局的重塑与变革。当代资本主义危机是一面镜子，折射出世界的未来发展方向。在资本主义危机下，资本增殖要求与劳动者生活状态恶化、国际垄断资本扩张与民族经济发展、经济增长与生态环境等之间的紧张关系不断加剧，将大大加快世界经济的分化、重组和重建进程，世界格局和世界秩序"一超独霸"的时代也将一去不复返。可以预见，未来世界格局将超越"一超"主导的世界政治力量版图，摆脱少数西方国家频频干涉别国内政和人权进步的状态，保障自由民主的人民性、自由民主表达的多样性，构建民主的政治多极化和国防自卫化机制。在文化发展上将超越资本主义的单一价值观，确认各国和各民族文化的差异性，构建丰富的文化多样化和交互化机制。在经济发展上将超越新自由主义和凯恩斯主义的理论枷锁，重新认识国际垄断资本主导下的自由化、私有化、市场化的局限性，使普通民众摆脱贫困的努力建立在其真正的经济权利、特别是对生产资料所有权的掌控之上，构建公正的经济全球化、地区化和集团化机制。因此，国际经济秩序合理化是世界格局发展的大势所趋。

## 一、世界多极化使得国际形势复杂多变

第二次世界大战以后的世界格局伴随国家间力量的兴衰消长,呈现出动态变化的过程。世界多元力量之间的争斗、制衡、妥协,形成了复杂的世界图景。

### (一)从"两极"到"多极"

"极"通常指具有较强国力和世界性影响力的国家或者国家集团。其概念脱胎于对"两极"对峙格局的认识和描述。冷战时期,分别以美国和苏联为核心形成了资本主义和社会主义两大阵营,代表了两种不同的社会制度体系。阵营中的成员国追随核心国的发展模式,朝向两个截然不同的发展道路。自"铁幕演说"宣告冷战开始,"两极"格局下的国际秩序持续了四十多年的相对稳定。其间虽然没有爆发大规模的国际战争,但是区域的摩擦和局部的"热战"不断,如朝鲜战争(1950)、越南战争(1961)、古巴导弹危机(1962)。这一时期遏制和对抗是国际秩序的主流,意识形态的对峙上升为最高政治。两个超级大国争霸,迫使其他国家纷纷站队。而在各自阵营内,大国外交宰制阵营内部关系。美国在战后的"马歇尔计划"(1947)使战后西欧在得到援助之时来遏制共产国际势力,向世界多个国家、地区派驻军队,充当其政治上的保护国。苏联在阵营内部奉行强权政治,推行"斯大林模式",并企图左右甚至武力干预成员国的内政。这造成苏联同阵营内国家关系的紧张,如 20 世纪 60 年代中苏关系交恶。美苏通过白热化的对抗来实现对阵营内部国家的威慑和控制,以此来争夺世界的主宰权。从这个角度而言,二者的利益竟然在某种意义上达到了契合。

"两极"格局在 20 世纪末期走向了极端化。为了获得军备和科技竞赛上的优势,苏联重工业发展的片面性使得国民经济结构进一步畸形。在经历了经济停滞、改革失败、各盟国矛盾加深之后,苏联积重难返,最终走向解体。苏联解体标志着"两极"格局的瓦解。这一时期,美籍日裔学者弗朗西斯·福山提出"历史终结论",认定世界历史只有唯一的道路,就是西方的模式。美国在争霸中取得

最终胜利,"可以毫无顾忌地根据自己的理念改造世界"①。20 世纪 90 年代,克林顿上台后不久便提出一系列主张,被称为"克林顿主义",其中心要旨是美国成为冷战后唯一超级大国要积极参与国际事务,这实际上成为美国全球霸权战略的指称。美国不遗余力地展现自己强大的军事和政治实力,做起了"世界警察"。冷战后美国先后发动了海湾战争(1991)、阿富汗战争(2001)、科索沃战争(1999)、伊拉克战争(2003),试图建立以美国为领导的"单极"格局,从而牢牢掌握世界霸权。

尽管冷战后美国历任总统无不强调和彰显美国领导世界的雄心壮志,如在奥巴马提出"重返亚太"后,到特朗普时仍不忘"美国优先"和"再次伟大"的论调,但"单极"世界终究只能成为美国的愿景。美国无法阻挡和否认的事实是,新兴的力量已经在"两极"对峙时期开始积累发展,即使在解体的苏联,主体国家俄罗斯也继承了其最主要的工业和军事,依然保有不可忽视的实力。

在两强相争的大背景下,其他国家为谋求自身利益和争取发展机遇,纷纷开始探索属于自己的发展道路。西欧各国经受战乱,各自的国家实力与经济体量都无法与美国抗衡,于是欧洲开始探索合作与结盟的方式。从最初的欧洲煤钢共同体(1951)到欧洲原子能共同体(1958),再到欧洲共同体(1965),欧洲各国的一体化程度不断提高,终于在 1993 年正式成立了欧盟,形成了一个在经济、军事、政治、文化等领域高度统一的地区联合体,并且成为仅次于美国的第二大经济体,具有超强的文化、政治影响力。在东亚,日本在战后经历了经济复苏与泡沫经济,曾长期保持第二大经济强国的位置。"亚洲四小龙"崛起,成为罕见的发展奇迹。

中国改革开放成就卓著,已经取代了日本世界第二大经济体的地位。凭借丰富的国内资源与广阔的市场,中国通过和平崛起迅速成为世界经济增长的引擎。同时,在军事、科技、教育等多项指标中取得了跳跃式发展。可见,冷战之后的世界发展并不是一枝独秀,以欧盟、日本、俄罗斯、中国为代表的崛起力量,分别逐渐成为影响国际事务的重要一极,成为霸主美国的重要制衡力量。而在欧盟的启示下,区域合作与一体化更是成为多国维护国家和地区稳定与安全的战略选择。广大发展中国家在取得民族独立解放运动胜利之后结为联盟,争取区

---

① 万青松,王树春.冷战后的国际格局博弈与中俄关系的发展逻辑 [J].当代世界,2018(11).

域事务的自裁,如非洲统一组织(非盟前身)(1963)、东盟(1967)。被认为是发展中国家中潜在大国的印度、巴西等国也在国际上扮演越来越重要的角色。

### (二)多元力量的博弈

冷战时期,世界尽管处在一种激烈的对抗当中,但这种对抗得到了相对的克制,因而始终没有演化成世界性的大战。邓小平在 20 世纪 80 年代对时代主题做出了判断,"和平"重在解决东西问题,即意识形态对抗问题;"发展"重在解决南北问题,即经济发展不平衡问题。① 二者中"发展"是核心。"和平"与"发展"互为前提,"和平"为"发展"提供环境,"发展"为"和平"注入动力。

"多极化"趋势改变了世界的权力结构,也影响着国家间的外交逻辑。"多极化"趋势下的多边外交是对"拉帮结派式"国际秩序的一种"反叛",取代杜鲁门主义式的单边外交和孤立、敌对政策。"多极"体现了"中心"权威的丧失,也就意味着世界范围内没有一个主宰各国发展的权力,而在联盟或者合作组织内部,也没有一个绝对权威的声音来指导各国的发展。换言之,国家在内政外交上拥有更高的自主权和独立权几成国际共识。这意味着各国在追求自身利益上有更大的空间。"多极化"的趋势为更大范围、更深入的国际谈判客观上提供了可能。以谈判代替遏制成为"多极化"趋势下国际问题以及国际秩序的主要处理和应对方式。联合国、国际法庭、世界卫生组织等世界性组织,在遵循协商和民主的原则的指导下,为不同发展水平的国家提供了较为公平的对话契机,推动国际秩序向基于谈判、妥协、制定规则、共谋共治的民主化方向进行。然而,各国在利益诉求、意识形态、文化背景、政治结构、发展状况方面存在显著差异,各自发展国家利益的过程也是国际合作与矛盾此起彼伏的过程。两次世界大战带来的破坏与教训加之世界力量格局的变化,使得各国不得不学会抛弃原有的战争思维,从而采取更加文明、更适合发展的方式和道路,而国家间的矛盾则有其他宣泄和释放的途径。

"多极化"趋势下,各政治实体发展并不平衡,这使得不同国家在国际贸易中处于不同的地位。长期贸易逆差的国家面临出口劣势,长期依靠劳动力、原材料的国家则在国际分工中处于低附加值的一端,货币汇率不稳定的国家则容易面

---

① 邓小平. 邓小平文选(第三卷) [M].北京:人民出版社,1993:105.

临通货膨胀的威胁。因此,宏观上世界贸易的游戏规则基本由发达国家主导,微观上贸易摩擦频繁出现,甚至容易引发国与国之间的贸易战,如 2019 年由美国发动的对华贸易战。与此同时,领土争端成为冷战后国家冲突的重要表现形式,如克什米尔争端、白礁岛争端、钓鱼岛争端、黄岩岛争端、中印边境争端等。领土争端有的是因为历史遗留问题,有的则是由于崛起国家对自身利益有了更多诉求,国家力量的消长会极大影响外界对其的评价与印象。中国和平崛起以及飞速发展的过程始终伴随着"中国威胁论"的舆论。伴随这一舆论,中国容易被描绘成具有野心和扩张的对象,这也成为领土争端背后的推手。此外,中东、西亚等地区由于历史、宗教原因,冲突仍未平息。恐怖主义仍是这一地区,乃至世界安全的重要威胁。

尽管在客观意义上,世界已然在经历多中心崛起的事实,但从各国的主观意愿而言,对待"多极化"的态度有很大区别。美国对"多极化"长期持以冷漠和质疑的态度,而中国和俄罗斯则成为倡导"多极化"的主要推动力量。自"十四大"报告以来,我国历届党代会的报告都对多极化形势做出声明。"十九大"报告里更是做出"世界多极化深入发展"的论断,坚定了中国走多边外交和和平发展的道路。从这种意义上而言,"多极化"趋势并不是历史自然而然发展的结果以及必然的路径,它是新兴政治力量自我争取的结果。可以说,多极化的过程就是一个与霸权主义做斗争的过程,是一个反对霸权主义、单边外交和反对孤立对抗政策、建立基于平等对话的民主化国际秩序的过程。就其实质而言,世界多极化是不同国际力量重塑世界格局的意图,试图打破为先发国家所垄断的国际权力结构。世界多极化的内在推动力正是这些新兴国家对国际话语权和发展资源二次分配的诉求。这种诉求使得国家间权力制衡成为可能,从而朝着更民主、和谐的国际秩序前进。

## 二、经济全球化驱动各国共同利益增多

经济全球化作为当今世界经济发展的主要趋势,在广度和深度上使世界各国紧密联系、相融共生。以制度、分工、经济组织建立起来的全球化经济,使各国

在世界经济中扮演更加恰当的角色,共同利益与本国利益交织在一起,人类面临的挑战和风险也复杂多变。

经济全球化可以从两个层面来描述和界定:一是从生产力与经济关系一般意义上说,即经济全球化描述的是生产要素在各国之间流动日益加快、经济活动在各国之间联系日益紧密的趋势;二是从现阶段经济关系的一个重要特征上说,即经济全球化描述的是美国等资本主义强国主导下的资本主义生产方式控制和扩张的趋势。轻易地全盘否定或肯定经济全球化,并由此来制定战略和策略,都是不可取的。

我们不仅要理解经济全球化的原因和特点,以及正负效应,而且还要理解反全球化运动的特点和作用。只有这样,才能深刻地认知经济全球化条件下的生产力与经济关系或经济制度的基本矛盾,准确地把握处于激烈博弈中的世界经济非线性和非均衡发展及其最终趋势。

从资本主义国家开拓世界市场、向外扩张,并推行各种殖民主义措施开始,经济便渐渐地全球化了。相比之下,20 世纪 90 年代开始的新一轮经济全球化,则具有如下的动因和特点:

第一,当今的经济全球化是与知识经济,尤其是信息技术相适应的。在全球化的国际经济关系中,不仅有货物、劳务和资本的大规模国际交流,而且信息技术的广泛应用,给人们提供了一种便捷的国际交流手段,使国际经济关系更加紧密。没有信息化,就没有全球化。这句话可以在一定程度上解释 20 世纪 70 年代所出现的"小的是美好的"说法,即把一些大型公司加以分解。20 世纪 90 年代重新掀起大规模的并购高潮,其原因是信息技术使跨国公司内外部的信息成本和管理费用降低了。

第二,当今的经济全球化是以多元的行为主体来构成世界经济和国际秩序的。除国家之外,企业尤其是现代跨国公司和跨国银行的作用日趋增大,它们把自己的生产、投资、销售等活动的场所遍布全球各地,实行全球经营战略。跨国公司的全球化经营,形成了当代国际经济关系空前巨大和严密的全球网络,把世界各国的经济大多包罗在内。据统计,全世界目前 40% 的产品是由跨国公司生产的,70%～80% 的国际贸易是由跨国公司从事的。

第三,当今的经济全球化是由市场体系和市场经济体制来沟通各国之间的经济联系的。在市场经济体系中,不仅国际货物贸易空前扩大,资本流动成百倍地增长,而且国外直接投资、劳务贸易、科技贸易、信息传播、人员流动、国际旅游等领域都有了迅猛发展。这些领域互相促进、互相结合,形成了一个全方位、宽领域、多渠道的完整而发达的市场体系。这个世界市场体系和市场体制把各国的经济紧密地联系在一起,使各国在各个领域内发生着广泛的经济关系。

第四,当今的经济全球化是由资本主义发达国家主导的。最有竞争力的西方强国在国际事务上具有垄断和霸权,它们力图将自身的生产方式逐渐扩展到所有的国家。作为唯一的超级大国,正如吉登斯(Anthony Giddens)所言,美国深刻而突出地影响了新的全球秩序的形成。从某些方面看,美国企图把它的宪法条款推及全球。

第五,当今的经济全球化同经济区域化和经济集团化并存。根据世界贸易组织的统计,迄今为止,世界上已出现了 144 个区域性经济集团;国际货币基金组织调查的数字为 68 个;而日本贸易振兴会推算的数字为 101 个。英国《经济学人》杂志公布的数字则显示,从 1948 年到 1994 年,世界上先后出现过 109 个区域经济合作组织,其中,2/3 是 20 世纪 90 年代的产物。目前,至少已经有 146 个国家和地区参加了以上各种形式的区域性经济集团。在集团化方面,迄今出现的经济集团有七国集团、七十七国集团、二十四国集团等。全球化和区域化并存的另一个印证是,随着全球化进程速度的加快,区域的内部经济流通也在加快。如 1993 年,北美、欧盟和东亚三个地区占全球出口贸易总量的 76.8%。目前,欧盟国家有 1/3 的对外贸易是在其内部进行的,亚洲国家的一半外资也是来自其他亚洲国家。

### (一)纵向深入的全球化经济使国家间相融共生

经济全球化作为一个动态化的过程,从未停止脚步。自第二次世界大战以来,区域组织和集团的建立,跨国公司的发展,国家间的相关性和互动性逐渐加强,经济全球化呈现相融共进的发展样态。追溯历史,经济全球化发轫于 15 世纪,以军事征服和殖民战争为主要手段的西方资本主义国家开辟新市场、发现新大陆,开始将世界各地连成一体,拉开了经济全球化的帷幕。这一时期,全球资源配置和资本流动在西方资本主义国家建立起来的殖民主义体系下运行,以少数资本主义国家攫取原材料和增加原始积累为利益收割点,东方从属西方,征服与被征服、强权和被压迫的对立关系,催生了落后民族不断反抗和追求国际秩序民主、平等的进程。经济全球化的成果以"两端"来划分,经济的驱动增加的只是少部分国家的利益,出现了早期资本主义国家通过战争和特权交涉利益"富人俱乐部"的民主现象和落后国家的"贫民窟"被剥削和压榨的现象。在将近400多年的历史进程中,经济全球化的主动权由少数大国主宰,弱肉强食的国际规则和强权主义使落后国家和民族被强行纳入殖民主义体系中,通过平等的贸易往来去实现自身的崛起和发展成为遥远的理想。第二次世界大战后,半殖民地和殖民地国家纷纷兴起民族解放运动,殖民主义体系不断瓦解,世界各国纷纷谋求发展之路,通过对外贸易与服务、技术交流与转移、资本的流动等形式,积极加入世界经济发展的行列,以组织扩大、制度更新、形式升级为方式不断参与到国际经济的潮流中。这一时期,经济全球化以区域经济一体化为典型,并成为全球经济的发展趋势。欧盟、北美自由贸易区、东南亚国家联盟、亚太经合组织等经济一体化组织的建立,将发达国家和发展中国家相互交融。发达国家通过建立区域经济组织保证了自己的生产体系和市场规模的扩大,在增强自身竞争实力的同时确保了在获利过程中立于不败之地。

从发展中国家来看,随着经济全球化的深入,新兴工业化国家和包括中国、印度在内的发展中国家的经济逐步在世界经济中占据一席之地。在这种态势下,区域经济一体化的实质就是世界经济多极化。为摆脱美国霸权主义的控制,欧洲各国明确认识到单凭国家个体仍然十分弱小,只有走向联合才能发展起来。东盟各国以经济合作为基础进行联盟的主要目标就是本着平等和合作的要求,共同促进本地区的经济增长和社会稳定。维护民族经济利益与发展及其政治利益的形成与发展成为内在动因。无论是发达国家还是发展中国家均推进建立和加入经济组织,推进区域经济一体化,其根本原因都在于发展本国经济,为本国经济的发展和综合国力的提高创造更加良好的外部环境。

自20世纪90年代以来,经济全球化进入快速发展阶段。信息技术的发展,国家间在贸易往来的过程中相互协作、依赖程度不断加深,在对外关系和经济政策上国家以让渡部分经济权利来加入经济组织,以区域经济组织形式谋求更多利益,跨国公司成为全球市场的主要建构者,经济全球化的深入发展在覆盖范围、贸易内容、合作形式上呈现出新局面,为国际经济秩序合理化提供了更好的实践舞台。在地理空间的覆盖范围上,平等参与的国家增多。"多层次、宽领域的跨国关系网络发展"①,以世界银行的统计数据为参证,各个国家和地区虽然经济发展水平不同,但全球近 150 多个国家和地区拥有贸易组织和协定,全球只有 12 个岛国和公国没有参与任何区域贸易协议(RTA),174 个国家和地区中,平均每个国家和地区参与 5 个左右的贸易组织和协定。全球化程度的深入,已使相当数量的发展中国家与发达国家签署了双边优惠贸易协议。在贸易内容上,更加广泛民主,贸易往来已突破传统的货物贸易,在服务、投资、解决贸易争端、统一竞争政策和共同环境政策等方面提出了更加民主的理念。在贸易的形式和机制上,更加灵活多样。大多数区域经济集团对成员资格采取开放态度,以加速扩大。一般区域经济组织都经历了成员由少到多的过程。以"亚太经济合作组织"为例,目前为止经历了 4 次扩大,达到 21 个成员和 3 个观察员。合作形式和层次由低级向高级发展。许多国家放弃或基于原有贸易优惠安排而成立自由贸易区或关税同盟,1995 年 1 月,南锥体四国(阿根廷、巴西、乌拉圭、巴拉圭)根据 1994 年签署的《黑金城议定书》的规定,将自由贸易区提升为关税同盟,并正式开始运转。经济全球化不断加深纵向发展,经济实力的增强使国家间在参与国际事务中的民主话语权增多,成为国际经济秩序合理化的润滑剂。

### (二)利益并存的经济态势使国家间共担风险

"经济全球化"一词由西奥多·莱维特(Theodore Levitt)于 1985 年提出,是当今全球经济发展的主要态势,共同的经济利益使国家间的关系呈现利益和风险与共,竞争、合作、冲突并存。经济全球化使国家间的联系日益密切,国家间彼此在分工和合作上更加科学、理性,高度交融的各国利益使不同国家成为共同利益上的一环,逐渐成为完备经济链条上的一节。所谓"独木不成林",任何一个国家和地区组织,都不可能特立独行,逆全球化的行为仅会让本国在全球发展的潮流中湮没,经济实力强大的单个国家和组织也不能左右和改变全球经济的发展态势。在处理国际秩序问题时,跨越国界、洲际和不同发展程度的国家在经济贸易上的对话与交流,使各国和各地区之间相关性与互动性加强。世界各国在为

---

① 李众军.论经济全球化进程中的国际关系民主化 [J].宁夏党校学报,2004(3).

赢得更多主动权而日趋激烈地争夺世界市场的同时,也认识到了经济全球化使各国在全球治理方面有许多共同的利益,任何一环处理不好,都可能导致利益链条的断裂。

各国根据经济协定和贸易规则,视发展程度和基本国情而定,在全球市场上扮演着不同的角色。面对越来越多的全球性问题,任何国家都不可能独善其身,任何国家都与其他国家在不同程度上有联系,自身的发展离不开其他国家的协作。利益与风险并存成为全球经济发展的主要态势,积极应对经济全球化的负面影响,必须重新认识人类的共同利益与本国利益的关系,加强协商和谈判,增进共识,才能解决冲突、有效防范风险和应对危机。

伴随着经济全球化的发展,人类社会成为一个相互依存的共同体。各国在相互依存中必然存在着共同的利益,与此同时,人类共同面临的挑战和风险也复杂多变、多种多样。首先,国际金融危机具有突发性。网状的经济交织将国家间发展相联系,市场经济的自发性和盲目性,使经济危机爆发的可能性提高、"传染性"增强。随着政企分开、政资分开和"多予少取放活"政策的施行,政府对经济活动的管理日渐宽松,伴以信息技术的进步、资本流动的成本不断降低、全球金融市场迅猛发展、经济泡沫膨胀,对全球经济的发展带来了负面效应。它不但影响公众消费预期,约束有效需求,也阻碍企业正常的筹资、融资活动。由于世界各国经济发展的关联性极强,市场经济风险的传导速度迅猛,导致每次金融危机的发生都难以预测、防不胜防,而且世界各国都难以避免,各国经济发展都会受到不同程度的冲击。2008年美国爆发的金融危机,由信用扩张、虚拟经济引起的经济泡沫破裂导致次贷危机,最终向实体经济渗透,并逐渐向全球蔓延,给世界经济带来严重影响。其次,南北发展的差距扩大。经济全球化在带动经济发展的同时,由于国家间的发展程度、国际地位的不同,发展中国家往往处于被动地位,造成发达国家和发展中国家贫富差距拉大。在经济全球化的进程中,不同参与主体运用自身的信息、技术、资金、资源等优势谋取自身利益的最大化,这一行为使得全球收益在不同主体之间的分配出现较大的偏差。发达国家利用信息、资金、技术方面的优势进口原料,高价出口制成品,赚取剪刀差。在这一过程中,竞争创造了效率,同时也使财富越来越向少数国家或少数利益集团集中,致使贫富差距进一步扩大。经济全球化加剧了南北差距扩大已成为客观事实,不论是在发达国家还是在发展中国家,依靠优势资源获取更多的社会利益都是世界经济竞争中所存在的不公平问题。由于民族国家内部和民族国家之间社会、经济发展的不平衡,加之资源的过度开发利用、发达国家转移的污染问题的治理,使得弱小国家经济的持续发展将面临更多的问题。最后,面对生态环境的破坏,全球气候变暖现象、不可再生资源日益减少、可再生资源遭到严重破坏、各种疾病蔓延、国际恐怖主义、局部冲突和饥饿贫困等全球性的问题,影响着人类的生产和生活,阻碍了人类共同利益公正平等地实现。

从当今经济全球化的实践中可以揭示出其根本矛盾,即一国内部的经济不断社会化与生产要素的私有制之间的矛盾,国际社会的经济不断全球化与生产要素的私有制和国有制之间的矛盾,以及一国和全球经济的无政府或低秩序或弱调控状态,必然导致一国或全球经济的紊乱和衰退。这些根本矛盾的产生,首先是由资本主义市场经济的制度及其运行规律所决定的,同时也与政治和文化制度密切相关。换句话说,要想从根本上解决上述矛盾,必须走向世界各国人民共同认定的公正和有序的经济全球化,否则,各种危机、混乱、暴力、犯罪与贫穷等难以较快治理,这是由科学观察所得出的结论。

为了更好地阐释经济全球化的发展趋势,我们从下面两方面继续进行探讨。

一方面,新自由主义经济思潮能阻止这一历史必然趋势吗?答案是否定的。因为新自由主义经济思潮的基本内涵与特点是逆历史大时代和大潮流而动的,是在凯恩斯主义基础上"倒退"、"回归"(回归斯密)的现代自由主义,在国际上又称之为新保守主义经济思潮。

这种右翼思潮具有这样几个特征:一是主张非调控化,推崇市场原教旨主义,反对国家干预。尽管新自由主义经济学家不可能完全拒绝利用国家干预来稳定现代市场经济运行,但推崇"市场万能"的市场机制作用,强调国家对经济运行和经济活动的调控与干预越少越好,一切顺从自由市场的利润最大化原则。这是新自由主义理论的核心内容。二是主张私有化,宣扬"私有产权神话"的永恒作用,反对公有制。新自由主义是私有化的狂热拥护者,认为私有制经济具有自身内在的稳定性,在市场这只"看不见的手"的调节下,私有制经济能够自动地实现经济的均衡,使经济稳定在可接受的失业水平上;认为私有制经济的最大好处在于它保证了个人的自由,私有制不仅是有产者个人自由的最重要保证,也是无产者个人自由的最重要保证；在鼓吹"私有产权神话"、"科斯谬误"（均为美国经济学家斯蒂格利茨用语）的同时，还极力反对公有制。三是主张全球自由化，维护美国主导下的自由经济，反对建立国际经济新秩序。新自由主义把市场原教旨主义推广到世界范围，从理论与政策上推行私人跨国公司支配下的全球自由贸易和自由金融，颂扬实行霸权主义和单边主义的美国通过控制国际经济组织来主导世界经济运行，不赞成许多国家要求重新建立或健全国际经济新秩序的合理意见。四是主张福利个人化，强调保障的责任由国家向个人转移，反对福利国家。新自由主义认为，基于高税收政策的"福利国家"导致经济上的低效率，弱化了人们工作、储蓄和投资的动机；"充分就业"政策减少了私营部门的劳动力供应，使经济发展缺乏弹性；以养老、就业和医疗等为主要内容的全民福利，摧毁了个人自我照顾的能力，增加了个人依赖国家的惰性。

对发达国家和发展中国家实行双重标准的新自由主义类型经济全球化理论及政策，其目标是，建立以发达资本主义国家为主导的全球经济秩序和资本主义的全球扩张。其结果是，一方面拓展了资本主义生存和发展的空间，在一定程度上使资本主义的基本矛盾有所缓和；另一方面又造成了世界资本主义体系新的矛盾和危机，特别是加剧了发达国家内部以及发达国家和发展中国家之间的贫富两极分化，引发了国家层面的反对新自由主义经济思潮的斗争。拉美和俄罗斯等国家与地区便是明证。

另一方面，美国等资本主义国家的经济发展能阻止这一历史必然趋势吗？答案也是否定的。实证分析表明，自 20 世纪 90 年代以来，美国经济相对繁荣，不能单纯从一般意义上的新经济、信息化和全球化来诠释。全面地观察，主要有两类原因：一是出于高科技推动的生产力和经济全球化，以及经济关系、经济体制和经济政策的调整，这是一般因素。二是特殊原因，如苏东国家的解体或削弱以及经互会的解散等，使美国在资源、市场、技术、人员和军火等方面获利巨大；包括金融在内的经济霸权主义的特殊地位，使美国成为较为安全的贸易和投资场所，是贸易逆差最大和资本净流入最大的国家，并通过大量发行美元、各种对冲基金、控制国际经济组织，来主导制定和推行较有利于美国的国际经济秩序与规则及某些保护主义措施，合法与非法地占有了他国财富，客观上也推动了美国的经济增长。这就是说，美国在实行新自由主义的经济政策后，似乎经济有了相当发展,但只要对美国的统计数字稍加分析就不难看出,这只不过是表面上的繁荣,实际上还埋下了股市泡沫、私人部门债务膨胀、财政赤字不断扩大等隐患。即使在高科技、高利军火和经济霸权时代,美国经济的发展速度也并不快,而且正在发生经济衰退。

综观近十几年新自由主义主导下的经济全球化实践,可以清晰地看到,苏东是倒退的十几年,拉美是失去的十几年,日本是爬行的十几年,欧美是缓升的十几年。被联合国认定的 49 个最不发达的国家(亦称第四世界),也没有通过私有化等新自由主义及其经济全球化途径富强起来,有的反而更加贫穷。全球经济迫切需要在反思和超越经济全球化的新自由主义主导阶段而健康地发展。从科学的视角观察,从一定意义上,不仅中国、越南、古巴、老挝和朝鲜的多模式社会主义的发展,而且超国家的欧盟及其欧元(蒙代尔还曾预测实现世界货币的步骤),甚至统一度不断上升的东盟和非盟等多样化的区域经济体发展,以及联合国和国际经济组织的积极作用日趋扩大等,均是在自觉或不自觉地克服或缓和现阶段经济全球化的某些根本矛盾。未来的世界应是走向和谐的世界,这或许是经济全球化的唯一历史目标。

## 三、人类文明多样性促进世界文化交融

人类文明多样性是人类社会的基本特征,也是世界各国文化的多方式表达。以文明交流打破文明孤立、以文明交流超越文明冲突,树立平等、民主、包容的国际秩序成为当前文明多样性追求的基本目标。此外,在把握文明多样性、以文化因素推进文化交融的同时,必须清楚地认识到文化交融中仍呈现出矛盾冲突的文化格局。

### (一)平等互鉴的文明多样性态势

人类文明多样性的互鉴交流是推进当今国际经济秩序合理化的重要文化因素。作为文化因素,文明,就其基本含义而言,可将其归纳为广义的文明和狭义的文明。广义上的文明具有先进性和阶段性,是历史发展进步的沉淀物,最终以

人文精神、发明创造和公序良俗等物质成果和精神成果为绝大多数人所接受和认可，是人类历史沉淀的产物。狭义上的文明特指具体的某种精神财富，如礼仪规范等。人类文明的发展呈现多线条性，不同地域、不同民族的文明各不相同，并行不悖。人类文明多样性的存在以国家和地区为载体进行划分，即使相同的文明，在其内部也有不同的习俗和文化。在国际秩序上，不同国家的外交往往带有属于自己的文化印记，在交流中尊重彼此差异，互鉴沟通，使国际秩序更加和谐民主。文明多样性以语言文字、价值观念和思维方式为主要表现形式。语言文字成为多种文明交融的桥梁和纽带，以相互学习彼此语言文字为基础开启各国和各地区的沟通，语言文字成为推进国际经济秩序合理化进程中沟通的敲门砖。价值观念以宗教信仰和民族心理为主，各民族的生产实践和传统历史使宗教信仰和意识形态不同，最终成为影响人们行为规范的思维定式，价值观念和民族信仰往往成为地区间交流合作的平台，共同的民族信仰和地域观念往往更容易形成共识，国际秩序在沟通协商上更加容易达成共识，增进民主互信。

就当前而言，文明多样性促进文化的交流融合是文明交融发展的必然势态，人类文明的多样性纵有国界和国别限制，但并非造成文化多样性的直接原因和唯一原因，其主要原因是生产力发展引发的经济实力的不同，经济基础作为国家发展的重要支撑，教育程度、科技水平、医疗技术等现代文明和古代文明的传承和发展，必须以一定的经济基础为支撑，各国和各地区生产力发展水平的不同层次决定了在国际外交上自身文化软实力的强弱，决定了是否在文化输入和输出中居于民主平等的地位。与此同时，文明所具有的民族性也是多样性形成的重要因素。文化多样性是一种历史现象，各种文明在特有的地域和时间形成不同的文化，它的形成受所处环境的影响。文明的形成是在不断适应和改变环境的基础上逐渐形成的，带有自身的文化印记，进而形成不同于其他地区和国家的习俗信仰、语言文字，最终形成自己独特的民族特性。不同民族的文化各不相同，但没有优劣之分。文明多样性的存在作为一种客观的现象，其动态的交融性和延续性共同构成五彩斑斓的世界文化。但地域、传统、习俗以及现实因素的差异使得各国文化风格迥异，最终导致整个人类文化表现出鲜明的多样性。

在上海合作组织成员国元首理事会上，习近平同志就曾指出，人类文明多样性是人类进步的不竭动力，不同文明交流互鉴是各国人民共同的愿望。"正是多样的文明让文明交流互鉴成为可能,文明对话让人类社会不再受地缘限制而成为互相联结的整体。"①任何一种国家间的外交,都是代表本民族文化进行传播的过程,全球化时代,信息共享,人类文明以其丰富性和多样性,在促进文化交流上更加广泛和深入,国家间以这种多样性的交流、融汇而不断加强联系。"对待多样的文明必须坚持相互尊重、平等相待,坚持美人之美、美美与共。"②就当前的国际秩序而言,人类文明的多样性在文化交融中并不是一帆风顺、统一共存的,文明的差异、冲突和矛盾也是客观存在的。每一个国家在与其他国家进行文明对话时,都是在增强和学习不同的文化,在此过程中,不可避免地会出现文明的碰撞与冲突。反对文明的侵蚀和恶意渗透,抵制文化霸权主义,民主、平等、包容、互鉴共赏成为文明多样性促进文化融合的趋势和目标。

**(二)矛盾冲突中的世界文化交流格局**

世界文化在呈现出多样性的同时,也呈现出显著的差异性,体现在价值观念、思维方式、认知层次、审美趣味、语言文字、历史传统、风俗习惯、宗教信仰等多个维度。这些差异的存在为各国文化在交流中带来了诸多障碍,甚至矛盾冲突。学者萨缪尔·P. 亨廷顿(Samuel P. Huntington)提出著名的"文明冲突论",他将世界文明分为八大文明,且认为这些文明之间的冲突将成为冷战后造成世界冲突的根源。亨廷顿已经意识到,当冷战结束、世界交流破冰以后,不同的文化将产生最直接的碰撞,势必带来思想价值体系上的极大冲击。

当今世界文化的交融正是在文化差异与文化冲突的背景下进行的。从微观角度而言,文化带来的隔阂会使各国国民容易对异国文化、社会产生主观化的认识,极易造成各国国民之间的偏见和误解。从宏观角度而言,文明相似度和文化可理解程度常常影响国家开展合作时的政治互信,文化异质的国家具有语言、习俗乃至宗教上的疏离感,因此难以形成紧密的国家间联合体。不难发现,国家间一体化程度较高的组织在历史、语言、传统等诸多方面表现出了相似的特征,如欧盟、非盟、东盟。而从区域稳定与安全来看,文化多样性程度越高、差异性越明

---

① 孙英,杨扬,田祥茂.人类社会进步:文明交流互鉴动力论〔J〕.西北民族大学学报(哲学社会科学版),2019(6).

② 习近平.深化文明交流互鉴 共建亚洲命运共同体——在亚洲文明对话大会开幕式上的主旨演讲〔N〕.人民日报,2019-5-16.

显的区域,交流越频繁,冲突也更激烈。在美国、澳大利亚等移民国家,种族歧视仍是影响社会安定的重要障碍。在宗教发祥地中东,因为宗教信仰而引起的战争仍是地区动荡的重要原因。

从国家发展的层面来看,文化交流又具有另一层含义。美国哈佛大学教授约瑟夫·奈(Joseph S. Nye, Jr.)于 20 世纪 90 年代提出了"软实力"的概念。越来越多的国家认识到,除了经济、政治、军事、科技这些国家的硬实力,"文化"层面的实力也会影响到一国的综合国力发展。从这个角度来认识文化交融和冲突,其内涵实际指向了国际文化权力的竞争。

从文化交流的过程来分析可知,两个文化异质的国家要想实现文化交流乃至交融,二者必须在某一平台上达到相互认同或者理解。如果双方对彼此毫无了解和认知,两种文化就不存在交流的可能性。通过了解、认知才能逐渐理解、认同对方的文化,才可能逐渐吸收和接受外来文化的影响。然而,进行文化交流的双方地位常常是不平等的。文化发展的强国在文化输出上长期处于"顺差"的地位,意味着承载本国价值、审美、历史的文化产品大量出口到国外。而文化发展较弱的国家则处于被"文化倾销"的地位。输入的一方更多地认识和了解了文化输出国的价值、理念乃至思维方式。因此,两种文化在进行对话之时,实际上是文化输入国使自身更多地认识和理解了输出国的文化,并基于两者共同理解的输出国文化这一平台进行理解,并没有真正充分实现文化交流理解的相互性。国与国之间文化生产力水平的差异,决定了文化交流的过程包含着不平等的因素。

不难发现,当今世界文化交流的格局正如上文所述。发达国家作为文化生产力强国占据了更多的资源和话语权,借助资本主义全球市场向全世界行销本国的文化价值。美国凭借强大的工业实力,通过好莱坞、百老汇、漫威、迪士尼、可口可乐、肯德基等一系列品牌符号,除了在全球范围内获取巨额的商业利润以外,也将美式的个人英雄主义、审美风格、生活方式等传播到产品所到的每个地方。此外,包括西欧多国、日本在内,都属于强势的文化输出国,在服装、娱乐、饮食、旅游等方方面面影响和塑造着世界的认识与判断。大多数发展中国家作为文化输入国,逐渐接纳了外来文化的符号系统,而由于本国的文化输出相对滞后,因此常常留下刻板印象,进一步增加了文化上的隔阂与疏离。

此外,在占据文化输出优势的同时,欧美发达国家还掌握了主流媒体的话语权。出于追求各自国家的利益,西方媒体受意识形态的主导,常常对某些国家、地区的事件进行片面性地报道。这种报道不仅固化了对于某个国家、地区及其文化的偏见,同时还对广大人民群众造成了认识上的误导。同时,西方媒体的一些事实判断或者价值判断通常还保有旧有思维认知的惯性。比如,对于东方国家的想象依然还带有浓厚的前现代色彩,因此面对中国、印度等国的崛起显得分外惊奇。从后殖民的观点来看,当代文化传播与交流的格局依然是西方中心主义的。发达国家率先占领了文化发展的制高点,于是以西方来衡量世界,认为西方就代表着先进、现代,代表着世界前进的方向。

然而,一种文化总是受到某一地域的生产力、历史、地理等多重因素的共同作用,没有哪一种文化可以离开生存的土壤。先发国家在文化上的优势使得后发国家,尤其是具有深厚文化传统与历史的国家,在经受文化冲击时面临艰难的抉择。文化差异性带来的冲突,以及由强国主导的文化交流格局,都在呼唤更为平等的文化交流,呼唤更为合理的国际秩序。

## 四、世界财富分配失衡冲击全球民主治理

### (一)世界财富分配失衡和南北发展失衡

2009年9月匹兹堡G20峰会上,针对美国等国家提出解决全球经济失衡问题的动议,胡锦涛同志指出:"失衡既表现为部分国家储蓄消费失衡、贸易收支失衡,更表现为世界财富分配失衡、资源拥有和消耗失衡、国际货币体系失衡……从根本上来看,失衡根源是南北发展严重不平衡。"[1]

美国一直强调全球储蓄与消费失衡,但却忽视了这一表象背后更深层的失衡问题——世界财富分配失衡和南北发展失衡。当今世界,财富分布极不均衡。联合国大学世界经济发展研究所2006年12月发布了《世界家庭财富分配报告》,该报告被认为是国际上首次发布的包含所有国家以及所有财产构成的研究。该研究显示:从人口分布看,全球最富有的10%的人拥有世界财富的85%,

---

[1]　胡锦涛.胡锦涛文选(第三卷)[M].北京:人民出版社,2016:282.

世界底层的半数人口仅拥有世界财富的 1％。从区域分布看,世界上的财富主要集中在北美、欧洲和亚太地区部分经济发达的国家和地区,这些国家和地区的人拥有世界上近 90％ 的财富。波士顿企业咨询公司 2009 年 9 月 15 日发布的《世界财富报告》认为,受经济衰退影响而财富大幅缩水的美国仍是世界上最富有的国家,同时也拥有最多的百万富翁,而欧洲则成为世界上最富庶的地区。真是"瘦死的骆驼比马大"。该咨询公司此前的研究结果显示,全球最富裕的 1％ 家庭掌握着全球 35％ 的财富。

发展中国家发展水平低,在全球经济份额中占比少。拿中国来说,尽管 GDP 总量升至全球第二位,但 IMF 在 2021 年 4 月推出的全球人均 GDP 排名中,中国仅排在第 60 位。所以,美国人指责中国人消费少是没道理的。可以说,财富分配不平衡是发展中国家消费不足的根本原因。

发达国家国内的财富分布不均也是一个大问题。英国、法国超过 10％ 的富人占据社会财富的 50％,美国的这一比例则高达 70％。2008 年全球性的金融和经济危机,很大程度上就是美国的贫富差距拉大、负债经济难以为继的恶果。

### (二)经济的全球化与资本主义狭隘利益的矛盾

传统观点认为,经济危机是资本主义基本矛盾即生产的不断社会化与生产资料的资本主义私人占有之间的矛盾造成的,当前的全球危机证明这是完全正确的。不过,这还不够,因为这只从一国内部来考察分析,而现在经济社会化已经升级为全球化了。现在是经济全球化时代,科技进步、生产力发展、流通大发展等等,使得人类社会作为一个整体的社会化程度越来越高。那么,这种经济全球化条件下的全球基本矛盾是什么呢? 笔者认为,那就是经济的不断社会化和全球化与生产要素或生产资料的私人所有之间有冲突,甚至与集体所有、合作所有、国家所有也都有矛盾。也就是说,经济的全球化要求突破国家的界限,以使生产要素在全球统一自觉配置。但是,由于美国等资本主义国家不愿意搞公正发展的经济全球化,它要保持南北之间的差距,维护它本国的狭隘利益,全球统一自觉配置也就无从谈起。相反,发达国家还要搞资源战、气候战、金融战、贸易战、货币战等等,来损人利己。这种种形式的博弈在本质上是因为现在的各种制度包括国有制度,都不适应经济全球化的需求。

既然现今的全球化无法扭转,那么怎么才能维护自身利益呢?欧洲首先成立欧盟,东盟也成立了起来,这实际上都是在现有的世界资本主义大框架内的局部改良,一个部分的质变。欧盟的产生、跨国公司的大规模出现,实际上是在朝社会主义经济全球化大方向"蠕动"。过去列宁讲,国家垄断资本主义再进一步就是社会主义,现在我们可以称欧盟、跨国公司、国际垄断资本主义比国家垄断资本主义是更进一步,它们已逐渐站在全球社会主义的入口处。

但是,个别国家和地区的联合或合作,根本无法抵消全球资本主义分裂与霸权并存的消极作用。

### (三)发达国家制造南北失衡的手段

导致全球财富分配失衡的原因,当前最重要的就是知识产权的垄断。以信息技术为代表的现代科技的大发展,拉大了各国之间在信息资源及其占有方面的差距,或者说扩大了知识经济分布的不平衡。现代的南北鸿沟主要来源于发达国家对知识产权的垄断。自由竞争的资本主义阶段,商品输出为主要特征;到了垄断资本主义阶段,其特征是资本输出。现在,资本输出、商品输出仍然是存在的,但是作为自 20 世纪 90 年代以来的经济全球化阶段的输出,其突出特征是知识产权输出,垄断也不是一般的资本垄断,而是知识产权垄断。知识产权垄断导致南北差距比过去更大。它是靠商标、专利,靠核心技术、技术标准、技术许可证转让等手段,来拉大发达国家和发展中国家之间的差距。发达国家是"脑国",发展中国家是"躯国",知识产权这个经济发展的脑袋被以美国为代表的发达国家控制了。

西方近现代经济学家在国际贸易方面早就有"比较优势"的说法,20 世纪 90 年代美国经济学家迈克尔·E. 波特(Michael E. Porter)又提出了"竞争优势",包含了六七个主要变量,可称为综合竞争优势。这两个说法都是有缺陷的。综合竞争优势论最明显的问题是变量太多、不突出,就像一个人成绩好当然是有很多的因素影响,但一定有个最主要的因素。2010 年,程恩富提出了第三种优势理论——"知识产权优势"。站在发展中国家自由公正的立场发现,西方经济学、国际贸易学不可能揭示这个真理,即使西方主流经济学家心里明白也不会说。

2009 年,程恩富在上海参加知识产权局的咨询专家会议,讲中国要有自主知识产权,要打破西方的垄断,打破垄断就是和西方一起对人类做出贡献,同时使得国际社会更加自由公正。但在座的一位跨国公司在华联合机构的代言人却说:中国应当提知识产权,但不要提自主知识产权,因为,自主知识产权就是用公的权力来支持私的经济,干预市场经济,会遭到西方发达国家的反对。这显然是站在西方跨国公司的立场上说话的。跨国公司在华的研发机构也是有利有弊的,它的目的是利用中国廉价的高科技人才以及土地、税收等资源来搞发明,但大头都归它。在国内,程恩富最早强调"知识产权保护是基础,自主知识产权创新(创造)是目标"。

导致南北差距巨大的第二个原因是美元霸权。美国通过美元的国际储蓄机制,合法地掠夺各国的、特别是发展中国家的财富。以中美之间的经济交换方式为例,能很清楚地揭示这种掠夺本质。中国利用廉价的劳动力、土地、生态资源、中高级人才等各类资源进行多种类的生产经营,生产完了廉价卖给美国,美国就不生产了;然后,美国印钞票来换中国的商品,中国把赚来的钱又存在美国,等于又借给美国用,美国用的时候还不给中国保值增值,利息是负的,因为它大量发行美元导致美元贬值;到最后,它还倒打一耙,指控中国制造了经济失衡。美国的那么多财富不仅是美国人民创造的,更是全世界、特别是发展中国家的人民创造出来的。所以,不仅要搞人民币的区域化和国际化,还要积极推动构建"世界元"体系,统一全球货币。

美英等发达国家还通过文化霸权掠夺别国的财富,其中很重要的依赖途径是语言,即英语。《经济动态》曾经发表过华南师范大学经管学院林勇院长的一篇语言经济学的好文章,就阐述了这一点。首先互联网上92%～95%都是英语,全世界的人都要学习英语,人们要买英语书,那么欧美的出版商也就发达了。英语杂志可以在世界发行,中文和其他国家语言的杂志很难国际化。我们现在翻译英文书都要8%左右的版税,这个钱很轻易地就进了欧美国家出版商的腰包。还有影视作品,美国大片占据了发展中国家的巨大市场。所以,现在最应加速的全球化工作,除了"世界元"以外,就是语言全球化。取代英语的,要么就是现在的世界语,要么就是在联合国领导下再创造一个共同的语言。这样一来,全球每年几千亿美元的翻译费用都可以节省下来,一举就能解决全球的很多贫困问题。

但搞"世界元"和"世界语"谁最反对呢?是美国。所以,美国是阻碍世界公正发展经济全球化、政治民主化、文化多样化和军事自卫化的世界第一障碍。

# 第三章

# 国际经济秩序合理化的现状与影响因素分析

霸权主义和新自由主义在全球流行了几十年,已经引发了贫富差距拉大、经贸危机频发、生态环境恶化、价值观念紊乱,且演化出贸易、金融、科技等领域摩擦以及局部的战争和动乱,使得国际经济秩序合理化发展迟滞、关乎人类利益的经济全球化进程受阻、战争威胁和局部战争不断。习近平同志概括得好,"一方面,物质财富不断积累,科技进步日新月异,人类文明发展到历史最高水平。另一方面,地区冲突频繁发生,恐怖主义、难民潮等全球性挑战此起彼伏,贫困、失业、收入差距拉大,世界面临的不确定性上升。"[①]进一步分析不难发现,当前全球性问题,其实是由于国际垄断资本在利己主义的推动下,利用自己的金融优势和知识产权优势占据了国际分工链条中的大部分附加值,发展中国家虽然付出了劳动力的成本、环境的成本,却只得到了其中的一小部分,而"美国利益第一"等新帝国主义行径又使得逆全球化潮流出现,加剧了战争的风险。要和平、促发展、谋合作、图共赢,无疑是全世界各国人民普遍而强烈的要求。当前的世界正在发生空前深刻的变化,不仅表现在国际力量格局正经历着明显的改变,而且国际经济秩序合理化的发展也面临着严峻的挑战,这种挑战不仅表现为东欧剧变之后霸权主义和强权政治的强化,同时也交织着领土争端、非传统安全、国际组织的作用发挥有限等因素。

---

① 习近平.共担时代责任 共促全球发展——习近平在世界经济论坛 2017 年年会开幕式上的主旨演讲 [N].人民日报,2017 - 1 - 18.

# 一、国际经济秩序合理化的现状

## （一）民主化呼声高涨，霸权主义与强权政治有所强化

自 20 世纪 90 年代以来，霸权主义与强权政治有了新的发展。这种新的发展是由西方发达国家的帝国主义本性所决定的。冷战结束后，两极格局不复存在，发展中国家普遍把经济建设作为第一任务，并致力于推进经济体制改革和转型，其中发展中大国更是走在世界发展和改革潮流的前列，在探寻适合本国国情的发展道路上取得巨大成效，国际政治生态中民主化的呼声高涨，尤其是在 2008 年的全球金融危机之后。金融危机对美国等西方大国和新兴大国的冲击程度有所不同，美国等西方大国是金融风暴及其引起的灾变的"重灾区"。金融危机对美国的超级大国地位是一个沉重打击，具体表现为：美国第一经济强国地位受到挑战；美国经济政治发展模式受到广泛质疑；美国主导国际经济和政治秩序的能力受到冲击；"美元本位"受到冲击；等等。美国和欧盟等都不同程度陷入债务负担沉重、失业率高、经济增长乏力、贫富分化等困境。与此同时，新兴经济体在全球经济中的权重不断上升，对全球经济增长的贡献不断增加。越来越多的人承认新兴经济体崛起是一种不可逆转的长期发展趋势。以新兴经济体为代表的发展中国家力量不断增强，必然要在世界范围内拓展有利于自己的更大空间，并且要求以更加平等的身份参与全球治理，以及主张在国际事务中积极推进国际经济秩序合理化，这必然会加速世界经济政治旧格局的变革。可以说，世界正在再次经历一场实力转换和权力再分配的激烈变化，并必然为未来奠定新的世界政治经济格局。而对美国来说，如何确保目前国际体系不受挑战是其霸权战略的利益所在。

值得注意的是，尽管美国等发达经济体经济增速普遍放缓，但并不意味着目前美国作为世界头号强国的地位及其对现行国际经济政治秩序的主导作用发生了颠覆性的改变。美国 GDP 和军费开支仍然高居全球第一，2019 年美国军费（较上一年度）增加 5.3％至 7 320 亿美元，占全球总额的 38％。如果按广义军事

工业口径统计,把美国与军事工业间接有关的产业和企业列入其中,美国 GDP 的 70%多是军工产业和企业产出。美国的战略核武、太空探索能力、在海外驻军及设立军事基地等方面远远超过其他国家。

美国作为一个资本主义大国,追求强权或霸权从来都是它国家利益的重要组成部分,特别是 1992 年克林顿总统上台以后,就明确提出了美国的全球性战略目标:一是美国必须发挥在全世界的领导作用,建立一个以美国为主导的国际政治经济新秩序;二是必须保证美国在进入 21 世纪后,仍将是全世界最强大的国家,是推行所谓自由和民主价值观和制度的最大力量。金融危机之后,以美国为首的资本主义国家不仅没有改变霸权主义的目标,反而有所强化,只不过维持霸权的手段有所改变罢了。"美国作为拥有全球经济军事霸权的资本主义国家,不会坐视金融和经济危机侵蚀其国际地位,不会容忍能给其带来巨大利益的美元霸权走向衰落。"[①]美国改变过去过于片面强调依靠"硬实力"的做法,转而采取了将"硬实力"、"软实力"和"强制力"(兰德公司 2017 年最新报告把经济和金融制裁等称为"强制力")有机地结合起来,通过灵巧运用可由美国支配的所有政策工具,包括政治、外交、经济、金融、文化等政策筹码配合军事实力来提升其霸权地位。然而,一旦采用常规手段无法解决问题时,便采用各种背离联合国规则和精神的非常规手段以达到其最终目的。最典型的例子莫过于在 2008 年全球金融危机的影响下,世界各主要国家围绕能源、粮食、金融、互联网乃至领土、海域等各方面展开合作、竞争、博弈和较量,出现复杂而激烈的局面。这种新帝国主义主导的较量将可能导致烈度不同的冲突和战争。当然,寻找恰当的代理人战争,是以美国为首的西方世界的最佳选择。

2011 年,为了消除对霸权国家的利益挑战,美英法等国打着保护平民、实行"人道主义"的旗号,向已对霸权国家做出妥协的主权国家利比亚狂轰滥炸。事实上,这场军事干涉导致的人员伤亡大大超出未加干涉时。除了空袭直接导致大规模人员伤亡外,西方军事干涉还使冲突升级,并爆发持久内战,由此造成大规模的人道主义灾难。利比亚战争不同于北约和美国直接发动地面战争铲除塔利班政权和萨达姆政权,其基本做法是充分整合西方联盟,广泛争取国际合法性

① 程恩富.当前西方金融和经济危机对世界资本主义生存和发展的影响[M]//海派经济学(2011年第 1 期).上海:上海财经大学出版社,2011.

以及地区组织和国家的支持,充分利用和强化当事国政治反对派的力量,以内外联合的方式颠覆当事国的政权。主要方式包括:其一,外部施压,舆论造势,极尽所能妖魔化欲铲除的目标,推动国际社会对其制裁、谴责,组建反对、围堵和打击欲铲除目标的同盟和"国际统一战线"。其二,内部插手,尽可能多地动员、扩展国内反对派和敌对势力,开展以推翻现政府为最终目标的游行、示威、动乱甚至暴力活动,为此提供金钱、物资和情报指导,直至输送武器装备,以及提供军事教官和军事训练。其三,有限动武,建立"禁飞区",或以"禁飞区"之名对欲铲除目标实施空中打击,同时也派出地面特种部队直接参与军事行动。这是在霸权相对衰落的情况下以美国为代表的西方国家对对外战略进行深刻调整的体现,这也恰如奥巴马所言:"我们在伊拉克的经验让我们认识到,无论多么用心良苦,试图用武力来实现政权更迭,其代价是多么高昂,而且是何等的困难。""不改变我们的方法有可能使美国和阿拉伯世界之间的分歧循环深化。"

　　不仅如此,西方国家试图将"利比亚模式"复制于叙利亚,使得叙利亚成为继利比亚政治动荡之后的另一个"重灾区"。2011 年 10 月 23 日,美共和党参议员麦凯恩称:"利比亚的军事行动即将结束,现在是可能进行军事行动保护叙利亚平民生命的时候了。"①进入 2012 年,以美国为代表的西方资本主义国家更是对叙利亚火力全开,以叙利亚正在发生"严重的人道主义危机"为由,要求国际社会采取强力行动制止阿萨德的镇压行动。当阿萨德政府做出让步,提早进行大选,并欢迎国际观察员前往叙利亚视察局势时,美国又协助叙利亚反对派组织,攻击政府机构,杀害军警,挑起内战。一旦叙利亚出动坦克对反对派进行围剿时,美国国务院又指责叙利亚军警屠杀人民,进而要求国际社会对叙利亚进行干涉。美国国家情报局总监克拉珀则干脆表示,"阿萨德下台只是时间问题"。

　　美国处心积虑地要铲除阿萨德政权,强调所谓"人道主义危机"、"民主"、"自由",只是其推行霸权主义与强权政治的一个幌子,目的是维护西方的战略利益,其手段更具有灵活性和迷惑性。如同利比亚问题一般,在对叙利亚的干涉手法上,西方国家也是借助叙利亚境内的反对派将叙利亚问题国际化,把叙利亚问题提交到联合国安理会进行表决,推动举行"叙利亚之友"国际会议等。

---

　　①　U. S. Senator McCain calls for military intervention in Syria [N]. *RIA Novosti Agency News*, October 24, 2012.

以"人权无国界"、"人权高于主权"、"主权有限论"为旗号,对不顺从霸权的国家实施制裁或者武力打击,是当前美国推行新帝国主义政治的表现之一。另一种表现是对潜在竞争和合作对手的牵制和遏制。尤其作为新兴经济体主要代表国家之一的中国,近年来综合实力增长很快,并已经崛起为世界第二大经济体、全球货物贸易第一大国,让处于世界权势之巅的美国"如鲠在喉"。有专家认为:"中国如果按照当前的经济发展速度继续下去,将会在未来 20 年内或更短的时间里超过美国。"①在美国看来,中国是美国未来数十年内最大的全球竞争对手,因此,采取多重手段来牵制或遏制中国的政治、经济、文化、军事等影响力,继续保持和巩固美国"全球领袖"地位,便成为美国维护霸权战略利益的重要考虑。

为此,美国加快了对外战略调整的步伐,把"重返亚洲"作为外交政策调整的"头等大戏",反复强调属于美国的"太平洋世纪"。2011 年 11 月初,美国总统奥巴马在"太平洋轴心"演说中誓言要将美国的重心转向亚洲,将加强在亚太地区的部署并坚守美国作为超级大国的主导地位。2012 年 1 月 5 日公布的一份题为《保持美国全球的领导地位:21 世纪的防务重点》的美国新军事战略报告更明确地指出,"从长期看,中国作为一个地区大国的出现将对美国经济和安全产生各种影响",美国必须开始为应对东亚均势产生的可怕且迫在眉睫的"拐点"所产生的未来挑战"做好准备",必须"恢复亚太地区的平衡"。②

美国重返亚洲战略就是美国政府对外政策的重要调整,在美国经济深陷金融危机背景下,其手法依然是借用"巧实力"重返亚洲,即通过美国可支配的政策工具,利用一切可用的"软实力"(精神性力量)和"硬实力"(军事性力量),包括外交、经济、军事等手段及其组合来维护本国利益,进而维护美国的全球主导力。其表现之一,是策动和支持与中国有利益冲突的国家和地区强化与中国的对抗。在南海问题上,美国站在菲、越两国立场,支持这两个国家的主张,离间中国与其他国家间的关系。美国一再要求东盟 10 国"团结起来",结成一体与中国进行南海问题谈判。在中国与日本关于钓鱼岛领土争端中,美国明确表示《美日安保条约》适用于钓鱼岛,并不断与日本进行联合"反夺岛"演习。此外,美国在挑拨中俄关系的同时,还强化同韩国、印度、澳大利亚、我国台湾地区的军事合作或演

---

① 金灿荣,戴维来.美国"重返亚洲"——一石激起几重浪 [J].党建,2012(6).
② 保持美国全球的领导地位:21 世纪的防务重点 [OL].美国国防部网站,http://www.defense.gov/news/DefenseStrategic Guidance.Pdf,2012-1-5.

习,从而形成对中国的军事战略包围态势,达到削弱中国影响力、遏制和牵制中国和平发展实力的目的。

2019年6月,美国国防部发布了一份《印太战略报告》。印太战略强调必须强化扩军准备。五角大楼将在2019财年年底前加大投入,完成全球80％的战斗准备任务。印太战略还明确了美国防卫盟友和伙伴。盟友包括日本、韩国、澳大利亚、菲律宾、泰国。伙伴确定为东亚的新加坡、中国台湾、新西兰、蒙古国,南亚的印度、斯里兰卡、马尔代夫和尼泊尔,东南亚的越南、印度尼西亚、马来西亚,并提出加强与文莱、老挝和柬埔寨的合作。此外,美国将联合传统盟友英国、法国、加拿大共保印太自由与开放,以及上述国家和地区的亚太权益。整个报告简要介绍了上述地区盟友与伙伴的军事合作情况,并承诺将帮助它们更新防务现代化水平。很显然,美国印太战略旨在尽可能动员、拉拢印太国家和地区广泛参与其确立的"新东方"体系,维护美国的地区主导权和世界霸权①。

总之,冷战结束后,两极格局向一霸多强的多极格局过渡,世界秩序的重构为世人关注,也给国际经济秩序合理化带来了重大契机。尤其是西方金融危机之后,随着新兴市场国家力量的不断增强,对国际经济秩序合理化的呼声也不断增强,但以美国为代表的西方资本主义国家并没有顺应这一趋势。为了维持世界霸权领导地位,它们对不顺从或亲美的国家实施制裁或武力打击,对新兴发展中国家进行牵制或遏制,使得局部地区冲突加剧,世界不稳定和不安定因素增多。所有这一切表明,霸权主义和强权政治不仅没有减弱,反而有所增强。

### (二)政治谈判成果很多,领土与主权问题有所突出

国际经济秩序要实现合理化,一方面,各国的内政,包括政治制度、意识形态、价值观念、人权改善和发展道路的选择等由本国自主决定,反对其他国家和外部势力进行干预;另一方面,世界上的事情,包括各国之间的政治矛盾、外交分歧、经济纠纷,因民族、宗教、领土等因素引发的局部冲突,以及各国面临的共同性发展问题,各国都应该平等协商和公正解决。

作为解决分歧的主要方法,谈判既被《联合国宪章》规定为一种独立的和平

---

① 马晓霖.印太战略出炉,美国塑造新东方[OL].地球日报,http://global.sina.cn/szzx/article/20190605/04f19b1be2c51000.html,2019 - 6 - 5.

解决方法,也被现代许多主要的国际公约及法律文件作为解决国际争端的首要方法。例如,1899 年和 1907 年制定的"海牙公约"、1919 年的《国际联盟盟约》、1928 年的《和平解决国际争端的日内瓦总议定书》和 1970 年联合国大会通过的《国际法原则宣言》等重要国际法律文件。

冷战结束之后,各国之间的关系经历了重大而深刻的调整,越来越多的国家认识到战争带来的巨大创伤。因此,通过政治对话、多边机构、增加透明度和各国建立沟通机制来加深了解和密切联系,消除猜疑和误解,成为大多数国家的共识。与此同时,由政治谈判所达成的合作组织和共识的成果也逐步增多,如亚太经济合作组织(APEC)(1989 年)、东盟地区论坛(ARF)(1994 年)、世界贸易组织(WTO)(1995 年)、20 国集团(1999 年)、联合国反恐怖主义委员会(2001 年)、《巴黎气候协定》(2016 年),以及中国倡导和建立的上海合作组织(SCO)(2001 年)、金砖国家组织(2009 年)、"一带一路"合作机制(2013 年)等。

不过,由于历史、政治、经济的多种原因,当前世界不少国家之间依然在领土、边界、资源利用上存在一些争议。如韩日独岛(日本称"竹岛")争端,印度、巴基斯坦克什米尔争端,以色列和巴勒斯坦争端,日本与俄罗斯"北方四岛"(俄罗斯称南千岛群岛,日本称北方四岛)争端等。这些主权纠纷由于各方强硬立场,更由于少数国家蚕食别国领土的野心和霸权国家的挑拨,使得有关纠纷难以通过政治谈判得到解决,由此引发局部地区形势紧张和冲突加剧,极大地阻挠了国际经济秩序合理化的进程。

以日本与俄罗斯"北方四岛"争端为例,俄日岛屿争端长期以来一直阻碍着俄日关系的发展。该问题形成于第二次世界大战末期,1945 年 8 月,苏联出兵参加第二次世界大战对日作战并夺取整个千岛群岛,首次将北方四岛纳入其控制范围。第二次世界大战结束后,苏联根据《雅尔塔协定》有关"千岛群岛须交于苏联"的规定,宣布获得千岛群岛主权,并于 1946 年 2 月编入其地方行政区划,由南萨哈林州管辖,从而在形式上完成了占有北方四岛的工作。1955 年前后,日本在与苏联进行复交谈判的过程中首次提出"归还北方四岛"的问题,从而开启了延续至今的战后苏日、俄日领土争端。

进入 21 世纪后,俄日解决领土争端的过程"先扬后抑"。普京执政初期,两国以比较积极的姿态就领土问题进行磋商,但这种尝试很快由于双方互不妥协的立场陷入僵局,使俄日关系跌入低谷。2009 年,时任俄罗斯总统梅德韦杰夫登岛视察是本轮领土争端的高潮。2009 年 7 月 3 日,《促进北方领土等问题解决特别措施法》修正案在日本参议院获得全票通过,首次以法律条文的形式认定争议四岛是"日本领土",声称"将尽一切努力早日收回被占岛屿"。① 俄罗斯针对日本的做法采取了多项反制措施,如回绝日本向四岛提供人道主义援助的建议,出台新方案加大对南千岛群岛地区的投资和财政支持力度;2010 年夏天在四岛举行盛大的"二战"胜利纪念活动;2010 年 9 月提出总统将视察南千岛群岛的计划,并于 11 月 1 日正式登上国后岛,梅德韦杰夫也成为第一位到此地视察的俄罗斯国家元首。2012 年 7 月 3 日,梅德韦杰夫再次率包括时任俄罗斯副总理奥尔加·戈洛杰茨、远东发展部部长伊沙耶夫等在内的部分政府成员乘坐飞机降落于国后岛的门捷列耶沃机场,并视察了国后岛、南库里尔斯克等岛屿,由此再次引发俄日两国之间的紧张关系。

再以韩日争议岛屿为例。韩、日两国间关于独岛的问题,自 20 世纪 50 年代以来争执不断,但自 20 世纪 90 年代后,《国际海洋法公约》(以下简称《公约》)公布施行 200 海里专属经济区,原本潜藏于两国间的矛盾,即刻浮出水面。依据《公约》第 121 条有关"岛屿"的规定,凡是四面环水、高潮时仍能浮出水面而自然形成的陆地,可以拥有 12 海里领海的权利;如果能维持人类居住或可维持独立经济生活,可以主张 200 海里专属经济区及大陆架的权利。但由于《公约》对于岛屿的面积大小或人口多寡并未做出任何具体规定,于是各国纷纷将海洋视为"蓝色国土",争相宣布岛屿主权,并据此为测算基点,以达成合法扩张本国海域的目标,从而引发了自 20 世纪 90 年代以来全球性的"蓝色圈地运动"。虽然依据《公约》的规定,独岛可拥有 12 海里领海,但因长年无人居住,更无维持独立经济生活的条件,所以能否主张专属经济区或大陆架的权利自然会产生争议。又因为独岛位处距韩、日两国本土同等距离的中点位置,两国相距不足 400 海里,倘若均各自主张专属经济区或大陆架的权利,将难以回避管辖海域重叠的问题。于是,难题迎面而来。

进入 21 世纪后,两国争议更加凸显出来。2008 年 7 月 29 日,时任韩国总理韩升洙乘坐直升机登上独岛视察,并表示韩国有决心捍卫独岛主权。据韩国

---

① 崔海培.梅德韦杰夫首次视察争议岛屿　日外相紧急召见俄大使［OL］.中国日报网,http://www.chinadaily.comcn/hqgj /2010－11/02/content-11488923.htm? prolongation = 1,2010－11－2.

YTN 电视台报道,韩升洙是首位登上独岛的韩国总理,他在听取独岛守护警卫队大队长和庆尚北道(独岛在韩国所属行政区域)知事的报告后,在独岛竖立起一块刻有"独岛是韩国领土"字样的石碑,并表示韩国政府将采取果断措施保护独岛主权。2012 年 8 月 10 日,时任韩国总统李明博在任期只剩下半年的时间节点上,事先没有放出任何消息,登上日韩争议岛屿独岛。此后数日间,李明博和韩国政府一再表现出对日强硬的态度,甚至要求日本天皇为"二战"中日本在韩殖民罪责道歉。此举极大鼓舞了韩国国内的民族主义,当然,引起了日本的强烈不满。日本召回时任驻韩大使武藤正敏以示抗议。

### (三)人道主义援助和反恐舆论较强,非传统安全的威胁有所增加

一方面,自 20 世纪 80 年代以来,美国利用美元的金融霸权地位,借助经济全球化浪潮,依靠其国际垄断资本在全球范围内掠夺的巨大财富,形成了强大的经济、科技、政治和军事力量,建立起美国在全球推行经济帝国主义和政治霸权主义的物质基础。另一方面,当西方大国分享冷战"和平红利"、各国垄断资本利用经济全球化在全球攫取超额垄断利润时,广大发展中国家却日益被边缘化,扩大了"中心—外围"国家在经济、科技和民生等方面的巨大差距。更为严重的是,民族、宗教冲突和边界纠纷及其带来的一系列经济社会问题,使发展中国家的现代化进程迟缓。而所有这些都被西方归结为文明的落后,并对这些发展中国家予以歧视和排斥。在此情况下,发展中国家的一些人对重走西方现代化之路产生了深刻的怀疑,某些新民族主义者和宗教激进主义分子把发展中国家的孱弱落后、对外依附以及遭受的不公平待遇,归因为发达国家的掠夺,并采取极端的报复行动,从而导致"恐怖主义"在全球蔓延。

"9·11 事件"显示,美国在展现出前所未有的强大之时,也具有前所未有的弱点。恐怖分子对强大的美国军事力量视若无物,竟然在其本土实施了震惊世界的报复性打击。这就充分证明美国军事力量的强大对于灵活机动的恐怖分子而言,只能是"高射炮打蚊子"。"9·11 事件"使美国人生活在风声鹤唳之中,到处都可能是恐怖分子袭击的对象。政府面临着保卫国家安全的巨大压力,而恐怖分子的一大优势在于其防不胜防。因此,反恐为干涉别国政权,进而实现美国对世界秩序的重新规划提供了一个借口。用双重标准的反恐来做大旗,既可以

隐藏背后的真正目的，又可以冠冕堂皇地要求其他国家的支持。由此形成了21世纪美国称霸世界的理论框架——"新帝国主义论"。

"新帝国主义论"的理论基础是对国家类型的界定。库珀将国家分为三类：一是西方发达的"后帝国、后现代"国家。二是由索马里、阿富汗等前殖民地国家组成的"前现代"国家。三是由印度、巴基斯坦和中国等国组成的"传统现代"国家。另外，美国学者还攻击伊拉克、伊朗、朝鲜等所谓"邪恶轴心国家"和"失败国家"，声称埃及、尼日利亚等发展中国家"落后贫穷，将使居民中的不满和暴力蔓延，并通过恐怖活动影响别国安全"，因此这些国家只会对别国构成威胁。美国借助新帝国主义公开谋求国际霸权。"新帝国主义论"的理论基础主要有：(1)人类利益高于国家和民族利益；(2)人权高于主权；(3)国家主权已经过时；(4)世界上存在着"责任国家"和"失效国家"。

"新帝国主义论"反映了美国在21世纪初期的全球治理观，即在大国实力对比严重失衡的国际形势下，美国妄图凭借其独霸天下的经济实力、军事实力和科技实力，继续强力推行霸权政策，企图巩固美国对全球实行21世纪"帝国统治"的单极世界。美国借反恐之机，不断强化自身的霸权地位和对全球事务的"绝对领导"，确保自身的绝对安全，而美国的"绝对安全"意味着其他国家的"绝对不安全"，这势必引起其他国家的警惕、抵制乃至反抗。

即使没有"9·11"恐怖袭击事件，由金融垄断和军工垄断集团及其政治代理人为主导的美国，也会谋求维持和巩固其"新帝国战略"的步伐，前者只是加速这一战略实施。2002年1月29日，布什总统发表《国情咨文》，宣称美国将承担起"领导世界的责任"，对邪恶轴心势力、恐怖主义势力和其他挑衅美国的势力发动全面打击。"新帝国主义论"迅速演变为布什政府的战略指导思想和政策而向外推行。2003年美国发动的伊拉克战争，是新帝国主义思潮的表现。伊拉克战争首次实践军事上"先发制人"和政治上对所谓"无赖国家"的"政权改造"，加剧冷战后单方面以武力非法改变其他主权国家政权的恶劣行为。同时美国非法轰炸叙利亚，持续高强度地军事威胁朝鲜和伊朗，其单边主义达到登峰造极的地步，对世界和平与安全造成了前所未有的严重影响。

"新帝国主义论"及其在实践中的推行，一度遏制了恐怖主义的气焰。但是，国际恐怖主义组织经过一段时间的蛰伏之后开始再度活跃。由于美国反恐的扩大化,以及一些国家借反恐解决宗教、民族冲突等历史遗留问题,恐怖主义的发展获得新的动力和广泛的社会基础。"这种以暴制暴手段反而催生了极端主义和恐怖主义的扩张,越来越多的激进武装分子加入实施武力袭击的行列。恐怖主义就像弹簧,'针尖对麦芒'的对抗模式必然解决不了问题。"①"'9·11事件'以来,世界较大规模的恐怖袭击的次数、死伤的人数以平均每年30%的速度上升。2006年较大规模的恐怖袭击达665起,死亡4900人,受伤10500人,分别比2005年上升了74%、60%、39%。"②"2010年,全球72个国家共发生11500余次恐怖袭击,受害者人数多达5万,其中包括近13200名遇害者。与2009年相比,恐怖袭击发生次数多出5%。"③据俄罗斯安全委员会副秘书长科科夫称,2019年,全球发生2000多起大型恐怖袭击,导致超过9000人死亡。④

不仅如此,随着时间的推移,国际恐怖主义势力不断发展蔓延,并不断变化调整,其组织形式更加分散,宣传蛊惑方式多种多样,袭击手段不断翻新,因而更加难以打击与防范。当前恐怖主义活动正日益呈现网络化、本土化、类型多元化,以及袭击方式更加多样化的新特征。

第一,网络化。所谓的网络化,主要指:一是国际恐怖主义组织结构的网络化。某一节点被破坏或某一个头目被消灭并不影响整个恐怖主义网络的运转。即使摧毁了"恐一代",还会产生"恐二代"、"恐三代"。与传统的组织形式相比,恐怖主义网络具有较强的生存能力与再生能力。在一些军事观察家看来,尤其是本·拉登死后,恐怖组织指挥系统从"金字塔状"变成"蜂窝状"和"网络状",从而锻造出恐怖主义组织更强的再生能力。二是通信技术的网络化。互联网逐渐成为恐怖主义组织招募人员、策划袭击的场所。恐怖主义分子往往利用加密聊天室,以特殊的语言形式,讨论如何进行恐怖袭击。一些激进分子经过反复沟通联系,组成恐怖主义小团伙。此外,恐怖主义组织通常借助互联网兴建网站、论坛,发表威胁、恐吓文章或言论;开办网上恐怖主义培训学校,教授从事恐怖袭击的方式与技巧,从而把世界各地的恐怖主义分子与极端分子联结起来,形成一种

---

① 李慎明,张宇燕. 全球政治与安全报告(2012)[M]. 北京:社会科学文献出版社,2012:137.
② 钮汉章. 新民主治理:争取世界持久和平共同发展的战略选择[J]. 南京政治学院学报,2008(1).
③ U. S. Releases Country Reports on Terrorism[OL]. http://www. news. xinhuanet. com/english2010/world/2011. /c-131059102. htm.
④ 严瑜. 2019年世界局势:乱与治的较量[OL]. 人民网,https://baijiahao. baidu. com/s? id=1654112045485821029&wfr=spider&for=pc,2019-12-28.

难以消除、但又真实存在的恐怖主义活动网。

第二，本土化。它是指在极端宗教激进主义和"圣战"思想对西方的渗透下，这些国家内部滋生出恐怖主义势力。美国奥巴马政府2010年发布的《国家安全战略》承认国内激进分子对美国构成威胁。2011年1月，美国司法部承认，近两年针对美国的恐怖事件频繁发生，为"9·11事件"以来最为严重的时期，并且美国土生土长的恐怖分子已成为反恐的主要对象。2011年2月，美国国土安全部部长珍妮特·纳波利塔诺进一步指出："本土恐怖对美国国家安全构成的威胁正在加剧，美国必须调整反恐怖策略以适应不断变化的新形势。"①在同年6月底公布的《国家反恐战略》中，美国政府将本土恐怖分子与"基地"组织并列为打击重点，首次将本土作为反恐努力的最重要战场。这在相当程度上可以看出恐怖主义的演化和发展。事实上，"9·11事件"之后，由于恐怖主义组织很难正面突破美国等西方国家建立起的情报和安全网络，便转而通过各种手段煽动西方国家公民接受其意识形态，促使其发动恐怖主义袭击以表达自己的政治诉求。这些袭击不需要太多的事前计划和协调，袭击者本人与"基地"组织很少或根本没有直接接触，而合法的公民或居民身份又为行动提供了掩护，因此，袭击的成功率也很高。

第三，类型多元化。2011年7月22日，挪威首都奥斯陆的市中心遭炸弹袭击。袭击者随后又流窜到首都奥斯陆西北40多千米的于特岛，对正在岛上活动的夏令营营员实行血腥屠杀。两起事件造成76人死亡，多人受伤。这是自第二次世界大战以来，挪威境内发生的最为严重的暴力袭击事件。然而，出人意料的是，发动这场袭击的袭击者是一个经济状况良好的挪威中层市民。这表明，恐怖主义活动的发起者并不都是我们想象的宗教极端分子，其构成已呈现出多元化的特征，这些恐怖威胁既可以来自极端的伊斯兰宗教激进主义分子，也可以是其他对社会不满的极端右翼或其他社会分子。

第四，袭击方式更加多样化。"9·11事件"之后，各种新形态的袭击方式与手段就不断涌现。一是恐怖袭击手段由单一恐怖袭击向多种手段并用发展。2008年11月26日，10名恐怖分子袭击有着1 300多万人口的孟买，造成195人

---

① 杜静.美国国土安全部部长强调本土恐怖主义威胁［OL］.新华网,http://www. News. xinhua-net. com/mil/2011－02/10/c－121061484. htm,2011－2－10.

死亡,至少 370 人受伤,震惊世界。在孟买恐怖主义袭击事件中,恐怖主义分子多点同时攻击,爆炸、占领建筑物、劫持人质与武装袭击多种手段同时并用,致使孟买反恐力量缺乏足够有效的应对措施,最终导致伤亡惨重的后果。二是恐怖袭击方式隐蔽性更强。2009 年 8 月底,一个恐怖主义分子借口投诚,在接近沙特阿拉伯反恐主管、内政部助理大臣本·纳伊夫亲王时,用手机引爆藏在直肠中的炸弹,致使纳伊夫亲王受伤。同年 10 月,英国秘密保安局(MI5)监控网络聊天室时发现,"基地"组织计划将炸弹植入自杀式袭击者体内。2009 年 12 月 27 日,一名恐怖主义分子乘飞往美国的航班,在飞机降落前试图引爆藏在内裤中的炸药未遂,引起美国的广泛恐慌。2010 年 1 月,印度情报机构官员称,恐怖主义组织拟大量使用滑翔伞进行袭击。所有这些使得恐怖袭击防不胜防。

总之,自"9·11 事件"以来,美国在"新帝国主义论"支配下围剿和打击恐怖主义分子并没有达到预期目标,反而使得恐怖主义活动呈现出新的形式、新的特征。恐怖主义活动也不是单纯的暴力反抗,它涉及民族情感、种族、文化传统、价值观念和社会环境等众多的复杂因素,因此,简单的军事打击和不公正、不民主地处理国际秩序,是不可能从根本上消除产生恐怖主义根源的。同时,实践也证明,企图以反恐来做大旗,建立美国对全球实行"帝国统治"的单极世界,不仅与国际经济秩序合理化背道而驰,同时也必然造成世界范围内的各种冲突。

### (四)改革联合国的要求迫切,单边主义盛行

在第二次世界大战废墟上建立起来的联合国以"维持国际和平与安全、发展国家间友好关系、促进国际合作和协调各国行动"作为自己的宗旨,并为此设立了联合国大会、安全理事会、经济与社会理事会、托管理事会、国际法院和秘书处六大机构。联合国在过去的 60 多年里不断发展壮大,在国际维和、地区战后重建以及消灾、减困、促进与发展和人权有关的安全领域方面的参与力度和功能得到加强。但是,在如何进一步增进成员国对新时期国际秩序和国际治理的共识、扩大集体安全应对新威胁、提高集体行动能力、有效排除霸权主义和单边主义的干扰、消解体制化或非体制化的"意愿者同盟"对联合国安全机制的压力等重大问题上,联合国显得歧见众多和行动无力。所以,真正贯彻执行联合国宪章所宣称的宗旨和原则,仍是联合国当前和未来面临的主要挑战。

　　再者,联合国成立后的 60 多年来,国际社会和联合国本身都发生了巨大变化。单就联合国的成员国来说,已由联合国成立时的 51 个发展到今天的 190 多个,成员国数量已增加近 3 倍。很显然,60 年前设计的联合国的各方面机制,已经很难适应当今世界和平与发展的需要,特别是推进国际经济秩序合理化的需要。

　　"9·11 事件"之后,联合国支持美国对阿富汗采取军事行动来打击恐怖主义。但是,联合国和美国很快就在伊拉克问题上产生了巨大的分歧和裂痕,也使绝大多数国家感受到联合国所面临的危机和联合国改革的紧迫性。在伊拉克的战争中,美国绕过了联合国和安理会,单方面和英国等 12 个国家一起,发动了对伊拉克的战争。美国不经安理会的授权,在捏造证据的情况下,对另一个国家发动战争,这显然是一种违反《联合国宪章》和国际法的行为。

　　可是,美国领导人一再向世界强调单边主义观点,即没有联合国的授权,美国的行为也是合法的、正当的。美国国际法学家罗伯特·卡根在《外交》杂志上发表文章,试图论证美国行为的合法性。他声称联合国自成立以来,在授权军事行动合法性方面就从来没有成功过,因而战争的合法性和美国行为的合法性不在于联合国是否授权,而在于美国行为的结果,"如果美国被认为在伊拉克巩固了自由民主,消除了对地区和其他方面的威胁,不仅符合美国的利益,也符合其他国家的利益"①。但无论如何解释,美国的这种做法显然是对联合国和国际法权威的否定。当时世界各国普遍认为,联合国没有发挥作用,美国想用就用一下,不想用就将之"踢"到一边。美国"皮尤研究中心"(The Pew Research Center)在 2003 年 3 月和 5 月,对 21 个国家和地区的 16 000 人进行了两次关于对联合国态度的调查。调查显示,在伊拉克战争爆发后,人们对联合国的信任程度大幅度下降,无论在英国、美国,还是在反对战争的德国和法国,越来越多的人相信联合国已经是"无关紧要"了。在其中 9 个国家和地区中,有 70％的人认为联合国的作用降低了,而在另外 9 个国家和地区中,认为联合国的作用降低的也超过50％。② 对此,时任联合国秘书长安南在 2003 年第 58 届联合国大会为期两周的一般性辩论会上说道,没有得到联合国授权的伊拉克战争,把这个最重要的国际

---

　　① Robert Kagan. Looking for Legitimacy in All the Wrong Places [J]. *Foreign Policy*, August 2003. 26.

　　② 于永达. 国际组织学 [M]. 北京:清华大学出版社,2006:112.

多边机构推向了"十字路口"。安南在那次讲话中指出,目前"我们面临着一个对于联合国至关重要的关键时刻",为了应对新的挑战,联合国必须进行"大幅度的改革"。尽管伊拉克战争结束后,联合国通过了几个决议象征性地认可了伊拉克的重建工作,但是总的来说,联合国在伊拉克的重建中并未起到十分关键的作用。可以说,在"9·11 事件"后,由于美国推行单极世界的企图与联合国的宗旨背道而驰,使得联合国的权威和在国际社会中应发挥的作用受到严重影响。

2009 年 1 月,奥巴马就任美国总统后,美国政府的联合国政策在灵巧实力的引导下,发生了较大的变化。一方面,美国将对联合国的外交作为其多边外交的重要一环,采取接触、倾听和磋商的态度,寻求与联合国进行合作;另一方面,美国利用联合国实现打击、排挤对手的目的。以利比亚问题为例,西方国家就是利用了联合国安全理事会 2011 年 3 月 17 日通过的第 1973 号决议。该决议决定在利比亚设立禁飞区,并要求有关国家采取一切必要措施保护利比亚平民和平民居住区免受武装袭击的威胁,同时采取更为强硬的武器禁运和财产冻结的制裁措施,其中包括冻结利比亚中央银行和利比亚全国石油公司等利比亚实体的财产。该决议后来被以美国为代表的西方国家所利用。它们打着联合国授权的旗号通过武力干预利比亚内部事务,从而大大超越了联合国安理会的授权。比如,它们出动战斗机、轰炸机和武装直升机对利比亚政府军的地面设施和机动目标进行数千架次的持续空袭,并与反政府武装进行空地协同作战,发射巡航导弹对利比亚境内目标进行精确打击等。

尽力谋求遵守联合国的有关决议和规则,只是奥巴马政府"巧实力"霸权的一个层面,这不排除在特定的条件下,美国绕过联合国单干的可能性。以叙利亚问题为例,安理会经过多次交锋,中俄基于联合国宪章精神,即尊重各国主权、不干涉别国内政的原则,多次投票反对美国绕过安理会对付叙利亚政府。[①] 2017 年 4 月 7 日,美国向叙利亚政府军扔出 59 枚战斧导弹,而美国并没有提供叙利亚政府使用化学武器的调查证据。

从深层次来看,联合国这种状况的背后深埋着世界各种力量的国际秩序观、国际安全观之间的较量,也充满着单极与多极的斗争。美国试图维持其单极世界和霸权地位,而中俄和许多发展中国家则不愿接受一个由美国主宰的单极世

---

① 况聘. 美威胁绕过安理会对付叙利亚 俄反对武力干涉 [N]. 新京报,2012 - 6 - 1.

界。于是,安理会在摆脱了两极对抗造成的分裂之后,有可能陷入单极化与多极化之间的冲突。因此,通过联合国改革,树立起联合国的权威,是当前推进国际经济秩序合理化中必须加以解决的问题。

就安理会的改革而言,安理会处于联合国权力结构的核心地位,是联合国改革的"重中之重"。因此,安理会的改革充满了各国利益和力量的交锋。如美国等西方发达国家与发展中国家在安理会改革问题上存在着明显分歧。西方发达国家试图通过改革进一步加强它们在安理会中的优势,特别是美国,想通过安理会改革使联合国成为美国主导下的国际新秩序的工具,而广大发展中国家则希望通过改革扩大自己在联合国的权益,特别是在安理会中的发言权,使国际秩序更加合理化,使以联合国为框架的国际秩序更加公正、合理。

在安理会常任机构的改革问题上,各方的分歧也很大。美国明确支持安理会扩大,主张德、日成为新的常任理事国,但新增安理会常任理事国不拥有否决权。其目的在于,强化以美国及其盟国为主的共同体,在保持自己原有权力的基础上改革联合国权力机制,以此控制联合国的主导权。同时,美国在自己战略利益得以维系的前提下支持在联合国框架内维持世界和平,乘机实施干涉主义,为自己霸权战略的实施谋得合法之名。把联合国维持世界和平同美国安全政策联系在一起,不仅可以在法理上使美国的军事干预变为国际干预,而且在经费上也节约甚多。中方立场是安理会的改革要优先考虑扩大发展中国家的代表性。中国可以赞成德国成为安理会常任理事国,但坚决反对一个对侵略历史持不认罪态度的日本成为联合国安理会的常任理事国。如果日本"入常"成功,无疑会助长日本右翼势力的嚣张气焰,有损联合国的形象和权威。

总之,冷战结束后,国际社会对联合国的角色提出新的要求,希望制定新的国际规范,加强国际协调,推进国际经济秩序合理化,然而在美国的全球战略中,联合国的作用空间和范围是受到限制的。美国有着手建立单极霸权的企图和根据一己需要改造联合国的意图。联合国的尴尬在于,缺乏美国的实力,联合国就没有力量;而一旦有了美国,联合国的独立性、公正性就受到限制。概言之,美国的战略要求与联合国的宗旨和尊严存在二律背反。

### (五)国际组织不少,合理发挥的作用有限

顾名思义,"国际组织"是一种跨越国界的机构。作为最重要的非国家行为

主体,国际组织的出现打破了传统国际秩序以国家间关系为全部内容的单一局面,体现出越来越强的独立参与国际事务的能力。当代国际组织名目繁多、宗旨各异、数量不少,活跃在国际秩序的不同领域和层次,根据不同的标准可对其进行不同的分类。

第一,一般性与专门性国际组织。从宗旨和职权范围来分,国际组织可分为一般性国际组织与专门性国际组织。前者的宗旨、活动领域和职权范围比较广泛,涉及政治、经济、社会、文化等各方面,诸如联合国、非洲统一组织、东南亚国家联盟等。后者一般只具有专业技术性职能,主要进行科技、文化、教育、卫生等专业技术性活动,如联合国教科文组织、国际劳工组织、国际电信联盟、国际货币基金组织等。

第二,政府间与非政府间的国际组织。根据国际组织主体的构成情况,国际组织可分为两大类:政府间的国际组织与非政府间的国际组织。前者是由若干主权国家的政府为达到一定的目的而设立的,如联合国就是当今世界上规模最大的政府间国际组织。后者是由不同国家的个人和民间团体等组成的国际机构,如国际劳工组织、国际宗教组织、国际青年组织等。其中影响较大的有国际奥林匹克委员会、国际红十字会等。

第三,全球性与地区性国际组织。从成员构成的地域范围来看,国际组织可分为全球性国际组织与地区性国际组织两大类。前者尽管成员有多寡之分,但都是来自世界各个地区。后者的构成较为复杂,又可细分为:(1)跨地区性国际组织,如不结盟运动、七十七国集团、石油输出国组织等。这些组织的成员尽管来自不同地区,但尚未包括世界上主要地区的一些国家,因而不能被视为全球性国际组织。(2)地区性国际组织,它的成员一般来自世界某一大洲内部,如美洲国家组织、非洲统一组织、欧洲联盟等。(3)区域性国际组织,它的成员一般来自相邻的国家,如上合组织、东南亚国家联盟等。

在当前的国际秩序研究中,行为主体的多元化已经成为一种现实,呈现出以主权国家为主、多种行为主体并存的状态。这不仅使得国际秩序的范围大大拓展,而且意味着国际秩序内容的日益深化。尤其在经济全球化时期,主权国家的多国家体系的形成与国家间多边交往的需求、国家间的相互依存关系及其利益的一定重合,产生了国际合作的必要和可能。国家之间的协作促使国际组织出现。从国际组织的职能行使上看,国际组织主要是各国政府单独地或集体地实现其对外政策的工具,其目的在于维持国际社会这个多元平行系统的正常运转,是促进成员国利益,促使各国政府更好地发挥职能的一种合作手段,也是国际社会秩序的基础。从组织形态考察,国际组织是国际社会区别于其他社会的重要标志。因此,国际组织根本的和首要的作用在于国家间合作。作为国家间多边合作的组织形式,作为全球化进程的某种载体和依托,国际组织在维护世界和平与安全,促进人类社会的进步与发展,协调矛盾、加强合作等方面发挥着越来越重要的作用。

国际组织呈现"两面性"的行为特征:一方面,国际组织代表了不同成员的共同利益,能够发挥单个成员难以发挥的独特功能;另一方面,国际组织在国际秩序中的行动能力依赖于成员方的协商一致,不可避免地具有局限性,成员方大小强弱的实力差别也会反映到国际组织当中,制约其独立性。这种功能上的"两面性"体现在国际组织活动的各个领域,我们可从国际规则的制定、世界和平与安全的维护、国际一体化的推动、多元利益的协调四个方面进行阐述。

第一,国际组织通过自身活动,参与制定了一系列国际社会普遍遵循的基本规范和准则,对国际秩序运行的规范化和民主化起着重要作用。尤其是随着冷战后国际秩序领域相互依存态势的进一步深化,国际规则变得越来越标准化和规范化。国际组织在制定国际规则方面的地位也显著提升,不仅表现在联合国这样的一般政治性组织当中,也表现在国际货币基金组织、世界贸易组织这样的国际经济组织当中。那些在国际组织中占据有利地位的发达国家总是企图按照自己的意愿制定规则,使得国际规则容易带有倾向性。

以国际货币基金组织(IMF)和世界银行为例,国际货币基金组织和世界银行被批评是欧美尤其是美国利益的代言人,治理结构的缺陷是其失去独立性的根源。从投票权份额来看,国际货币基金组织的决策采取绝大多数原则,一般决策需要50%以上的投票权通过,重大决策需要85%。发达国家拥有超过60%的份额,其中约45%集中于七国集团,美国和欧盟均拥有超过15%的投票权,即事实上拥有一票否决权,由此牢牢控制国际货币基金组织的决策权。从管理人员构成来看,国际货币基金组织的总裁按照惯例由欧洲人担任,美国人担任第一副总裁,三名副总裁中仅有一位来自发展中国家,主要高级管理人员基本来自发达国家。

作为国际金融组织,国际货币基金组织的投票权、决策权、监管权应该具有广泛的代表性,应参照经济、贸易所占世界比重予以调整,提高新兴经济体和发展中国家的代表性、执行力和平等参与度,引导其成为适应未来全球发展的建设性力量,但国际货币基金组织的现状显然不适应国际经济秩序合理化发展的需要。

第二,国际组织是维护世界和平与安全的重要力量,在制止地区性冲突和局部战争方面起到积极作用,但却难以完全避免霸权主义的利用和操纵。如联合国是最大的国际组织,联合国的首要宗旨是维持国际和平与安全。但美军对格林纳达的进攻、对巴拿马的入侵,苏联对阿富汗的占领,越南对柬埔寨的侵略等都未经联合国授权或批准,如前文所述的美国对伊拉克的战争也同样如此。

第三,国际组织体现了国际共同体在不同程度和阶段上的状态和结果,推动着国际共同体进程和趋势的发展,为加强国家间合作与联系做出了重要努力,但却无法保证所有国家同等地享受全球化和一体化带来的好处。以欧盟为例,1993 年《马斯特里赫特条约》开始生效,标志着欧盟正式成立。欧洲经济一体化在给欧元区各国经济发展带来便利的同时,并非所有的国家都从中受益。欧盟在发展中形成了以德国、法国等为核心,以包括葡萄牙、意大利、爱尔兰、希腊、西班牙五国(以下简称"葡萄牙等五国")在内的南欧国家为外围的"圈层式"发展模式。核心国具有较强的竞争力,拥有支撑经济可持续发展的支柱性实体产业,而葡萄牙等五国产业结构单一,竞争力不足,缺乏长期推动经济发展的支柱性产业。更重要的是,欧元区新成员的加入进一步拉大了这种差异。就贫富差距来看,"欧洲统计局 2012 年 6 月 20 日公布的初步数据显示,2011 年,欧盟成员国之间人均 GDP 相差悬殊。最富的卢森堡人均 GDP 为欧盟平均水平的 274%,最穷的保加利亚则只有欧盟平均水平的 45%,前者是后者的 6 倍多。除卢森堡外,还有 11 国人均 GDP 在欧盟平均水平以上,分别为荷兰(欧盟平均水平的 131%)、奥地利(129%)、爱尔兰(127%)、瑞典(126%)、丹麦(125%)、德国(120%)、比利时(118%)、芬兰(116%)、英国(108%)、法国(107%)、意大利(101%)。除保加利亚外,还有 14 国人均 GDP 在欧盟平均水平以下,分别为西班牙(99%)、塞浦路斯(92%)、斯洛文尼亚(84%)、马耳他(83%)、希腊(82%)、捷克(80%)、葡萄牙(77%)、斯洛伐克(73%)、爱沙尼亚(67%)、匈牙利(66%)、波兰(65%)、立陶宛(62%)、拉脱维亚(58%)、罗马尼亚(49%)"①。再从欧盟经济发展的现实运作情况来看,"欧元区长期存在着结构性矛盾,即北欧和南欧的问题。北欧在制造,南欧在消费;北欧在出口,南欧在进口;北欧在储蓄,南欧在借贷;北欧经常账户盈余,南欧经常账户赤字;北欧的人在勤奋工作,南欧的人在享受生活"②。在美国次贷危机爆发之后,欧洲各国政府纷纷出台了财政刺激方案,葡萄牙等五国的财政赤字迅速扩大,这使得其原本就长期存在的结构性财政赤字问题进一步显现。之所以存在结构性财政赤字问题,除了葡萄牙等五国产业结构单一、竞争力不足之外,重要的原因还在于:一是加入欧元区的葡萄牙等五国要维持国民的高福利不得不大规模发行国债;二是葡萄牙等五国加入欧元区之后政策工具丧失。欧元区十七国实行统一的货币之后,欧元区成员国均以欧元作为官方唯一流通货币,货币权交由欧洲中央银行行使,但财政政策仍由各成员国自己掌握,这使得财政政策、货币政策因目标不一致而发生冲突的可能性极大,各成员国在面临经济衰退时需要解决的问题不一样。在受到美国次贷危机影响时,希腊等国既不可能实施扩张性货币政策来刺激本国的投资与消费,又不可能采取汇率贬值的政策来刺激出口和带动外部需求。这些国家只能依靠财政政策来刺激经济,但是欧盟的《稳定与增长公约》对赤字率和国债率又有明确的约束,这样在全球金融危机愈演愈烈的背景下,葡萄牙等五国几乎没有有效的政策来应对,处于被动挨打的不利局面。

2008年金融危机在美国爆发后,欧盟为了应对金融危机的冲击,推出了2 000亿欧元的经济刺激与复苏计划。尽管欧委会强调这不是"一刀切"的计划,而是要求各国根据自身的财政状况来实施,但实际上起到了"一刀切"的效果,各国纷纷推出财政刺激方案,为后来的债台高筑埋下了伏笔。欧债危机爆发后,欧洲又全部实施紧缩计划,走向了"一刀切"的另一个极端。在经济复苏乏力甚至经济下行的情况下,大力削减财政开支,减少公共投资,与此同时削减福利和工资水平,削弱私人消费,这些都成为经济走出衰退的掣肘。但如果不实施财政紧缩,政府债务就会不断攀升,市场融资成本将难以为继。由此,重债国陷入了政策困境。由此可见,国际组织推动着国际一体化,但却无法保证所有国家同等地

---

① 2011年欧盟成员国贫富差距最高达6倍[OL].中华人民共和国商务部网,http://www.mofcom.gov.cn/aarticle/i/jyjl/m/201206/20120608192053.html,2012-6-22.
② 李京阳.欧债危机对中国的影响及国际货币体系的改革思考[J].财经科学,2012(3).

享受一体化带来的好处。

第四,国际组织在解决全球性问题方面发挥主导或重要作用,是各国交换意见、增进合作的平台,但却面临不同国家主张和利益差异的制约。通过国家利益的协调,国际组织得以有效运转。然而,不同的国家经过协调而获得的利益是不均等的。在国际秩序中,强国、大国、富国相对于弱国、小国、穷国而言,总是居于主导地位,在国际组织中亦然。不少国家都努力以本国的最小让步或不付任何代价来换取较大利益。发达国家凭借自己的实力地位,在各方利益协调时总是尽量实现自己的利益,尽量少做让步,而让发展中国家做出更多让步和牺牲。这种不合理的现象在南北力量对比悬殊的现实条件下是难以避免的,在一定程度上会影响协调的有效性。

例如,南北矛盾是当前世界的主要矛盾之一,是关系到整个人类前途命运的重大问题。南北矛盾的核心是发展中国家和发达国家在经济发展上的不平衡,贫富差距悬殊,以及在政治上的不平等地位,其根源在于旧的国际秩序。为了继续占据其垄断的优势地位,发达国家坚决捍卫国际旧秩序;而发展中国家为了彻底摆脱从属地位,从 20 世纪 60 年代起就提出要建立国际经济新秩序。双方利益分歧明显,多年来较量激烈,表现为在全球性的国际组织中,发展中国家加强了联合,如联合国中的"七十七国集团"、国际货币基金组织中的"二十四国集团"等,以集体的方式增加同发达国家抗衡的分量,尽可能为南方国家争取更多的利益,南北对话虽然取得了一定进展,但到目前为止,双方的分歧还很尖锐,还没有找到妥善的解决办法。如 2001 年 3 月,时任美国总统布什宣布放弃美国政府1997 年签署的旨在控制温室气体排放量的《京都议定书》,引起国际社会广泛和强烈不满。此举实质上就是美国为了自身的经济利益而对国际社会的共同利益以及争取这种利益的努力采取一种漠视态度,是一种典型的霸权行径。

再以 2011 年的德班大会为例,会议开始前,各方关于气候变化的博弈日趋激烈。欧盟、美国、七十七国集团以及最贫穷国家等虽然从不同的立场出发阐述了各自观点,但经过 3 次预备会议后,各方在《京都议定书》第二承诺期等关键性问题上分歧依然严重,尤其是日本、加拿大、俄罗斯表示不准备续签《京都议定书》第二承诺期和不同意美国的低减排目标,降低了人们对德班气候会议的期待,为该会议蒙上了阴影。时任南非总统祖马说:"德班会议显然不会像逛公园那样轻松,它将是一次艰难的会议。"由于缺乏实质性进展,这次大会又被外界挖苦成"漫无目标的马拉松长跑"。导致会议成果寥寥的原因之一就在于发达国家表现出比过去更强硬的立场和姿态。比如,在《京都议定书》第二承诺期问题上,加拿大、澳大利亚和日本等国明确表态反对,加拿大甚至信誓旦旦地宣布很快将退出《京都议定书》。"发达国家的表现实在让人心凉,它们在向世界活灵活现地展示:这仍是个国家自私主义横行的世界。"①"各国在气候问题上都能拿出各自的减排时间表,但却不能在统一的时间安排上点头。德班会议的失败,再次反映出全球在应对气候变化问题上的功利主义心态,但更令人忧虑的问题是,怀揣这样心态的国家和地区,变得更加不分贫富。"②正如时任中国代表团团长、国家发展和改革委员会副主任解振华在发言时高声怒斥发达国家所指出的:"一些国家,我们不是看你说什么,我们是在看你做什么。一些国家已经做出承诺,但并没有落实承诺,并没有兑现承诺,并没有采取真正的行动。""讲大幅度率先减排,减了吗? 要对发展中国家提供资金和技术,你提供了吗? 讲了二十年到现在并没有兑现。我们是发展中国家,我们要发展,我们要消除贫困,我们要保护环境,该做的我们都做了,我们已经做的,你们还没有做到,你有什么资格在这里讲这些道理给我?!"③作为全球第二大气候污染国,也是最大的经济体,美国非但不模范地遵守气候变化协定,反而带头退出各种国际组织。2020 年 11 月 4 日,美国正式退出《巴黎气候协定》。抛弃 195 个国家于 2016 年签署、147 个国家已经正式批准的《巴黎气候协定》,表现出美国不顾人类共同利益的极端自私主义,也引起了各国震怒。

## 二、国际经济秩序合理化的负面影响因素

国际经济秩序合理化的实质在于各国和各国人民相互尊重以平等相待、求同存异以扩大共识、合作协商以谋求共赢、增进友好以和谐相处。当全世界人民

---

① 宋亚芬. 德班展示西方赤裸裸的自私［OL］. 中国新闻网,http://www. cqcb. com/cbnews/instant/2011－12－12/332072. html,2011－12－12.

② 全球化的功利思想是德班会议失败的根源［OL］. 财经网,http://www. caijing. com. cn/2011－12－12/111514626. html,2011－12－12.

③ 百度新闻网,http://baike. baidu. com/view/6972739. htm.

都在追求合作之时,以美国为首的西方资本主义国家依旧强推自己的价值观,继续以冷战思维在意识形态领域打"没有硝烟的战争"。不难发现,当今国际社会依旧笼罩着霸权主义和单边主义的阴云。因此,遏制霸权、反对单边主义、发展多边主义、促进国际经济秩序合理化,仍然任重道远。

## (一)意识形态偏见与"文明冲突"

自以为担负着世界"领导重任"的美国等西方国家,不仅谋求充任世界政治、经济秩序的制定者和维护者,热衷于扮演"国际裁判"和"国际警察"角色,还把自己的政治意识形态主要归结为:实现政治民主、捍卫人权、实行私有制为基础的市场经济制度。它们把向全世界传播自己的价值观念、意识形态看作自己的使命。

早在第二次世界大战之前,美国就提出了"强权和民主相结合"的政策概念,强调以美国的政治发展模式促进国外民主,试图把一个文化多元化的世界用自己的价值标准统一起来,实现美国统治下的和平。第二次世界大战以来,美国凭借强大的经济、技术优势,在全球范围内推销自己的价值观和思想文化,极力进行文化渗透。特别是冷战结束以来,美国认为和平演变在苏东地区"结出了花朵",因而更加看重思想文化价值的战略意义,大力宣扬"文明的冲突",鼓吹"西方文化中心主义"。

美国把世界上的国家分为不同类型,即"民主国家"、"基本民主国家"、"转折过程国家"、"无赖国家"。美国对不同国家采取区别对待的政策:对冷战后新出现的"民主国家"(东欧国家)采取诱导政策,帮助他们进行民主和市场改革,防止民族主义和共产党重新掌权对美构成新的威胁;对所谓"敌视民主与市场经济"的国家实行经济制裁、军事威胁、政治干涉和外交孤立政策,尤其在中东地区。"9·11事件"为小布什政府调整对外战略提供了重要的契机,美国的对外战略重点转向打击恐怖主义。美国认为中东地区缺乏"民主和自由",是产生恐怖主义的土壤,因此大力推广"大中东计划",将中东视为输出民主的重要战略地区。另外,美国还坚持向那些对美国有巨大的国际恐怖主义威胁的"失败国家",如古巴、伊朗等施加压力,以压促变。

事实上,这种意识形态的"偏见"只不过是美国政府强行在世界上其他国家传播其文化价值观或者迫使他们接受美国的政治发展模式、文化价值观和争权夺利的工具。美国根本不考虑其他国家的文化传统和现实条件，以自己的标准划线，对不符合美国标准的国家，美国加强文化渗透，甚至是赤裸裸的武装干涉。事实上，美国以自己的文化价值观为标准，动辄对其他国家指手画脚，不仅不会促进国际经济秩序的合理化，还会酿成激烈的文化冲突。

美国以反恐名义，并根据自身的利益需求，将中东很多伊斯兰国家分别列为打击、遏制或"改造"对象。"9·11 事件"后，美国借反恐之名发动了对阿富汗和伊拉克的战争，进而扶持亲美的"民主政府"，移植美国民主制度，传播美国式自由化原则和价值观，改变阿拉伯和伊斯兰文化结构以及人们的思想意识，以便更好地为美国的利益服务。但是，由于宗教信仰、文化和制度传统、思想观念、价值观等方面的差距，这两个国家不具备美国民主制度生存的土壤和条件。虽然伊拉克顺利进行了议会选举，但是由各派势力拼凑的联合政府若脱离美国军队的支撑终将陷于更大混乱之中。而且，中东的其他国家，如埃及、卡塔尔、也门、叙利亚等国，要么伊斯兰政治力量逐渐壮大，要么激进的民主力量引起政府的反感而受到打压，这些情况的出现与美国最初的民主改造设想存在巨大的差距。另外，由于美国在推动中东"民主化"过程中将自身利益置于绝对优势地位并奉行双重标准，因此引发了中东国家强烈的反美民族主义情绪，加之在战争中出现的美国士兵诋毁古兰经，或对伊斯兰文化的诋毁行为，如 2012 年 9 月美国电影《穆斯林的无知》就涉嫌诋毁伊斯兰教，造成多个国家的伊斯兰教教徒掀起"反美浪潮"，引发流血冲突。越来越多的穆斯林认为，美国的行为就是要消灭伊斯兰文明，强行输入美式的文明、价值观和生活方式。

总之，美国将自己的价值观和奉行的意识形态作为"普世价值"，企图用意识形态"改造"世界，使各国逐步成为美国模式的"民主化"和"资本主义化"，这不仅没有带来世界的和谐安宁，反而严重扼杀文化多元化性。历史一再表明，任何人的设计和愿望要想得到全人类的普遍认同，都必然是有条件的，这就是它必须适合人类绝大多数个体的生活方式和切身利益，只有在主观和客观上都具备了条件的价值选择，才有可能实现；否则，结果只会以失败而告终。以"美式民主"为例，这一制度是结合美国国情而逐步形成的，但这种以金钱政治、寡头政治和家族政治为特点的畸形民主模式并非适用于所有国家。在一些输入"美式民主"的国家,民主非但不能成功解决政权与民众的矛盾,反而使各种社会矛盾尖锐化。总的来看,其对国际经济秩序合理化的不良影响主要有:

第一,干扰了世界的稳定与发展。美国以自己的意识形态标准划线,具有强烈的民族主义色彩,必然会产生阻碍国际秩序正常发展的结果。美国所奉行的单边主义和贸易保护政策,与当今世界的多边主义相冲突,削弱了多边机制的有效性和影响力。这必然会加剧国际紧张局势,严重影响世界的和平、发展和安全。

第二,干扰了世界经济秩序的建立。作为世界上最强大的资本主义国家,美国已经进入了知识化和信息化的高科技时代,知识、信息和高科技成为美国最重要的生产力和资本。冷战结束后,经济因素在国际秩序中的地位日渐上升,美国政府更加借助于经济手段进行"民主"输出。与赤裸裸的军事干预相比,经济干预更具有隐蔽性。美国的霸权主义和强权政治加强了世界的不平等性,加深了弱势国家对美国的依赖性,从而导致贫富差距的加大,造成两极分化,甚至导致世界经济的动荡,造成一些发展中国家更趋于边缘化。

第三,破坏了国际秩序和国际法的基本准则。美国作为超级大国,打着自由、民主、人权的旗号,兼用多种输出手段,全方位、深层次地干涉别国内政。《联合国宪章》是举世公认的各国处理国际关系的基本准则。美国总是违背各国人民意愿,干预被输出国选择适合本国国情的社会制度和政治模式,这是对不干涉别国内政准则的严重损害。特别是以"保护人权"、"保护的责任"(responsibility to protect,R2P)为由发动战争,而在战争中又肆意违背国际法,严重践踏国际人权法和战争法的基本精神。

### (二)霸权逻辑与冷战思维

美苏冷战的结束不代表美国冷战任务的完成。"美国的冷战任务是指,美国在全球扩展、建立和最终实行美国式的民主模式、经济制度,排除共产主义和社会主义在世界的存在和影响。"①也就是说,美国冷战任务的完成标志应该是使得共产主义和社会主义国家政权在全球消失,并在这些国家和地区建立起符合美国标准的西方资本主义制度。

---

① 钮维敢.论美国冷战任务的完成 [J].辽宁大学学报(哲学社会科学版),2008(5).

冷战结束,欧洲之外的社会主义国家仍然存在,古巴、朝鲜、越南、老挝仍然坚持以马列主义作为国家的指导思想。以美国为代表的西方资本主义国家继续对上述国家实行遏制、威胁和挑拨等举措,以期在这些国家和地区建立起符合美国标准的西方资本主义制度。

以越南为例。苏联解体后,美国加强了与越南的双边交往,两国关系不断改善和提升。一方面,这是美国塑造围堵中国包围圈的地缘战略需要,从而提前抢占苏联解体留下的政治真空,为其政治、经济、军事、外交利益最大化拓展国际空间。目前,双方不断扩大政治、安全和战略对话机制,以及定期举行国防部长级安全会议。2011 年 7 月,美国第七舰队"钟云"号、"普雷贝尔"号驱逐舰和"哨兵"号护卫舰,与越南海军首次在南海举行联合军演。8 月,美国海军舰队自越战后首次访问金兰湾,"理查德·伯德"号补给舰还在该港进行为期一周的维修。此外,美国还加强了对越南的军事援助,2009 年,美国第一次给越南提供 50 万美元"外国军事援助"(FMF),2010 年,这一援助增加到 135 万美元,2011 年为 100 万美元。[①]

另一方面,美国要把越南演化为西方资本主义民主国家。美越关系正常化以来,美国一心想通过民主、宗教、人权等途径对越南进行"和平演变",企图通过接触从内部改变越南政权性质,想迫使越南放弃共产党领导和社会主义制度,走"政治多元化、经济私有化"的资本主义道路。近年来,虽然两军对话和接触明显增多,但合作内容仍限于非敏感层次。美越联合军演主要科目是联合搜救、救灾、打击恐怖主义和跨国犯罪。两国签订的军事合作协议内容也仅仅限于非战斗性软军事活动(如卫生保健)等。而且,2004 年 9 月,美国就把越南列入宗教信仰自由"特别关注国"名单,不断谴责越南的人权状况。2011 年,美国国会通过了《越南人权法案》等,要求国务院处理对越关系时将越南违反人权和宗教自由因素考虑进去。在国会和人权组织的压力下,美国国务院一再发表声明,强调阻碍双边关系快速发展的是人权问题,越南只有有效地解决这一问题,才能给两国合作释放更大的空间;如果越南不进行新一轮政治改革,那么美国政府也只能与越

---

① 　Mark E. Manyin. U. S. - Vietnam Relations in 2011:Current Issues and Implications for U. S. Policy [J]. *CRS Report for Congress*,July 26,2011.

南保持目前这样的关系。① 对于越南来说,尽管美国在南海等方面对其示好,但并不能打消其对美国搞和平颠覆的警惕,认为宗教、自由、民主和人权是美国外交政策中干涉越南内部事务的工具。为此,越南大力开展"反浸透、反西化、防颠覆"整治活动。2010 年 4 月,越南政府拒绝为美国众议院军事委员会委员洛泽塔•桑切斯办理签证,因其是反越的"人权卫士"。总之,越南坚持走自己特色的政治发展道路,维护国家尊严,反对外来干涉的基本立场不会改变。

再以朝鲜为例,苏联解体后,美国对朝鲜的敌视政策并没有减弱,反而依恃强大的军事、经济、外交实力在半岛上造成对朝鲜的强大压力。朝鲜从谋求本国生存和安全着眼,力求拥有核武器及运载工具。美朝矛盾激化,造成朝核危机。小布什执政之后,撕毁协议,对朝鲜实行强硬的遏制政策,且在意识形态上对朝鲜不断敌视和丑化。但美国忙于"9•11 事件",对阿富汗动武,接着入侵伊拉克,其间又有伊核等问题,美国对朝鲜强硬政策受到限制。奥巴马政府和特朗普政府以来,朝鲜半岛核问题进一步升级。美韩日不断进行针对朝鲜的军事演习,鼓吹对主权国家的军事"先发制人"和"斩首行动"。"朝美以上围绕朝核危机的角逐,集中体现了朝鲜半岛的冷战遗留。朝核危机形成和发展的根本原因在于美国的冷战思维,直接原因是美国在两极格局瓦解后不肯放弃对朝鲜的冷战外交。"②

就中美关系而言,美国认为由于中国在社会制度、意识形态、文明上与西方资本主义大相径庭,中国的崛起将不可避免地挑战美国的世界霸权。特别是在美国国际声望和影响力有所下降及金融危机双重打击下,为了维护美国霸权地位,奥巴马政府明确打出"巧实力"外交战略大旗。"'巧实力'战略的根本目的在于维持和扩展美国的霸权。"③主要表现为:一是在领土、领海分歧问题上做文章,公然偏袒日方。在中日关于钓鱼岛问题上,美国非但不出来澄清真相,反而宣布钓鱼岛是《日美安保条约》适用对象。二是在南海问题上搅局,离间地区国家之间关系。早在 2002 年中国与南海周边一些国家就签署《南海各方行为宣言》,由

---

① US Presses Vietnam Anew on Rights [OL]. http://www.channelnewsasia.com/stories/afp_asi apacific/view/1177944/1/.html.

② 钮维敢.冷战遗留视角下的当代朝美关系跟踪分析 [J].南京航空航天大学学报(社会科学版),2010(2).

③ 唐彦林.奥巴马政府"巧实力"外交政策评析 [J].当代亚太,2010(1).

相关的主权国家通过双边友好协商方式和平解决争端。但美国屡屡表现出对介入南海问题的"兴趣",进行搅局,以达到牵制中国的目标。三是在经济上做文章。近年来,中国与亚太地区国家加强互利合作。然而,美国不断通过外交和经济许诺来分化这些国家与中国的关系。2008年,美国突然高调宣布加入《跨太平洋战略经济伙伴关系协定》谈判,企图掌控环太平洋地区的经济领导权,弱化中国的影响力。之后,特朗普政府虽然在2017年1月23日退出了《跨太平洋伙伴关系协定》,但美国又不断对我国发动贸易战和汇率战,同时还对中国实行一系列军事挑衅行为,这使中美关系不断恶化。总的来看,美国"巧实力"布局是挑起亚太国家之间分歧和矛盾,想坐收渔翁之利,达到牢牢掌控亚太霸权的目的,是美国为了自身利益而进行的中长期战略安排。美国《国际日报》一针见血地指出,美国妄图通过"离岸平衡"(即隔岸观火)的办法,围堵并削弱中国,建立起符合自己意愿的国际秩序。[①]

总之,虽然美苏冷战已经结束,但美国对社会主义国家的冷战思维依然持续,这种冷战思维是要保持美国"地球村村长"的角色,积极维护美国的世界领导地位和国际经济政治旧秩序,这加剧了世界经济政治发展的不平衡、不稳定和不平等,阻碍了世界民主化进程的推进。

### (三)世界经济政治发展的不平衡

随着经济全球化的发展,资本主义的剥削结构已越来越不局限于国内的阶级、阶层而日益扩展到不同国家、民族和地区之间,这种带有"全球性"的劳动与资本的对抗,势必加大富国与穷国的差距,从而导致世界性的两极分化。

第一,"中心—外围"的世界经济结构。马克思对价值规律在国际市场上的"重大的变化"曾作过深刻的分析,认为富国依据国际价值进行商品交换时就剥削了穷国,富国与穷国交换虽然"两国都获利,但一国总是吃亏","一国可以不断攫取另一国的一部分剩余劳动而在交换中不付任何代价"。[②] 资本主义发达国家利用其在经济、科技及军事方面的强大实力,利用发展中国家的弱势地位,以大欺小,以强凌弱,以富压贫,制定明显有利于发达国家、不利于发展中国家的"游

---

①　http://www.dahuawang.com/dsb/html/2012-08/30/content_353244.htm.
②　马克思恩格斯全集(第46卷下册)[M].北京:人民出版社,1980:402.

戏规则",在全球范围内实现资本统治与经济剥削,把实现自己的价值目标建立在剥夺发展中国家的基础之上,由此形成世界范围内的"中心—外围"的二元化结构。这种二元结构的一端是发达的资本主义国家,它们无论是生产力发展水平,还是科学技术发达程度都居于领先地位,"在经济发展中,发达国家在知识产权等方面占有明显的优势,因此,在经济全球化的进程中,它们的获益也大大超过了发展中国家。由于发达国家和发展中国家人均国内生产总值的指标相差悬殊,这就使得南北国家的发展不平衡差距在全球范围内进一步扩大。而这种发展的不平衡又主要体现在对外贸易、科学技术力量等方面"①。而另一端是发展中国家,它们在全球化的浪潮中不仅成了资本全球生产和销售链条中的一环,而且在科学技术等诸多方面都严重依赖发达国家,从而逐步成为外来强势资本的附庸。它的基本特征是:以不合理分工为基础的国际生产体系,以不等价交换为特征的国际贸易体系,以国际垄断资本占支配地位的国际金融体系,以及由少数发达国家垄断的国际经济机制。

第二,美元霸权与财富掠夺。20 世纪 70 年代以前,货币资本对外扩张主要采取银行贷款的形式。20 世纪 70 年代初,随着布雷顿森林体系的最终崩溃,美元取得了"纸黄金"的特权地位。从此,美元演变为完全虚拟的信用货币,并成为世界贸易中的流动性媒介。美元可以在毫无限制的情况下,对外提供流动性的扩张,这就形成了"美元持有者成为美国投资与消费提款机"的局面。美国实际上就拥有了在全球以美元交换和操纵价值量的手段和权力,进而成为操纵、控制和掠夺世界的重要手段和权力。美元霸权地位的确立使得国际货币体系呈现出"中心—外围"的美元国际循环模式(见图 1)。在这一模式中,美国的经济可以分为两大部分:一部分由美国的政府、居民、企业所组成;另一部分是美国金融机构。相应地,美国经济又分为两大部分:一是贸易账户区,它是由中、日、韩等亚洲国家及地区组成,这些国家一般采取出口导向型发展战略;二是资本账户区,它是由欧洲、澳大利亚、加拿大等国家和地区组成,这些国家和地区一般实行浮动汇率制,也很少干预外汇市场,它们通过对美保持贸易顺差所积累起来的外汇购买美国的证券,为美国融资。而美国经济则享有美元主导下的国际经济调解者和支配者的地位。这也就为美国通过发行国际本位货币——美元,掠夺他国

---

① 程恩富.反思和超越新自由主义主导的经济全球化 [J].河北学刊,2008(1).

大量财富提供了重要的条件。

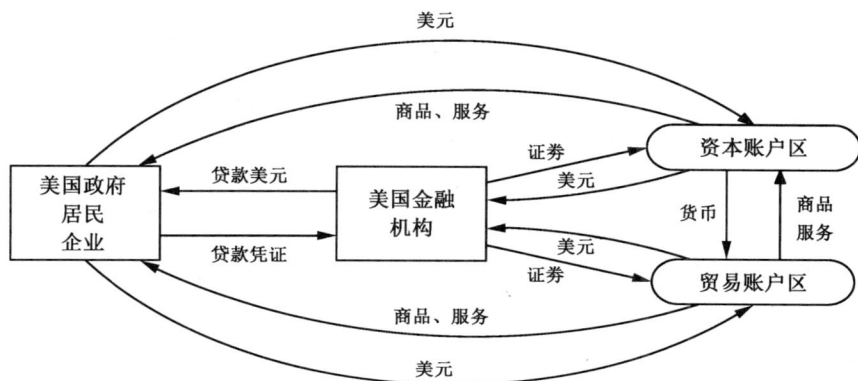

**图 3—1　美元国际循环模式**

"美国通过美元的国际储蓄机制,合法地掠夺各国的、特别是发展中国家的财富。"①具体主要表现为美国通过美元霸权获取了国际铸币税、国际通货膨胀税和外币风险规避的成本节约等好处。此外,美国金融机构因美元作为国际本位货币而在全世界从事融资和中介服务,从而获得巨额金融收入;美国在全球发行证券融资,也因美元作为国际本位货币而拥有较低的融资成本;美国可以不顾美元与其他货币的汇率,独立地执行国内的货币和财政调控政策;美国通过美元霸权主导有利于美国的国际金融和经济规则的制定,等等。② 以中美之间的经济交换方式为例,能很清楚地揭示这种掠夺本质。中国利用廉价的劳动力、土地、生态资源、中高级人才等各类资源进行多种类的生产经营,生产完了廉价卖给美国,美国就不生产了;然后,美国印钞票来换取中国的商品,中国把赚来的钱又存在美国,等于又借给美国用。"美国的那么多财富不仅是美国人民创造的,更是全世界、特别是发展中国家的人民创造出来的。"③2008 年金融危机之后,为了实现危机的转嫁,美国通过货币贬值等途径,让自己的挥霍和高消费由全世界来承担。2008 年国际金融危机爆发后,美联储分别于 2008 年和 2010 年推出两轮俗

---

① 程恩富.世界财富分配失衡与未来全球民主治理 [J].绿叶,2010(1－2).
② 程恩富,夏晖.美元霸权:美国掠夺他国财富的重要手段 [J].马克思主义研究,2007(12).
③ 程恩富.世界财富分配失衡与未来全球民主治理 [J].绿叶,2010(1－2).

称"印钞票"的量化宽松政策,向市场注入大量流动性资金。在第一轮量化宽松政策中(被称为 QE1),美联储向市场投放了 1.4 万亿美元的储备;2010 年 11 月 3 日,美联储又开启了第二轮量化宽松(QE2);2012 年 9 月 13 日美联储又宣布了第三轮量化宽松货币政策(QE3)。海量的货币供给不仅导致全球流动性泛滥,造成全球性通胀,而且也形成了对其他国家的盘剥效应,转嫁自身的危机。

第三,贸易保护主义。自由贸易、保护主义和武力征服三手巧妙结合是西方资本主义国家的惯用伎俩。恩格斯指出,当年的英国就是这样做的。"保护关税制度在十七世纪初产生的时期是这样,在十九世纪的许多年代里,仍然是这样。保护关税制度当时被认为是西欧一切文明国家的正常政策……现代工业体系即依靠用蒸汽发动的机器的生产,就是在保护关税制度的卵翼之下于十八世纪最后三十多年中在英国发展起来的。而且,好像保护关税率还不够似的,反对法国革命的几次战争又帮了忙,确保了英国对新工业方法的垄断。"①现在的贸易主义也是如此,在占有优势的行业它们历来主张自由贸易,而在处于劣势的行业,从来没有停止过贸易保护。尤其近年来,受全球金融危机影响,大多数国家经济增速放缓,就业形势不容乐观,市场疲软乏力,发达国家为了保护本国经济和就业增长,维持其在国际竞争中的支配地位,遏制竞争对手,贸易保护主义愈演愈烈。2009 年 3 月 26 日,世界贸易组织发布的第二份《关于金融和经济危机及与贸易有关的发展情况》的报告指出,在 2008 年 9 月至 2009 年 3 月期间,已有 23 个国家和地区实施了 85 项贸易保护措施,较 1 月末首次调查时的 19 项增加了 3 倍以上。世界贸易组织的报告说,这些措施虽然其中一些符合贸易自由化的原则,但绝大多数是限制贸易的措施。这些措施主要有:提高进口关税、禁止或者限制进口数量、对进口产品实行非自动许可、限定进口商品入关口岸、提高标准化和技术规定、扩大出口补贴范围、采取救济保障措施(如反倾销)、在经济刺激计划中规定优先购买本国产品的条款等。② 受新冠肺炎疫情影响,2020 年之后全球经济走势低迷。在此背景下,贸易保护主义越发严重。

贸易保护主义愈演愈烈,发展中国家首当其冲成为受害者。首先,发展中国家虽然有低成本的竞争优势,却常常成为发达国家反倾销的对象。其次,发展中

---

① 马克思恩格斯全集(第 21 卷)[M].北京:人民出版社,1965:418 - 420.
② 张德广.大危机大改革:中国学者看金融风暴下的世界经济 [M].北京:世界知识出版社,2010: 246.

国家正在发展的产业大多属于低端产业,通常需要政府的保护与补贴,而这又恰好成为发达工业化国家对其进行反补贴调查的理由。再次,尽管绿色贸易与技术标准协议对于全人类是有好处的,但是对于发展中国家来说却是极不公平的。为了越过发达国家设置的绿色壁垒、达到发达国家制定的技术标准,发展中国家不得不支付更高的贸易成本,贸易条件因此恶化。最后,大部分发展中国家还处在从传统经济向市场经济的转型期,世界原本应当给这些国家提供更多的贸易机会,使其可以通过贸易加快转型步伐。然而,发达市场经济国家为了本国的利益,反而利用发展中国家的这一体制弱势将它们列入非市场经济国家加以歧视。

此外,利用贸易保护遏制对手,维护发达国家的自身优势,也是发达国家的惯用伎俩。以美国对华贸易保护主义为例,近年来对华施行了一系列贸易保护措施,其主要包括限制对中国出口高科技产品,频繁发起反倾销、反补贴、保障措施等贸易救济措施,还一再以人民币被低估为由打压人民币大幅升值,同时还制造了知识产权壁垒、技术性贸易壁垒和绿色壁垒等一系列非关税贸易壁垒。2011年美国仅对中国企业发起的"337调查"就多达16起。2012年美国商务部初步裁定,将对中国太阳能光伏企业征收31%到250%的惩罚性关税。同时,美国对华贸易保护的领域也正从货物贸易向汇率、服务贸易、知识产权和投资等领域扩展,贸易摩擦的争执也正在从单个产品向整个产业扩散。例如,特朗普政府就不断挑起对华贸易摩擦,打压以华为为代表的高科技企业,不断对华进行贸易制裁,这使得中美经贸关系受到严重影响。2019年,中国对美国进出口总额3.73万亿元,下降10.7%,美国由此下降为中国第三大贸易伙伴。

第四,世界财富分配失衡。在当代社会,虽然世界经济政治已经得到很大发展,但是二元化的世界体系格局依然没有得到改变。亚洲开发银行统计表明:"全球人均实际所得的比率(最富国家与最穷国家之比),1800年为3:1,1900年为10:1,2000年为60:1。目前①全球人均GNP为6 000美元,最富国家高达2.9万美元,最穷国家只有500美元。从全球所得分配上看,全球财富的60%为高收入国家10亿人所得,20%为中等国家15亿人所得,20%为低收入国家35亿

---

① 2000年。——编者注

人所得。"①联合国大学世界经济发展研究所 2006 年 12 月发布了《世界家庭财富分配报告》,该报告被认为是国际上首次发布的包含所有国家及所有财产构成的研究。该研究显示:从人口分布看,全球最富有的 10% 的人拥有世界财富的 85%,世界底层的半数人口仅拥有世界财富的 1%。从区域分布看,世界上的财富主要集中在北美、欧洲和亚太地区部分经济发达国家和地区,这些国家和地区的人拥有了世界上近 90% 的财富。波士顿企业咨询公司 2009 年 9 月 15 日发布的《世界财富报告》认为,受经济衰退影响而财富大幅缩水的美国仍是世界上最富有的国家,同时也拥有最多的百万富翁,而欧洲则成为世界上最富庶的地区。真是"瘦死的骆驼比马大"。该咨询公司此前的研究结果显示,全球最富裕的 1% 的家庭掌握着全球 35% 的财富。发展中国家发展水平低,在全球经济份额中占比少。而且随着信息化的进一步发展,发展中国家与发达国家的差距会进一步拉大,因为发达国家已经登上信息革命的头班车,在"知识权力"垄断过程中,通过创造优势,获取"先行者利益",从而使发展中国家处于更加不利的地位。过去十年来,非洲人均 GDP 几乎停滞不前。与此同时,在撒哈拉以南非洲地区的几个国家以及拉丁美洲和西亚的部分地区,生活在极端贫困中的人口数量有所增加。这些地区若要在减贫方面取得持续进展,不仅需要大力推动生产率提高,还需坚定地致力于解决严重的不平等问题。据联合国估算,要消除非洲大部分地区的贫困状况,人均年增长率必须超过 8%,而过去十年该地区的年均增长率仅为 0.5%。总之,在资本主义主宰的二元化世界体系中,不可避免会导致巨大的贫富差距,也由此使全球化面临贫困化、两极化的严重挑战。

### (四)国际社会力量不平衡

20 世纪以来国际社会各种力量参与政治经济治理大致经历了三种类型。

第一,列强争霸或帝国争夺型治理。1900~1945 年,伴随着英国霸权地位的日渐衰落和美国等国势力的不断提升,世界强国之间的冲突和竞争加剧,维护国际政治经济体系稳定的国际组织和国际规则缺失,各国之间弱肉强食,单边主义政策盛行,"以邻为壑"式的贸易战与货币战频发,国际政治经济体系剧烈动荡,

---

① 谢军安,何艳珍. 不平等的经济全球化与建立国际经济新秩序 [J]. 石家庄经济学院学报,2000 (6).

爆发了两次世界大战及一系列殖民主义战争和一次严重的世界性经济危机。但是,苏联等社会主义国家的诞生,使全球政治经济的民主治理出现了许多积极的因素。

第二,"两超"阵营型治理。1946~1989年,美苏两个超级大国分别支配了资本主义和社会主义两大阵营,各方都尽力维持着自己的势力范围,维持了世界政治经济体系的一种相对平衡和稳定。美国以西方世界霸主自居,出于遏止"苏联共产主义扩张"的政治需要,容忍了西欧和日本等国长期的"搭便车"行为,为西方资本主义世界体系提供了诸如自由开放的国际贸易体制、稳定的国际货币体系、国际安全和对外援助等国际公共物品。在军事政治领域,美国组建了北约集团,向其盟国提供安全和核保护伞;在经济贸易领域,美国主导了以GATT为核心的自由贸易体制和国际贸易规则,从而维系了西方资本主义国际体系的某种长期稳定。在此期间,落后国家的民族解放战争也纷纷取得胜利,第三世界国家作用不断扩大,世界经济政治中民主治理的积极因素持续提升。但是,主要资本主义国家长期发动的冷战,严重妨碍全球经济、政治和文化进步,并使军备竞赛加剧。

第三,"一霸数强"型治理。1990年至今,随着冷战的结束,美国成了唯一的超级大国,没有其他国家或国家集团能够扮演平衡者的角色。为了巩固"全球领导地位",美国不断交替使用"单边主义"和"多边主义"战略手段阻遏多极化趋势,从立足于联合国转移到国际货币基金组织、世界银行、世界贸易组织、国际能源机构和北约军事组织等,主导国际规则的制定,推行新自由主义、新帝国主义政策,越来越露骨地把接受西方国家的价值观作为它提供对外援助和贷款的先决条件,越来越露骨地把国际政策变成促进或维护其本国实力、遏制或削弱他国实力以实现自己利益的工具,破坏了全球经济、政治和文化的民主治理。这导致维持国际体系稳定的行动能力明显降低,导致全球公共物品供给相对不足,各种全球性问题不断凸现。仅在经济领域,世界范围内的贸易战、金融战、资源战、科技战等就层出不穷。

国际秩序主要是由国际权力结构决定的。改变不公平、不合理的国际政治经济治理旧秩序,建立公正合理的国际政治经济治理新秩序,长期以来一直是发展中国家的主要诉求。由于发展中国家与以美国为首的西方国家的力量对比差距过于悬殊,为实现这一诉求的努力收效甚微。近年来,特别是进入 21 世纪以来,随着新兴大国的兴起和发展中国家整体力量的壮大,其在世界舞台和国际秩序中的分量和影响日益加重。但总体来看,国际秩序多边化是一个渐进的、从量变到质变的长期过程。当前这一进程尚处于初期阶段,是其出现质变的开始,离完成质变为时尚远。国际秩序基本上由美国与西方决定的局面仍将持续一个较长时期。

第一,发达国家之间的力量发展不平衡。特别是美国、日本、欧盟国家之间发展不平衡。美国"一超"优势全面,无论在经济实力,还是军事实力或主导国际事务方面,都是其他发达国家无法相比的,而且这种优势在相当长的时期内还会保持不变。欧盟虽然在经济一体化方面取得了一定的成就,但近年来欧债危机愈演愈烈,英国脱欧,元气大伤。日本近年经济持续低迷,在国际事务中追随美国,加之历史的原因和国际社会的制约,这就限制了日本发挥更大的作用。

第二,南北之间的力量对比不平衡。穷国与富国的差距继续拉大,国际经济关系不合理,发达国家支配下的经济全球化总体上又加剧了这一格局。

第三,世界各个地区内部力量对比的不平衡,也将成为影响建立国际新秩序,尤其是建立地区秩序的重要因素。

建立公正合理的国际新秩序,推进国际经济秩序的合理化,必然要经历长期、复杂、曲折的斗争。只有不断反对霸权主义和强权政治,使中俄和许多发展中国家的正能量不断发挥,才有可能逐步实现。

### (五)国际制度供给不公

以美国为代表的西方国家的霸权体系,本质上反映的是一种"制度性的霸权",即它是通过制定、维持和实施国际制度[①]来巩固霸权体系。

第一,目前国际制度本身并不完全以国际正义和平等为准则。经济全球化进程中的一系列经济规则主要是按照发达国家的意愿制定的游戏规则,发展中国家在制定游戏规则的过程中没有什么决定性的话语权,国际制度主要体现着西方尤其是美国的愿望和利益需求。罗伯特·考克斯认为,现行国际制度加强了发达国家对世界其他部分的统治,是不公正分配的结果,因而在道德上是应该

---

① 国际制度包括国际机制、国际规范、国际协议、国际组织等。

受到谴责的。① 就现有的制度资源来说,发展中国家在参与国际合作时,首先被要求接受现行的国际规则体系,这就意味着发展中国家在决定本国的经济体制时不再有充分的自由,而是必须与国际接轨,削弱了自己制定经济规则的自主性。在世界贸易组织的 29 个最不发达国家中,只有 22 个国家在日内瓦派驻了使团,大部分国家也只配备了少数几个人。尤其是非洲国家很少拥有由专业人员或资深分析家组成的代表团来捍卫国家利益。② 在国际货币基金组织内,也存在美欧国家决定游戏规则的客观事实。

第二,与此相联系,国际制度本身就具有"非中性"的特征。国际制度一方面代表了某些国家(或国家集团)的利益并维护之,另一方面又限制了国际社会其他行为体进一步发展的机会。由于国际制度非中性的特征,在既定制度下获益不等的国家行为体在很大程度上按照自己的偏好来"改进"制度。由于国际制度随环境改变而进行的调整是对外来压力的反应,这在很大程度上取决于特定时期国际社会各类行为体所施加的影响力。换言之,不同国家在特定国际制度下的损益及其程度往往不同。由于国际制度非中性的存在,制度变迁也就往往仅对部分强势成员有好处。

第三,就其本性而言,国际制度的发展是渐变而非突变。由于国际关系瞬息万变,因此从某种相对稳定的局面中形成的国际制度未必能及时地适应变化,这就是所谓的国际制度的"时滞"。时滞的存在使得在某些特定时期既有的国际制度与时代特征脱节,无法确切地反映国际社会的现实。从历史现实角度讲,大多数现存国际制度是由霸权国——美国在第二次世界大战结束不久建立的。国际制度是在巨大的霸权阴影下、在两极格局的国际体系中发展起来的,必然带着那个时代的本质特征,国际制度的发展滞后于国际局势的变化,将是制约国际制度发挥作用的重要因素。

## (六)军事发展的不平衡妨碍了国际经济秩序合理化

恃强凌弱,动辄大打出手,粗暴干涉他国内政,将不可避免地导致人人自危

---

① Robert Cox. Social Forces, State and World Order: Beyond International Relations Theory [M].//*Neorealism and Its Critic*. Columbia University Press, 1986: 224－248.
② 王金水. 中国政府竞争力提升的战略分析: 基于经济全球化的张力 [M]. 北京: 中国社会科学出版社, 2007: 220.

的局面,进而会刺激军备竞赛,不利于公正合理的国际安全秩序的建立。冷战结束后,美国军事力量虽然一度有所收缩,但借助"9·11事件",这种收缩态势发生逆转。美军通过反恐战争,成功进入中亚,深入南亚,重返东南亚和亚太,全球战略优势进一步提高。在反恐战争中,美军实践新军事变革理论,进一步强化了全球军事主导权,其军事实力"一超独霸"的地位更加巩固。目前,美国仍在花费几千亿美元打造新型美军,确保美国绝对安全。就军费支出而言,根据瑞典斯德哥尔摩国际和平研究所的报告,2006~2010年美国的军费开支是:2006年5 287亿美元,2007年5 470亿美元,2008年6 070亿美元,2009年6 610亿美元,2010年6 980亿美元。2010年美国军费开支占全球军费开支的43%。① 2016年美国军费增加1.7%,达到6 110亿美元。这是美国自2010年以来首次增加军费,结束了连续五年的削减势头。2020年,美国国防预算总额高达7 500亿美元,相比2019财年的7 160亿美元上升约5%,延续了之前3年的增长势头。② 此外,目前,美国还在诸如航空航天、信息、生物工程、新材料、新能源等高科技领域处于遥遥领先地位,"在最关键的信息和通信技术领域,美国至少领先欧洲5年,领先日本10年"。③ 雄厚的科技实力是美国军事强劲发展的加速器,为其奠定了世界第一军事强国的地位。凭借坚实的科技支持,美军在常规武器领域形成了对第三世界国家超出1~2代、对盟国超出0.5~1代的压倒性装备优势。美国还筑起技术堡垒,严格控制重要高新技术外流,牢牢掌握着现代高技术局部战争的主动权。

不仅如此,美国在自身大力发展军事的同时,还大卖军火,挑动各国之间及别国内部的战争。1993年,美国的军火出口额高达32亿美元,占世界军火交易总额的73%;1994年,美国军火出口额占世界军火交易总额的55%;1996年,美国军火出口总金额是英国的2倍、法国的3倍、俄罗斯的3倍至4倍。从1997年到1999年,美国军火出口逐年增长,年增长率达到14%。美国《防务新闻》网站2016年11月8日报道,美国2015年对外出口军火206亿美元,2016年对外出口军火336亿美元,占世界军火市场的33%。用美国人自己的话来讲,军火产品已

① 李慎明,张宇燕. 全球政治与安全报告(2012)[M]. 北京:社会科学文献出版社,2012:23.
② 童真. 美2020财年国防预算申请高达7 500亿美元,创历史最高水平[OL]. 人民网,http://military. people. com. cn/n1/2019/0328/c1011-30999885. html,2019-3-28.
③ 李群芳. 美国的科技优势与国际政治经济霸权[J]. 当代世界,2006(8).

成为美国"最富竞争力的产品"。

对外军售绝不只是单纯的经济行为,更是大国对外推行自身战略意图的有效手段。长期以来,美国一直利用对外军售,插手地区事务和影响世界局势,从而达到政治上的目的。多年来,为巩固以美国为首的多边或双边军事同盟和政治关系,美国为北约盟国、以色列、日本、韩国、澳大利亚等提供了大量先进的武器装备,确立了美国在欧洲、东亚、中东等地区安全领域的主导权。与军火出口相伴,美国的政治影响往往也会随之而至。例如,武装利比亚、叙利亚等这些国家的反对派以助其夺取政权,同时对该国合法政权实行武器禁运,从而造成地区间的动荡局势。又如,挑动亚洲地区紧张局势,刺激日本、韩国等国家对军事武器的需求,以此从中牟利。

### (七)美国式民主制度损害世界经济和民生

1.美国式民主的实质是"金钱民主"、"家族民主"、"寡头民主"和"独裁政治"。

美国式民主的虚伪性首先在于它贴着"自由、民主、平等、博爱、人权"等一系列美好而极具迷惑性的标签;其次在于被资产阶级包装得无比精巧的以普选制、议会制、两党制为特征的所谓民主政治制度;还在于表面上设计得更加圆滑的以选举民主和程序民主为特征的选举制度。揭开美国民主制度的面纱,我们会发现:所谓自由、民主、人权只是资产阶级的自由、民主和人权;以金钱为选票的普选所选举产生的议会,只不过是"富豪的俱乐部";所谓两党制,不过是资产阶级各个集团为了防止政府仅为某一个垄断资本集团服务而进行的博弈;所谓三权分立,只不过是资产阶级独占统治权下的职权分工,是调整资产阶级内部关系、巩固资产阶级专政、美化资本主义民主、欺骗劳动人民的工具而已。包括美国民主在内的西方民主,虽然在反封建专制和特权的过程中立下了汗马功劳,但在资产阶级独占统治权后,却越来越演变为资产阶级的特权和民主,实质上是金钱民主、家族民主和寡头民主。

美国总统大选可谓一些人心目中美国民主的"典范"。美国总统并非通过它到处宣扬的普选制、直接民主、"一人一票"产生,而是由"选举人"间接选举产生。每四年一度声势浩大的总统候选人到处游说、演讲、拉选票,貌似民主的体现,其实是"烧钱"的竞赛，没有钱的人或筹集不到竞选资金的人是不可能成为被选举人的。美国总统大选的开支：1980 年 1.62 亿美元，1988 年 3.24 亿美元，2000 年 5.29 亿美元，2004 年 8.81 亿美元，2008 年 50 亿美元，2012 年超过 60 亿美元，2016 年超过 100 亿美元。愈演愈烈的"金钱选举"，充分体现了美国式民主表象下的虚伪本质，这种赤裸裸的"金钱政治"和"金钱民主"竟然受到美国法律的保护。早在 1846 年，恩格斯在《德国状况》中就一针见血地击中了资产阶级民主的要害："资产阶级的力量全部取决于金钱，所以他们要取得政权就只有使金钱成为人在立法上的行为能力的唯一标准。他们一定得把历代的一切封建特权和政治垄断权合成一个金钱的大特权和大垄断权。"美国前参议员马克·汉纳作为曾经的"圈内人"也一语道破了美国民主的真相："两样东西对美国政治十分重要：第一是金钱，第二还是金钱。"

美国总统的家族化则是"金钱民主"滋生出的怪胎。在美国，金钱的多少决定了所拥有的"民主"权力的大小。虽说总统竞选可以拉赞助，但是一般情况下拉赞助的前提是自己必须有钱。于是，就不难理解为什么美国历史上会出现亚当斯家族、罗斯福家族、肯尼迪家族、布什家族等政治豪门家族。时任总统唐纳德·特朗普的父亲弗雷德·特朗普是纽约有名的地产大亨，而特朗普本人更是集商业大亨、政治家、电视名人和作家于一身且身价近百亿的"土豪"。

"金钱政治"造就了政治豪门，而政治豪门要成为政治领袖，需要大财团的支持才能击败竞选对手，"金钱民主"进而演变为"寡头民主"。2016 年 4 月 15 日，《华盛顿邮报》发布的报告显示：截至 2 月底，美国大企业和富豪阶层在 2016 年大选中已向"超级政治行动委员会"捐款 6 亿美元，其中 41% 的款项来自 50 个超级富豪家族。也就是说，美国两党背后的主人都是大的财团或垄断资本集团。拥有大量金钱的经济寡头不仅控制国民经济，而且通过选举中的政治献金控制美国的政治。拥有大量金钱的经济寡头通过控制媒体和国民教育系统影响选民。选举结束后，"投桃报李"是必然的结果。总统任命内阁组成人员，这些寡头就顺利地在政府中担任要职，利益集团就这样绑架了美国政治。特朗普任命的内阁由一些垄断资本家直接组成，便印证了这一点。选举资本化导致富裕阶层在政治和经济领域都处于领导和支配地位，有权有势的"寡头精英"（经济寡头、政治寡头和传媒寡头等）阶层越来越控制民主，一般选民被排除在决策过程乃至民主政治之外,贫富差距和民主差距日益扩大。民主变成了金钱和权力的游戏,普通人只是这场游戏的旁观者。正如列宁早就指出的那样:"资产阶级民主同中世纪制度比较起来,在历史上是一大进步,但它始终是而且在资本主义制度下不能不是狭隘的、残缺不全的、虚伪的、骗人的民主,对富人是天堂,对被剥削者、对穷人是陷阱和骗局。"

一个多世纪过去了,美国民主政治的形式有了些许变化,如现今黑人代表可以进入美国政坛,在法律上美国的印第安人和其他少数族裔也可以拥有选举权和被选举权等。然而,两党政治人物必须代表美国垄断资本集团的根本利益没有改变,其维护的美国式资本主义制度的本质始终不变。

美国的民主政治不仅在国内是欺骗人民的工具,在国际上也成了以美国为首的西方国家推行霸权主义外交政策的一种工具。如果外交政策需要,它们就可以立即把自己变为当今世界"道德法庭"上的最高法官和国际政治"道义"的制高点,给任何一个国家戴上一顶"独裁国家"或"失败国家"的帽子,任意干涉他国内政,颐指气使地指责别的国家不讲"民主"、侵犯了"人权",直至"宣判"它为"流氓国家",甚至以真正的流氓手段制裁那些所谓的"流氓国家"。一方面,通过输出美式民主达到控制弱小国家的目的。比如,菲律宾实际上曾经是美国的附庸,而韩国作为美国在亚洲最忠实的盟友,"萨德"入韩正是美国民主和军事绑架的结果。另一方面,以"保护平民"、"反对独裁"为名发动战争和制造国际紧张局势,背后却是为美元、石油、军火等垄断集团的利益服务。发生在 20 世纪 90 年代的科索沃战争、阿富汗战争、伊拉克战争和 21 世纪的利比亚战争,背后无不与美元和石油的霸权利益相关。美国总统特朗普就职后提出的一系列对外政策,如退出损害美国利益的《跨太平洋伙伴关系协定》(TPP)、重新谈判《北美自由贸易协定》(NAFTA)、处罚不遵从贸易规则的国家,以及为美国争取公平的自贸协定等贸易保护主义政策,遭到了美国各大城市以及伦敦、悉尼、东京等全球共 20 多个城市上百万人的抗议。这充分说明,美国式民主是基于私人垄断利益之上的畸形民主政治,是一种"新型独裁政治"。

美国式民主政治制度及其输出,势必给全球的物质生产、经济发展和民生改善带来极大的损害。

2. 美国式民主制度损害世界经济

（1）损害物质生产和交换，爆发周期性经济危机。

资本主义的基本矛盾是生产的社会化与资本主义私有制的矛盾，在当今资本主义主导的经济全球化背景下，资本主义基本矛盾越出国界，在更大范围和更高程度上向纵深方向发展，从而演变为经济不断社会化和全球化与生产要素的资本主义私人所有制的矛盾、与国民经济和全球经济的无政府状态或无秩序状态的矛盾。这一全球基本经济矛盾，通过各种具体矛盾和中间环节导致经济危机。

从微观基础分析，私有制及其企业管理模式容易形成高级管理层为追求个人收入极大化而追求利润极大化。企业生产经营的计划性目的是挤垮竞争对手，最大限度占领市场份额，这种微观生产经营的计划性与全社会生产经营的无政府状态之间的矛盾成为生产相对过剩的深层原因之一。

从调节制度分析，唯市场化的强市场调节与客观要求的强政府调节之间存在矛盾，这是生产相对过剩的深层原因之二。垄断资产阶级及其政治代理人和理论代言人极力宣传市场在资源配置中的作用，排斥政府在资源、教育、卫生、文化、民生等领域的某种决定作用，从而导致私有化的"私地悲剧"以及市场失灵、政府失灵和伦理失灵的调节制度"三失灵"，生产性危机必然时常爆发。

从经济结构分析，私有制结合市场经济容易形成生产相对过剩。在以美元霸权为核心的世界金融体系下，货币创造与商品生产相脱节，虚拟经济与实体经济严重脱节，国际贸易与全球资本流动严重失衡，全球经济危机频发。在商品与资本全球化日益发展的同时，劳动力的全球流动却受到严格管制，劳动力市场处于被分割状态，导致各国收入差距持续扩大。代表垄断资产阶级利益的跨国公司，利用高新技术、现代管理等先发优势，通过垄断国际市场、垄断高新技术及其知识产权、控制全球性国际经济组织等方式，实施不平等的贸易规则，抬高新型工业制成品售价，压低原材料和初级产品进价，拒不向发展中国家出售现代先进科技产品，只将二三流技术出卖给发展中国家，以防止高新技术的扩散，不断从发展中国家掠夺剩余价值，从而形成了少数西方发达国家主要生产和出口实行垄断价格的工业制成品和高技术产品，而发展中国家主要生产和出口价格低廉的原材料和初级产品的畸形国际分工格局，致使发展中国家在经济上严重依附以美国为首的西方发达国家。

从分配和消费分析,私有制结合市场经济的经济制度必然形成财富和收入分配的贫富分化,而美国的"富豪政治"导致富豪利用其资本优势挟持政府为本阶层谋取利益,垄断资本攫取的利润与工人收入之间的差距越来越大。20 世纪70 年代以后,卡特政府的"放松管制"改革使企业享有充分的雇佣与解雇、裁员与缩编的自由,带来了工会加速衰落、工人的工资谈判能力大大削弱等连锁反应。美国的实际工资增长远远落后于生产率增长,有时甚至出现停滞或下降,而管理层的年薪却大幅上涨。福布斯 100 位收入最高的 CEO 的年均报酬,1970 年约为普通工人年均工资的 40 倍,1987 年为 221 倍,到了 1999 年甚至高达 1 077 倍,此后虽有所下降,但 2005 年仍高达 793 倍。贫富分化导致生产的无限扩大与群众有支付能力的需求相对缩小的矛盾,民众被迫进行维持生计的含次贷在内的过度消费信贷,以华尔街为代表的美国金融家阶层,屡屡通过让政府放松对金融领域的管制来谋求自身利益。2007 年次贷危机爆发后,低收入人群的资产因房价下跌而大幅缩水,富豪则大多受益于政府的救市计划,继续享受金融资产带来的收益。

西方学者认为,连续两个季度及以上的经济负增长,就算进入一次经济衰退或经济危机。因此,从 19 世纪 20 年代以来,许多资本主义国家一般每隔几年或十几年,便会发生一次以生产相对过剩为特征的经济危机。从经济与政治的紧密关系观察,私有制垄断集团及其寡头反对国家的监管和调控,而资产阶级国家和政治制度又要为私有制经济基础服务,导致市场调节和国家调节的双失灵,从而酿成物质生产和交换的周期性危机。这种危机一方面通过全球化进程中各国之间的经济联系传导到全球其他国家,另一方面通过美国民主霸权和军事强权把危机转嫁给其他国家。2007 年美国次贷危机引发的金融危机,进而发展为欧洲债务危机及全球经济危机,就是很好的例证。面对美国经济一蹶不振的"新常态",特朗普担任总统后试图通过贸易战来冲淡美国经济困境和失业问题的举措,也无法解决经济危机的私有制根源。

(2)损害金融秩序,引发金融危机。

经济金融化是当代垄断资本主义经济的一个显著特征。金融部门成为调节和控制市场经济的核心,少数金融寡头和金融家族控制本国乃至世界经济命脉,金融资本可以利用高科技手段发动掠夺财富的金融战争,使金融危机成为资本主义危机的主要形态。

美国"金钱民主"的源头是美联储。具有中央银行地位的美联储并不是国有的,而是金融寡头们的私人行业协会,是私有的垄断公司。美联储的核心机构"7人委员会"虽由政府任命、国会核准,但这7人都是银行和金融圈里的银行垄断资本家和金融寡头,是到处用金钱购买选票控制立法的人。美联储掌管着美国的货币发行和国家的货币政策,是银行家们瓜分美国货币发行权的组织形式和机制。由此看来,不是美国政府控制美联储,而是美联储控制美国政府。允许由金融寡头来掌控美联储,是美国的政治制度滋生的祸根。以美联储为代表的华尔街金融寡头,出于追逐私人高额垄断利润的需要,往往迫使本国议会和政府在国内外采取新自由主义的金融政策,从而导致金融失序和危机。

由美国政治、经济和军事支撑的美元霸权和金融霸权,使世界金融寡头把美联储作为牟取利益的有力工具,影响甚至主宰着世界金融市场。美联储通过美国外汇稳定基金(ESF)及其代理银行进行黄金、石油和外汇交易,实现对国际金融市场的干预;利用美联储调控美元的发行,通过滥发美元等途径,稀释其他国家和个人所持有的美元资产,轻而易举地掠夺各国财富——包括美国人民所创造的财富;操纵国际金融组织制定和实施不合理的金融政策,造成全球和许多国家的虚拟经济严重脱离实体经济。新自由主义的纲领"华盛顿共识"正是出自华盛顿掌控的国际货币基金组织,金融自由化是其主要内容。凡是受"华盛顿共识"影响的国家,纷纷参照西方模式对本国的金融部门进行改造,一方面是国有银行私有化,另一方面成立大量规模弱小、债务比重高、缺乏应对危机经验的金融机构。同时,在以美联储为代表的金融寡头的操纵下,美国等西方发达国家要求发展中国家实行利率、汇率自由化,向西方开放金融系统和资本账户,取消政府对外国资本流动的限制,致使外资大举进入证券和房地产市场,在发展中国家制造房地产泡沫和证券泡沫,以达到其控制发展中国家的目的。20世纪90年代以来,1997年由泰铢引发的亚洲金融危机、1994—1995年墨西哥金融危机、1999年巴西金融危机和2001年阿根廷金融危机等,无不是新自由主义金融自由化政策操纵的结果。特朗普的上台,并没有改变金融帝国主义的本质。他以别国操纵汇率为借口,力图发动货币战争来维持美元的强势地位,缓解本国的金融困境。这种损人利己的行为,最终只能是两败俱伤,并危及整个世界金融秩序。

(3)损害国家财政,引发债务危机。

财政问题不仅是经济问题,更多的是政治问题。美国的政党制度是形成债务危机的根源。由于两党的选民基础不一样,民主党一贯倾向于增税和扩大财政预算、增加社会福利开支,共和党向来主张减税和严格财政预算、减少福利开支;共和党和民主党轮流执政及"三权分立"的所谓民主制度,使政府在预算问题上很难做到自律。总统关心的是能否当选或连任,议员关心的是如何赢得选民的欢心,而不是政府的收支平衡。于是,两党经常为财政问题吵吵嚷嚷,难以达成一致,最后的结果往往是两党达成妥协,国会为了避免政府逐笔批准政府借债的麻烦,设置了债务上限。而债务上限是节节攀高,长此以往,债台高筑,入不敷出。美国从建国到 1980 年,其国债总量只有近 1 万亿美元,到 1995 年就达到 5 万亿美元,2008 年达到 10 万亿美元,2016 年突破 20 万亿美元,沦为全世界第一大债务国。

把金融危机转移为财政赤字和公共债务,是西方经济政治体制的一个特点,也是加重债务危机的又一主要原因。由于频发的经济危机,政府往往采取赤字财政来刺激经济增长,以债务来掩盖危机。从上面的数据我们可以看出,美国 1995 年到 2008 年 13 年间债务增长了一倍,而 2008 年到 2016 年只用了 8 年时间债务就增长了一倍,足以说明金融危机后债务是解决危机的主要手段。2016 年底美国债务与 GDP(国内生产总值)之比达到 106%,远超过 60% 的国际警戒线,极易引发债务危机。2008 年美国金融危机后,相继引发冰岛、阿联酋、希腊、葡萄牙、爱尔兰、西班牙、意大利等国的债务危机,这一方面与西方国家的高福利政策有关,另一方面也是美国金融危机传导效应的体现。

美国财政上限危机不仅给美国经济造成了影响,也给全球经济蒙上了厚厚的阴影。第一,引发贸易保护主义,影响发展中国家的外贸出口和经济发展。特朗普的贸易保护主义正是美国债务风险的体现。第二,代表垄断资本利益的"民主国家"的决策机制,决定了西方国家债务危机的处理方式,不是增加对私人企业的征税和减少军费,而是削减民众的社会福利和政府对教育、公共设施等公共品的必要投资,降低公众的社会福利。2008 年金融危机之后相继爆发的欧洲债务危机,引发民众纷纷上街游行示威,抗议"民主国家"违反民意的政治决策。特朗普总统既声称要扩大美国公共设施投入,又声称要扩大军备和减少企业税收,只会使美国债务风险雪上加霜。第三,美国一贯采取增发货币、推动通货膨胀的方式稀释债务负担,导致美元贬值。美元贬值不仅会造成国际上以美元计价的大宗商品价格上涨,引起全球性通货膨胀,而且会引发美国国债持有国在国际金融市场上大量抛售美国国债,引发美元危机,进而引发全球性的金融恐慌和股市震荡。目前,美国国债积累的巨大风险已经引起各国的高度警惕,美国国债正在被各国中央银行以创纪录的速度出售,根据美国财政部统计,2016 年 1～9 月,各国中央银行就已净卖出 3 931 亿美元的美国国债,无论是出售的速度还是规模,在当时都创下了 1978 年以来的最高纪录。第四,为了应对债务风险可能引发的美元危机,美联储往往会提高美元利率,使美元回流,以振兴经济。但是美元加息会影响国际金融市场的稳定,使发展中国家所要支付的美债利息增加,极易引发发展中国家的债务危机,20 世纪 80 年代拉美债务危机就是很好的例证。而美元的加息也只会继续加重美国债台高筑的财政困境。

3. 美国式民主损害民生

(1)掠夺自然资源,损害环境,导致全球生态危机。

地球是人类的家园,自然环境是人类共同生存的空间,是人类生存和生活的重要物质源泉和基础。然而,人类的经济活动对自然资源和环境也会产生反作用。当今日趋严峻的全球生态环境问题,有科技发展的时代有限性和人口快速增长而导致经济发展对大自然破坏等原因,但主要是西方政治和经济制度长期作用的恶果,即主要根源是私人资本逻辑及其政治逻辑。

资本主义生态危机实质上是由于资本对剩余价值的贪婪,导致资本对自然的疯狂占有和掠夺所引起的资本同自然之间关系的恶化和危机。从微观上来说,以追逐最大限度私人利益为特征的资本主义经济活动,往往导致经济的外部负效应,使微观经济行为的私人利益或微观经济效益凌驾于公共利益或宏观经济效益之上,并表现在生产、交换、分配和消费等社会再生产的各个环节。从宏观上来说,资本主义生产造成了严重的贫富两极分化,为了缓和社会矛盾和维持政治统治,资本主义不得不最大限度地发展生产、刺激消费需求,生产的无限扩大必然带来对自然资源的掠夺式开发和环境的污染。因此,资本主义生产对物质利益的畸形追求,把整个社会的人们捆绑在一起,共同展开了对自然的无节制利用,资本主义生产无限扩张的本性使它所掌握的科学技术和生产力最终变成了破坏生态环境的负面力量。

当发达资本主义国家发生生态环境危机以后,它们首先是保护本国的生态环境,转嫁生态环境危机。它们通过对外直接投资设厂,大量转移各种损害自然、污染环境的生产活动,掠夺发展中国家的资源,使资本主义对资源的掠夺和对环境的污染也扩张到全球范围,从而使生态危机具有全球性的特征。其次,当生态环境危机涉及全球以后,美国置美国人的人权于中国人、印度人及其他发展中国家的人权之上。在美国人均碳排放等指标大大超过中国和印度人均数的当下,美国政府并不感到羞愧和治理责任重大,不仅不落实2009年哥本哈根气候大会所做出的每年1 000亿美元气候资金的长期承诺,反而重点指责中国等发展中国家。更有甚者,特朗普总统还宣称退出《巴黎气候变化协定》,并签署了有关反对减少依赖煤炭发电等行政命令。生态环境问题已经成为以美国为首的西方发达国家遏制发展中国家经济发展的一种新的经济政治手段。所谓碳配额、碳金融及国际贸易中的非关税壁垒,无非是帝国主义国家强权政治压在发展中国家人民头上的一个新的魔咒,他们随时可以念"咒语"来要挟发展中国家,以达到掠夺发展中国家、谋取发达国家利益的目的,从而使"地球村"的生态环境问题无法得到根本改观。

(2)损害物质生活和福利,固化贫富严重对立。

从国内来说,美国的民主是资产阶级的民主,是富豪的民主,而不是工人阶级的民主和穷人的民主。长达两年多、波及近百个国家的"占领华尔街"运动高呼的口号之一,就是"99%:1%",即99%的民众与1%的富豪的对立。有的凯恩斯主义经济学家,甚至描述美国存在"99.9%:0.1%"人群之间的对立。近年来西方最流行的法国经济学家皮凯蒂教授撰写的《21世纪资本论》,运用不少主要国家的长时期数据,证明美国等西方国家在财富和收入分配领域严重的不公,呈现为"世袭资本主义"。这种私有垄断制度及其派生的财富和收入的贫富阶级对立,以及西方劳资关系经常爆发激烈冲突,属于资本主义政治制度所要维护的经济制度和经济常态。如果没有"金钱民主"和"寡头民主"的政治和强力(暴力)统治,这种经济制度是维持不住的。美国议会一直无法通过控枪法案和惠民的医保法案等,均是这种政治的恶果。特朗普政府竭力反对医保法案等行为,严重伤害了平民的权益,因而根本谈不上是什么"平民的代表"。

从国际上来说,美国的劣质民主只是美国的民主,而不是别的国家民主的样板。它输出"民主",而不输出民生。在美国的利益有安全保障的情况下,美国把输出"民主"束之高阁。当美国的利益受损的时候,他就拿起民主的大棒到处攫取自己的利益。尤其是冷战结束后,美国一家独大,肆无忌惮地推销起自己的"民主"来,从政治上、经济上、外交上、军事上多管齐下,能打哪张牌就打哪张牌,手法熟练老到。美国极权政治民主的大棒针对的,一是资源丰富的国家,如伊拉克和利比亚等;二是对美国利益似乎有威胁的国家,如中国和俄罗斯;三是不听美国摆布的国家,如伊朗、朝鲜、阿富汗等。在它输入民主的国家和地区,或民不聊生,或恐怖活动频繁,或经济秩序受到严重影响。以"民主"输入国伊拉克为例,从1991年海湾战争开始到2011年美军撤出伊拉克,在长达20年的战争和经济封锁下,伊拉克人民缺医少药,儿童死亡率大大上升,人口增长缓慢,经济崩溃,恐怖主义泛滥,恐怖事件频发。海湾战争前的1990年其人均GDP为10 291.86美元,2015年人均GDP为4 943.76美元,至今没有恢复到20多年前的水平。如今,伊拉克人民有了"民主"选举总统的权利,却失去了生存的权利。而美国在伊拉克输出的是"民主",得到的是大桶大桶的石油。可见,美国作为世界上最发达的国家,并没有承担起"负责任大国"的责任。它输出的是"民主",而不输出财富和核心技术。输出"民主"不过是美国用来进行对外扩张的手段,从而造成对世界市场的垄断,形成了"金字塔"式的现代国际分工格局和贫富格局,确保美国处在金字塔的顶端。继"占领华尔街"运动以后,2016年3月31日由法国进步人士和组织发起的巴黎共和国广场"黑夜站立"活动,以反对新自由主义修改的劳动法为源头,在法国和比利时等发达国家的众多城市持续展开。近几年西方难民及其民生问题的实质,正是美国式政治军事的不良举措和非法干涉所导致的。

在以美国垄断资本主义主导的经济全球化条件下,全球阶级斗争依然尖锐。列宁告诫我们,"只要有不同的阶级存在,就不能说'纯粹民主',而只能说阶级的民主","'纯粹民主'是自由主义者用来愚弄工人的谎话"。西方民主只是资产阶级的民主,所谓"普世价值"并不具有普适性,而只是资产阶级的价值观。美国在国内外推行的经济与民生政策的"成绩单",不仅受到包括美国在内的世界马克思主义者和左翼人士的尖锐批评,而且在不同程度上受到斯蒂格利茨、克鲁格曼、福山等美国非左翼著名学者专家的批评。可见,美国等西式民主制度亟须根本改革,以顺应世界政治民主演化的大趋势,顺应世界广大人民爱好和平、发展与福祉的本质要求。各国人民只有认清西方民主的真相,团结一致反对霸权主义,才能建立新的国际政治经济秩序,共建人类命运共同体。中国将继续积极引导国际社会共同建立更加公正合理的国际新秩序,引导国际社会共同维护国际安全,推动公正的经济全球化和自由贸易,促进人类命运共同体和利益共同体的构建,使国际经济秩序不断合理化和世界人民福利最大化。

### (八)美国财政赤字货币化深刻影响世界经济

从经济方面来看,美国财政赤字货币化对全球经济的影响受以美元为中心的国际货币体系支持,并对全球经济产生广泛和深远的影响。

第二次世界大战后,随着以美元为中心的国际货币体系和货币秩序被建立,美元在其国内和国际资本市场上都充当着货币的角色,这也是美国以美元供应为途径,通过改变利率和汇率对全球经济进行影响和控制的基础。布雷顿森林体系的崩溃和美联储与中东产油国家达成的石油交易以美元结算协议,为世界货币体系和秩序的重构和巩固打下了基础,也坚定了国际资本市场中投资者对美元的信心。

借鉴于布雷顿森林体系下"中心—外围"的国际货币格局,重构后的货币体系主要以"中心—次中心—外围"为架构。在这一货币架构下,参与国的中央银行可以为发展经济得到美联储无期限、无规模限制的美元流动性支持。同时,在新的货币体系下,参与国被置于次中心和外围国家等不同的地位。在新的国际货币体系下,美国财政赤字货币化所产生的美元流动性通过国际资本市场向全球流动,推动各国经济发展。但同时,由美国经济发展造成的问题和危机,也通过这一途径向全球国家传递,并对全球经济产生影响。

2008 年金融危机后,美国通过量化宽松政策创造的大量美元流入各国,对世界经济造成了巨大冲击,并引发了欧洲国家的主权债务危机,这引起了全球国家对财政赤字货币化下美元供应与经济发展之间的重视和争论,并促使各国在财政政策和货币政策方面积极应对。在这种争论的结论和政策效果尚未明朗时，由新冠肺炎疫情造成的美国经济衰退而引发的美国国债超发、无限量化宽松重启等政策，无疑是美国政府在"摆脱和转嫁国内的危机，对全世界的经济发展带来极大的冲击和风险"。

从政策走向看，新冠肺炎疫情的暴发对全球各国的经济也造成了重大影响，为刺激经济复苏，宽松的财政政策和货币政策将不可避免，这意味着各国在货币供求领域的政策将会趋于积极。同时，受上一轮美国量化宽松政策的影响，各国将更加注重通过对持有美国债务数量的调节和本国货币供应的改变，对本国货币与美元汇率进行干预和调节，以抵消美元贬值对本国经济的影响，并对冲经济下滑的影响。这些政策在很大程度上会影响美国财政赤字货币化产生的美元流动性流向，进而对美国的经济发展造成重大影响。

从国际资本市场看，在经济陷入全球性危机时，全球各国都采用增加货币供应的货币政策，会带来海量的流动性，既提升了融资成本，也对投资者获取收益带来了机会，主要表现在：

(1)持续推高全球主要资本市场的指数，推动美国和欧洲主要国家的股市上涨。受新冠肺炎疫情影响，欧美主要国家的资本市场受到重创。仅 2020 年 3 月，美国道琼斯工业平均指数就经历了前所未有的四次熔断，而欧洲主要发达国家的股票市场也是哀鸿遍地。但在各国启动超级量化宽松后，巨量资金进入股市，使以美国为首的西方国家的股票市场形势被彻底逆转，并被持续推高。但是，在企业盈利能力没有得到实际提升的情况下，股价的持续上涨也增加了金融风险。以美国标准普尔 500 指数为例，经历了 2020 年 3 月的下跌之后，由于货币供应量的大增，大量流动资金涌入股市，使其很快走出一波上涨行情，但是，与之相对的是，标准普尔 500 指数的整体市盈率也出现了明显的上升，这也是美国股票市场风险上升的重要标志。

(2)大宗商品和黄金及贵金属等避险资产的价格将持续走高。以美国为首的全球货币供应增加，美元指数一路下跌，造成国际上以石油为主的大宗商品交易价格上升。同时，流动性增加、美元贬值及通货膨胀率上涨使现金资产价格下降，以黄金为首的贵金属成为避险资产受到追捧，走出一波上涨行情。但是，当出现大宗商品和贵金属价格远超出自身实际价值时，将会引发金融危机。

（3）美国和欧洲主要国家的房地产价格将会进入上升行情。除股市外,房地产价格上涨是增加货币供应刺激经济增长的副产品。为抵消流动性增加造成的通货膨胀压力,除股票市场外,以房地产为代表的固定资产成为投资者对资产保值增值的首选。这一方面引发了房地产价格的上涨,另一方面又推动了房地产行业投资的增加。这不但会对美国的经济结构不平衡造成进一步的影响,还将引发生产的不断扩大和有支付能力的需求相对不足的矛盾,从而引起该行业的金融危机。基于房地产行业资本来源、投入和数额占社会消费比重等特征,该行业的金融危机会通过银行、投资者、消费者等渠道向整个社会传递,进而引发全国和全球性的金融危机。

从政治上看,受新冠肺炎疫情影响的美国财政赤字货币化及金融危机会对国际政治格局产生重大影响。首先,建立在新自由主义和现代货币理论基础上的美国财政赤字货币化的目的从表面上是推动美国经济发展,但从本质上看,是为了维护金融垄断寡头对美国政治的控制,这种控制必然会推动美国新帝国主义的形成。相比于传统的帝国主义,新帝国主义更加注重对政治规划和权力使用进行控制,所使用的手段更加侧重于文化和经济渗透。通过财政赤字货币化创造货币流动性,进而控制其他国家的经济和政治,实现美国新帝国主义的目标,是长期以来美国的惯用手段。其次,美国财政赤字货币化和金融危机将会推动国际政治新秩序的建立和发展。随着全球一体化的发展,以新自由主义为理论基础的所谓"全球治理"理论也在不断地推行。但是,在利用财政赤字货币化应对金融危机时美国所采取的"美国优先"等主张,使其他国家从本质上认清了美国所希望获取的利益是建立在控制和剥削其他国家这一基础之上的,这一认识将推动世界各国加强以"民族—国家"的方式进行联合,通过阶级政治和权力的重新构建来逐步实现国际政治新秩序的构建。

# 第四章

# 和平与发展指引下国际经济秩序合理化的路径

在理想的社会主义制度之下，每个人都能获得一份工作和满意的工作环境，而不是失业和过劳。每个人都会有一份足够的收入，而不是一小部分人富有而大多数人过着入不敷出的生活。国家将会为人们提供共同的消费需求，而不是去削减有价值的公共项目，同时保证每个人从出生到终老都有满意的居住条件，而不是资本主义经济所固有的持续不稳定状况。全球的社会主义制度是使得相互尊重国家主权的和平国际秩序成为可能的制度，而不是被富于侵略性的资本主义驱使去控制他国的市场、技术、资源和生态。国际经济秩序合理化的实现，关系到新的国际秩序格局的构建，关系到众多国家特别是弱小穷国利益的维护。实现国际经济秩序合理化目标是一个长期的渐进过程，从当前国际经济秩序合理化面临的障碍来看，要推进国际经济秩序合理化需要做到：（1）促进全球经济均衡发展；（2）维护和尊重世界的多样性；（3）发挥国际组织的积极作用；（4）恪守国际法和国际秩序基本准则。在寻求和扩大各方共同利益的交汇点和结合点的基础上，各国应该共同推动建立以合作共赢为核心的国际秩序，各国人民应该一起来维护世界和平、促进共同发展。

## 一、促进全球经济均衡发展

经济发展是推动国际经济秩序合理化的基石，也是世界各国人民的普遍诉求和共同任务。习近平同志倡导,各国在"经济上,要立足全局、放眼长远,坚持互利共赢、共同发展,既要让自己过得好,也要让别人过得好"①。经济发展不平衡和贫富差距过大是国际社会不安宁、不和谐的根本原因之一。国际经济旧秩序按西方发达国家的意志和需要建构,广大发展中国家处于无权地位。例如,在生产领域,许多发展中国家结构单一,初级农业矿业产品仍然是这些国家的经济支柱,而发达国家早已形成完整的工业体系。又如,在贸易领域,发达国家设置种种贸易壁垒,阻碍发展中国家产品的出口。这种做法使许多发展中国家国际收支逆差不断扩大,债务负担日益严重。再如,在国际金融领域,发达国家的货币是主要的国际支付与结算货币,一些主要国际金融机构也由发达国家控制,发展中国家权力很小。因此,发展中国家经济在很大程度上受发达国家经济状况、经济政策和外汇汇率波动等影响,从而处于极为不利的地位。

在现行国际经济秩序中,发达国家凭借先发展优势在全球化中获得巨大利益,而大多数发展中国家却面临被进一步边缘化的危险,南北差距继续扩大。为此,推进国际经济秩序合理化需要谋求世界经济的共同发展,使各国之间呈现出相互依存和"荣损与共、利害相依"的局面。各国要在经济交往中以互惠互利为原则,树立"共同利益"的新思维,把本国利益与他国利益紧密相连,争取和维护自身利益的同时,充分考虑和尊重对方的关切,努力扩大各国利益汇合点,寻求互利共赢。特别是针对当前发展中国家在世界整体发展中相对滞后的状况,需要努力构建国际经济新秩序。要建立公正合理的国际经济新秩序,应做到以下几点:

第一,加强经济平等互利合作。其主要途径包括:一是加强南北对话。南北对话就是发展中国家同发达国家之间就经济及相关问题进行的谈判。发展中国家要求改变现存国际经济关系中的不合理状况,改变它们在生产领域、贸易领域和金融领域受到的不平等待遇,建立国际经济新秩序。21世纪初,南北对话取得了一定的进展,金融危机之后随着新兴大国经济的强劲增长,其地位有所上升,对世界经济增长的贡献也不断增大,成为推动世界经济增长的重要引擎,在世界经济体系中发挥着前所未有的重要作用,其中最明显的体现就是G8会议向G8

---

① 习近平.共创中韩合作未来　同襄亚洲振兴繁荣——在韩国国立首尔大学的演讲［N］.人民日报,2014-7-5.

＋5 会议、再到现在的 G20 会议的演变。在当下的国际体系中,发达国家在世界体系中依然处于强势地位,而且是现有国际秩序的主要既得利益者。尽管南北对话尚未取得实质性进展,但还是能够在某些具体问题上达成协议,因而加强南北对话有利于世界经济的发展和国际秩序的逐渐改善。二是加强南南合作。南南合作是发展中国家团结协作、寻求共同发展的重要途径,其主要内容是经济合作。南南合作兴起于 20 世纪中叶,经历了 50 年代和 60 年代的迅速发展、70 年代的高潮、80 年代的停滞、90 年代后的恢复等曲折发展历程。万隆会议标志着南南合作的开始。不结盟运动的形成和七十七国集团的建立大大推动了南南合作的发展。1974 年第 6 届特别联大通过的《建立新的国际经济秩序宣言》是南南合作的纲领性文件。进入 21 世纪以来,在经济全球化和市场竞争日益激烈的形势下,发展中国家加强地区经济合作有着十分重要的意义。从实践来看,发展中国家在利用集体力量一致对外方面有着许多成功的经验。目前,主要由发展中国家组成的一些地区经济合作组织,如东南亚的东盟,中东的海湾合作委员会,非洲的西非经济和货币联盟、东南部非洲共同市场、南部非洲发展共同体,南美的"共同市场"等,均显示出很强的生命力,为发展中国家提供了循序渐进面向全球化竞争和应对发达国家主导的经济全球化的一个重要手段。2008 年金融危机之后,新兴大国又通过"金砖国家"机制来加强合作以维护发展中国家的利益。这些国家在很多领域具有共同利益,都希望在国际事务中拥有更多话语权。2009 年 6 月,金砖四国(巴西、俄罗斯、印度和中国)在俄罗斯叶卡捷琳堡举行首次"金砖四国"领导人峰会;2010 年 4 月,四国领导人聚首巴西利亚,就世界经济形势、国际金融体系改革和气候变化等重大问题进行广泛探讨;2011 年 4 月,扩容后的金砖五国机制(南非加入)在中国三亚召开领导人第三次峰会;2012 年 3 月 29 日,金砖国家第四次峰会在印度新德里举行,讨论贸易自由化、粮食安全、能源安全、气候变化、G20 峰会筹备等新兴国家共同关心的重大议题;2017 年 9 月,在我国厦门召开第九届金砖国家领导人会议。目前金砖国家合作向机制和架构更趋完善、合作成果更加丰富的方向发展,成为推动国际格局和国际秩序调整的新兴力量。因此,为了有效维护自身利益,广大发展中国家需要团结一致,迫使发达国家在制定全球化规则时更多地考虑发展中国家的利益,并以此为经济基础,不断推进国际民主化的进程。

第二，发展多元化的货币。1944 年 7 月，根据美、英政府倡议，44 个国家在美国新罕布什尔州的布雷顿森林商讨战后体系，会议通过了《联合国货币金融会议最后议定书》《国际货币基金组织协定》《国际复兴开发银行协定》，统称《布雷顿森林协定》，从而形成了布雷顿森林体系。布雷顿森林体系的核心内容之一是构建以美元为中心的国际货币体系①，即美元与黄金挂钩，其他货币与美元挂钩。从此之后，美元取代英镑在全球扮演世界货币的角色。美元相对其他货币的特殊优势，决定了美国处于和其他国家不同的特殊地位。据统计，美元占全球货币储备的 70%，国际贸易结算货币的 68%，外汇交易的 80% 及国际间银行业交易的 90%②。美元是美国的货币，并且由于美元是国际公认的储备货币和贸易结算货币，因此美国拿着几乎是零成本印刷出来的美元，不仅可以兑换他国实实在在的商品、资源和劳务，维持长期贸易逆差和财政赤字，而且可以进行跨国投资、并购他国企业，新帝国主义的掠夺性本质在美元霸权上体现得淋漓尽致。美国还可以通过输出美元获得国际铸币税收益，并能利用美元和美元资产贬值减轻外债。美国共产党经济委员会委员瓦迪·哈拉比认为，在美国国际收支账户中，海外净收入 2001 年为 6 583 亿美元，2003 年为 8 426 亿美元③。美元霸权还造成了财富从债权国向债务国转移，即穷国补贴富国的不公正现象。

2008 年，美国次贷危机演变成世界性金融危机，具有内在缺陷的世界货币体系难辞其咎。金融危机之后，美国量化宽松政策的实行和美元无序的供给，使得美国不断地向世界输出美元。这不但为美国带来了一定风险，也为世界经济带来了不稳定因素。因此，当下国际货币体系改革的一个方向就是如何对美元的国际供给进行约束，一个较为现实的方案就是积极推动国际货币的多元化。虽然短期内美元主导国际货币的地位难以改变，美国也会竭力维持美元的主导货币地位，但我们必须认识到，只有改善国际货币体系，稳步推进国际货币体系多元化，才能共同维持国际市场的稳定。真正能够削弱美元霸权地位的关键，在于建立多元化国际货币体系。1997 年，东盟在国际货币基金组织召开年会之际，提出了建立亚洲货币基金的设想。2000 年 11 月，在文莱举行的亚太经济论坛首脑

---

① 何秉孟，刘溶沧，刘树成. 亚洲金融危机:分析与对策 [M]. 北京:社会科学文献出版社,2007:66.
② 王佳菲. 美元霸权的谋取、运用及后果 [J]. 红旗文稿,2011(6).
③ 余斌. 新帝国主义的白条输出 [M]//程恩富. 马克思主义经济学研究:第 4 辑·2014,北京:中国社会科学出版社,2015:378.

会议上,日韩等国有关人士就"东亚货币"的可能性进行了探讨。2001年初,在日本神户召开的亚欧财政部长会议上,日本和法国联合发出倡议,呼吁亚洲国家采纳一种不受美元支配的货币体系以避免金融危机。2001年10月中旬,被誉为"欧元之父"的罗伯特·蒙代尔来到中国,也把关于"亚洲单一货币"的憧憬带给参加上海亚太经济合作组织会议的首脑们。2009年10月28日,温家宝同志在莫斯科举行的第三届中俄经济工商界高峰论坛开幕式上指出:"要加快推进多元化国际货币体系建设,努力发挥多种货币的作用,共同支撑国际货币体系的稳定。"①多元化的国际货币体系有利于形成若干个相互竞争、相互制约的国际区域货币,摆脱对某一国货币的过度依赖;建立多元化的国际货币体系,投资者有更多的选择,有利于发挥"良币驱逐劣币"的功能。自2010年SDR审查以来,人民币跨境支付不断上升,离岸人民币市场进一步拓展,人民币国际合作不断深化。2016年10月1日,人民币正式加入国际货币基金组织特别提款权货币篮子,这既是人民币国际化的重要标志,又增强了国际货币体系的韧性,有利于维护全球金融稳定。

第三,改革国际货币基金组织。国际货币基金组织成立于1945年,是最具广泛代表性和影响力的国际金融机构,但在2008年金融危机中毫无建树,未能防止危机爆发暴露出其制度缺陷。《国际货币基金协定》规定了国际货币基金组织的宗旨,主要包括:"促进国际货币领域的合作、促进国际贸易的扩大和平衡发展、促进汇率稳定、建立多边支付体系、纠正国际收支失衡"。实际上,由于浮动汇率制度为美国货币政策带来极大自由,因此国际货币基金组织也以美国的利益为导向,放任世界主要货币的汇率自由浮动。在国际贸易平衡方面,美元不承担对黄金固定汇率的义务后,近30年连续逆差,且数额迅速增加,至2008年,逆差下降,但绝对数额仍十分可观。国际货币基金组织从未主动要求美国减轻国际收支失衡。世界性国际收支失衡日渐严重,诸多学者提出建立多边支付体系,但因各国分歧巨大,国际货币基金组织没能建立成员间的多边支付体系。国际货币基金组织与世界经济金融现实脱节,从而开启改革进程。

国际货币基金组织的份额分配与各国经济实力脱节,发展中国家代表性不

---

① 温家宝. 温家宝在第三届中俄经济工商界高峰论坛上的致辞[OL]. http://www.gov.cn/ldhd/2008/10/29/content_1134026.htm.

足。发达国家和发展中国家之间的经济实力差距,造成它们在国际货币基金组织中的份额差距较大,进而带来投票权的分派不均。国际货币基金组织的投票权基本掌握在发达国家手中,发达国家事实上控制了国际货币基金组织的运作。它们利用在该组织中的领导权、决策权来直接或间接地影响发展中国家的国内经济结构。比如,对发展中国家的资金援助,往往成为发达国家跨国公司的开路先锋。

由于国际货币基金组织选区划分不合理,发展中国家的发言权被削弱,因此提高发展中国家在国际货币基金组织中的发言权,提升发展中国家的知情权、参与权、话语权和规则制定权,尽快建立覆盖全球特别是主要国际金融中心的早期预警系统具有重要意义。

国际货币基金组织加权投票制放大了发达国家的金融霸权,根据规定,任何重大问题须经全体成员总投票权的 85% 通过才能生效,美国拥有 16.69% 的投票权,使得美国有绝对的否决权。因此,国际货币基金组织的决策程序需要改革,特别是要增加新兴市场经济国家和发展中国家的投票权,稀释发达国家的投票权,使得投票真正能够反映大多数国家的意愿。

2008 年 4 月,国际货币基金组织执行董事会通过"2008 决议",将所有成员国基本投票权扩大 3 倍,采用新的份额计算公式,并另外为代表性不足的新兴市场经济国家增加份额,为超过 19 个国家的选区增加 1 位副董事,计划每 5 年调整一次份额。[①] 但该改革方案仍未改变发达国家主导的局面,发展中国家占用份额比例依然远远低于其在世界经济中的占有比例,发展中国家代表当选执行董事的机会有限,发展中国家尚需进一步争取自身权益,避免被少数大国操纵决策结果。

## 二、维护和尊重世界的多样性

世界本身是多样性的。出于各国历史传统、宗教信仰、民族习惯和政治文化的不同,世界各国都形成了自己的文明与文化。习近平同志曾多次强调"文明是多彩的,人类文明因多样才有交流互鉴的价值","文明交流互鉴,是推动人类文

---

① 姚大庆.国际货币——地位分析和体系改革 [M].上海:上海社会科学院出版社,2016:211.

明进步和世界和平发展的重要动力"。① 自第二次世界大战结束以后,美国迅速崛起,不断依靠其军事和经济实力,对国际社会施加负面影响,宣传和推广垄断资本主义文化和意识形态。随着苏联解体,冷战结束,美国在世界经济、政治、文化、军事各个领域一霸称雄。为满足跨国资本对于全球化时代私人利润追逐的迫切需求,美国改变了意识形态工作形式,诉诸通过不同的文化策略,推动文化的国际传播,谋求政治国际话语权和经济利益。当前,以美国为代表的西方国家把西方民主模式和价值观作为普世文化在世界扩展,试图在西方文明大一统的基础上建立世界秩序,这是西方强势文化或文化霸权的集中表现。由于它无视世界文明与文化多样性的现实,将自己的价值观和文化强加于别国,因此不仅不会带来世界和平与发展,反而必将引发世界各文明之间的对立与冲突。

第一,维护世界文明的多样性。"丰富多彩的人类文明都有自己存在的价值。要理性处理本国文明与其他文明的差异,认识到每一个国家和民族的文明都是独特的,坚持求同存异、取长补短、不攻击、不贬损其他文明。"②20 世纪后半叶以来,随着全球化进程的加快和规模的扩大,法国最早看到了自身文化面对的挑战和威胁。最近几十年全球化的过程,也是美国依靠政治、经济、科技和军事实力谋求文化霸权的过程,而作为文化强国的法国,将自身传统文化视为国家和民族的象征,认为文化是国家的根基,因此,在 1993 年《关税和贸易总协定》开放服务市场的谈判中,当美国以产品贸易自由流动原则为由要求欧洲开放文化市场、把文化产品和服务纳入自由贸易的范围时,法国表示强烈反对,并提出了文化例外原则,认为贸易自由化不适用于文化产品和文化服务。随后,1994 年法国颁布了《关于法语使用的法案》,禁止在电台、广告及电视节目中使用外语(外语节目除外),并规定本国境内的出版物必须有法语的概述。1996 年法国通过法律形式要求法国 1 300 多家电台每天早晨 6:30 至晚上 22:30 之间播放的音乐节目中必须有 40% 以上的法语歌曲,否则将处以罚款,罚款用于资助法国的民族文化发展。法国意识到了文化全球化和基于文化多样性的世界文化新秩序是历史发展的必然趋势,在保护本民族文化的同时,也积极倡议文化多样性发展,主张加

---

① 习近平. 在联合国教科文组织总部的演讲 [N]. 人民日报,2014-03-28.
② 习近平. 在纪念孔子诞辰 2565 周年国际学术研讨会暨国际儒学联合会第五届会员大会开幕会上的讲话 [N]. 人民日报,2014-09-25.

强不同国家的文化交流。1996 年,在南非召开的"信息社会与发展"大会上,法国等国提出了要保持语言和文化多样性的诉求。2001 年,时任法国总统的希拉克在联合国教科文组织第 31 次大会上正式提出"应对经济全球化,提倡文化多样性"的主张。法国文化多样性主张的核心要义在于倡导各个国家展示本民族文化,加强国际文化交流和对话,从而构建丰富多彩的世界文化。2003 年,在联合国教科文组织第 32 次会议上,法国联合加拿大共同提议通过一个关于文化多样性国际公约,该提案获得 60 多个欧洲国家和发展中国家的支持。2005 年 6 月,联合国教科文组织通过了《保护和促进文化表现形式多样性公约》,正式确立了发展文化多样性的政策和原则。法国文化多样性主张与其世界多极化主张是一致的,既是对美国单边文化策略的一种反制,同时也为法国文化国际传播开辟了道路。

第二,尊重各国各民族文明。正是世界各国各民族文明的多样性创造了世界丰富灿烂的文化,而这也是保持世界民主生机与活力的文化源泉。亨廷顿承认,世界上将不会出现一个单一的普世文化,而是将有许多不同的文化和文明相互并存。而马克思主义始终强调,应当充分肯定各民族文化及其对世界文明的特殊贡献,尊重各国人民自由选择其发展道路,包括社会制度和价值形态的权利。只有承认文明和文化的多样性,求同存异、和睦相处、相互尊重和平等交流,才能创造一个开放和宽容的和谐世界,才能促进世界文明和文化的发展与繁荣。

维护和尊重世界的多样性就要求在国际事务中提倡和贯彻民主原则及倡导发展模式多样化。世界发展的主体是各国人民,世界的管理必须由各国人民共同参与。无论是维护世界和平,还是促进共同发展,都要在国际事务中提倡和贯彻民主原则,推进国际经济秩序合理化。世界各国无论大小、贫富、强弱、先进或落后,都是国际社会的平等一员。任何国家都不能自认为是高人一等的"特殊国家"或"领导"或"优先",任何国家都不能违反联合国宪章和国际秩序的基本准则,任何国家都不能将自己的意志强加于人。各国的事情,要由各国人民自己去解决;世界上的事情,要由世界各国平等协商,集中各国人民的智慧和力量共同解决。

例如,20 世纪 90 年代之前,由于韩国的发展和崛起得益于亚洲版的"马歇尔计划",发展轨迹完全遵循美国的国际发展战略,在意识形态上与美国保持完全一致,因此当时韩国国内充斥着美国的商业文化,丧失了自身文化主导权。在 20 世纪 90 年代初之前,韩国本土文化受到国外文化的严重冲击,以美国为主的大片等文化产品就占据了韩国 60％的影视市场份额。1997 年的亚洲经济危机在给予韩国经济重创的同时，也为韩国文化产业发展提供了契机。为了摆脱经济危机，韩国政府积极调整国内产业结构，开始进军文化产业，并决定把文化产业作为国家经济的战略支柱产业。1998 年，时任韩国总统金大中正式提出"文化立国"战略。为了有效保障文化立国战略的实施，韩国政府先后制定了多个文化发展计划和文化相关法律，包括《文化产业发展五年计划》、《21 世纪文化产业的设想》、《电影产业振兴综合计划》，以及《文化产业振兴基本法》、《设立文化地区特别法》和《出版与印刷基本法》等。除了计划和法律法规之外，韩国政府还设立了涉及多部门的文化产业管理机构，以便于文化产业发展。韩国的文化观光部和产业资源部分别设立了韩国卡通形象文化产业协会（进行文化产品创作）和韩国卡通形象产业协会（进行市场研发）。另外，韩国政府还号召全社会为文化产业发展融资，先后建立了文艺振兴基金、文化产业振兴基金、信息化促进基金、广播发展基金、电影振兴基金等多项基金，并通过税收优惠政策鼓励和支持企业向文化事业投资，投资文化项目的企业可以享受到政府 3％的税收减免政策。这些财政政策有力地推动了韩国文化产业的发展，尤其是影视业的发展，既为韩国经济做出了突出贡献，又使全世界了解了韩国和韩国文化。

第三，正确进行文明学习借鉴。"对人类社会创造的各种文明"，"我们都应该采取学习借鉴的态度，都应该积极吸纳其中的有益成分，使人类创造的一切文明中的优秀文化基因与当代文化相适应、与现代社会相协调，把跨越时空、超越国度、富有永恒魅力、具有当代价值的优秀文化精神弘扬起来"。[①] 在人类历史发展的长河中，各个民族所创造的文明璀璨夺目、相映生辉，构成了一个绚丽多彩的世界。当然，由于各国的历史背景、文化传统、价值观念、社会制度和发展模式存在很大差异，因此形成了世界文明的多样性和差异性，但是，这不能成为不同文明相互冲突的理由。文化多样性既是人类社会的显著特征，也是人类文明进步的重要动力。不同文明相互借鉴、取长补短，才能在求同存异中共同进步。中国古代通过"一带一路"输出中华民族优秀文化，也吸收其他国家和地区的优秀文化，与沿线各国缔结友谊。今天，中国的"丝绸之路经济带"和"21 世纪海上丝

---

① 习近平. 在纪念孔子诞辰 2565 周年国际学术研讨会暨国际儒学联合会第五届会员大会开幕会上的讲话 [N]. 人民日报，2014－09－25.

绸之路"的合作倡议为各国提供了投资和贸易机会。与此同时，中国加大从欧盟、亚洲、非洲等国家进口，替代美国进口，瓦解美国"豁免关税"的拉拢策略。"一带一路"为构建人类文明共同体提供平台，推进沿线各国在经济、政治、文化建设上全方位的互联互通和良性互动关系，完善全球治理体系，减少发展不平等和不平衡，缩小贫富差距，使各国人民共享全球经济增长红利。

## 三、发挥国际组织的积极作用

要实现国际经济秩序合理化，需要打破大国称霸的模式，建立各国能够普遍参与的多边机制。国际组织为各国、各地区的交流与合作提供了场所，有助于国际社会向民主化的方向发展。同时，国际组织维护和平，促进发展，并为各个成员服务。在数以百计的国际组织中，联合国作为《联合国宪章》等国际法准则的组织载体和国际秩序民主原则的执行机构，正在成为国际社会从制度上保障国际经济秩序合理化的一支重要力量。可以说，以联合国为代表的国际组织作用的加强，是国际经济秩序合理化进程的重要推动力，应成为国际经济秩序合理化的重要工具。

第一，对联合国进行适当改革，发挥联合国的主导作用。实现国际经济秩序合理化符合《联合国宪章》的精神。《联合国宪章》确认了指导当代国际秩序的基本准则。国际经济秩序合理化与体现和平、平等精神的《联合国宪章》的宗旨及原则相一致，国际经济秩序合理化的发展与联合国作用的加强亦相辅相成。联合国是各国共同协商、民主处理国际事务的场所，而不是大国、强国推行霸权的工具。国际经济秩序向合理化方向迈进，有利于彻底结束霸权国家主宰国际事务的局面，促进联合国作用的加强和地位的改善；而联合国作用的加强又有利于维护各主权国家的权益，圆满实现国际经济秩序合理化。因此，要推进国际经济秩序合理化，联合国的主导作用是毋庸置疑的。"中国秉持共商共建共享的全球治理观，倡导国际关系民主化，坚持国家不分大小、强弱、贫富，一律平等，支持联合国发挥积极作用，支持扩大发展中国家在国际事务中的代表性和发言权。"[①]

---

不过,我们也必须看到在 21 世纪,联合国还面临着严峻的挑战。这一挑战的实质可归结为两点:第一,联合国是成为所有成员国的联合国,还是成为超级大国和西方国家发挥主导作用的联合国;第二,联合国是朝着建立公正合理的国际新秩序方向前进,还是沿着超级大国领导的国际旧秩序下滑。冷战结束以来,以美国为首的西方国家,鼓吹"人权高于主权"的新干涉主义,在联合国成员国中造成了混乱,也给建立国际新秩序带来不可低估的负面影响。未来联合国如何进行改革,能否在推进国际经济秩序合理化方面做出重大贡献,已为国际社会高度重视。

为了使联合国及其安理会更体现民主的原则,必须对联合国进行适当的改革,主要涉及联合国大会、安理会等重要机构的改革及扩大联合国在促进经济和社会发展方面的作用。联合国虽是最有影响的全球性国际组织、最主要的全球论坛,但联合国安理会是联合国的核心部门,是联合国最重要的权力机构,它能做出使联合国全体成员国都有义务接受并执行的强制性决议,因而安理会改革成为改革联合国、推动国际经济秩序合理化的一个焦点问题。对许多国家来说,进入安理会并占有常任理事国席位,必然有助于它们增大在国际事务中的发言权。而在目前情况下,联合国安理会成员国在联合国全体成员国总数中所占的比重仍然很低,这表明安理会的代表性已大大下降,必须进行改革。所以,随着联合国成员国数目的不断增加,联合国安理会的组成也需扩大,以便让更多的地区和国家拥有联合国安理会的席位权。目前,国际社会在围绕安理会"扩容"核心问题的改革上,究竟是"增常"还是"增准常"仍无普遍共识。不论最终采取何种"扩容"方案,就现今安理会所面临的代表性、民主缺陷和问责困境来说,"扩容"的共识面越来越大,"扩容"后的安理会必将更加合理和得到更广泛的支持,从而使得安理会的合法性和权威性得到提升。

联合国的改革必须坚持以下原则:(1)联合国要扩大其成员的代表性。这有益于增加联合国的吸纳能力和协调能力,使其成为真正意义上的全球性组织。要充分兼顾大国与小国、强国与弱国、常任理事国与非常任理事国的利益和要求。在操作层面可体现为增加安理会成员国的数目,扩大安理会成员国中小国弱国的比例,特别是增加非洲国家在安理会的代表席位,发挥发展中国家在构筑国际新秩序方面的作用。(2)联合国改革应有助于国际规制的民主化。国际经济秩序合理化建设重要的方面就是全球规制的民主化。只有通过民主方式制定的全球规则体系,才能具有普遍的约束力并获得各国的自愿遵从。为此,要求联合国坚持各国主权平等原则,保证成员国特别是发展中国家在跨国规则制定过程中的参与权和发言权,同时对各成员国的要求及时而负责任地做出回应。国际规则的制定过程应该公开透明,联合国及其所属各机构的工作程序应当公开透明,便于成员国的参与和监督。(3)联合国的改革应有利于提高联合国的权威和效率。联合国改革的现实目标,在于维护《联合国宪章》的宗旨和原则,推动多边主义的发展,提高联合国机构的工作效率,加强联合国在国际社会的地位和作用,增强联合国应对国际秩序和国际法上新威胁和新挑战的能力。

第二,加强地区性国际组织的作用。地区性国际组织,如欧盟、上海合作组织和东盟等作用也需要加强。欧盟是当今世界上一体化程度最高,结构配套最全,在地区经济、政治、社会及安全合作方面发挥作用最大,最具超国家实体色彩的地区性国际组织。从 2008 年开始,欧盟 GDP 总额就大大超过美国,成为世界上最大的经济共同体。① 欧盟的存在对于世界多极化发展,对于推进国际经济秩序合理化,无疑起到非常重要的作用。当前欧盟面临诸多问题。为促进战略合作与共识,2019 年 1 月 22 日,欧盟成员国中最强大的德法两国签署《亚琛条约》,明确表明双方将"建立一个强大的、拥有行动力的欧洲,为欧洲统一提供动力"②。

上海合作组织(以下简称"上合组织")是中国发起建立的第一个地区合作组织,它从解决边界问题开始,以维护共同安全为主轴,进而注入政治、经济合作等方面的新内涵。上海合作组织基本宗旨和发展原则是:坚持互信、互利、平等、协作、尊重多样文明、谋求共同发展的上海精神;坚持以安全和经济合作为重点,逐步带动其他各领域全面合作的发展思路;坚持不结盟、不针对其他国家和组织、广泛交往、广为合作的对外开放原则;坚持高效、务实、稳健、创新的组织建设方针。上合组织的基本宗旨和发展原则本身以及实践体现着国际民主化的原则思想,因而上海合作组织的发展对于国际经济秩序合理化的作用,无疑有着重要的意义。"上合组织秉持'上海精神',倡导以合作促安全的'新安全观',签署了《上海合作组织睦邻友好合作条约》、《打击"三股势力"上海公约》、《上海合作组织成员国合作打击恐怖主义、分裂主义和极端主义构想》、《上海合作组织反恐怖主义

---

① 世界银行. 全球经济展望 2007—2011 [OL]. 世界银行网站,https://www. shihang. org/,2009 - 6 - 22.
② 青木,龚鸣. 德法签《亚琛条约》共建强大欧洲被指只具象征意义 [N]. 环球时报,2019 - 1 - 23.

公约》、《关于合作打击非法贩运麻醉药品、精神药物及其前体的协议》等文件,建立了国防部长、公安(内务)部长、安全会议秘书等会晤机制,积极开展反恐、禁毒、信息情报交流等多种方式的合作,举行联合演习,制订年度计划,推动人员培训等项目合作。"①上合组织积极与国际组织合作,吸纳周边国家参与,在应急、禁毒、联合安保、信息交换、跨国执法等领域展现出广阔前景。

东盟是东南亚最为重要的国际组织,在管控南海局势、维护该地区和平与稳定中发挥重要作用。2017 年 11 月 13 日,第 20 次中国—东盟领导人峰会宣布正式启动《南海行为准则》案文磋商。与会的中国总理李克强表示,"希望通过磋商,增进各方相互了解与信任,争取在协商一致基础上早日达成准则,使之成为维护南海和平的稳定器"②。但东盟在处理南海问题上的行为能力仍不足,各方未正式授权其处理南海问题,成员国之间立场与分歧较大。"弱机制化、非强制性的松散安排从根本上限制了东盟组织决策的执行力,而在缺乏必要的军事和经济资源的情况下,仅靠制度性和规范性资源的东盟很难将其组织决策转化为实际影响,更何况其在南海问题上能否发挥作用以及发挥何种作用,都会在很大程度上受制于与中美两个大国之间的互动状况。"③

第三,加强世界银行、世界贸易组织等国际经济组织的作用。这些经济组织为各经济实体广泛地参与国际经济合作提供了机会。当然,针对这些组织存在的问题,需要对此加以改革,使之能够在国际经济秩序合理化的进程中有效发挥作用。以世界银行为例,世界银行现行的很多规则是在布雷顿森林体系时期制定的,随着国际经济环境的变化,其与时代的发展步伐越来越不协调。主要表现为:从其建立至今,发达国家一直控制着世界银行绝大部分投票权,发展中国家的声音长期不能得到合理充分反映,这与当前发展中国家经济快速发展的国际经济格局十分不相称。因此,要发挥世界银行推进国际经济秩序合理化的积极作用,就必须提高发展中国家在世界银行中的话语权和参与权,未来世界银行的改革目标应该是"发展中国家整体所拥有的投票权与发达经济体相等,如果这一目标实现,这将使得世界银行的治理结构更加均衡"④。

---

① 孙壮志.中亚安全格局与多边机制的作用 [J].新疆师范大学学报(哲学社会科学版),2013(6).
② 李克强在第二十次中国—东盟领导人会议上的讲话 [N].人民日报,2017 - 11 - 14.
③ 王传剑,孔凡伟.东盟在南海问题上的作用及其限度——基于国际组织行为能力的分析 [J].当代世界与社会主义,2018(4).
④ 熊爱宗.世界银行近期改革:进展及评价 [J].国际经济合作,2010(1).

就世界贸易组织而言,同样存在由实力雄厚的发达国家掌控经贸规则制定权的事实。从世界贸易组织达成的协议上看,乌拉圭回合产生的服务、农产品、知识产权等捆绑协议,都要求发展中国家改变自身的国内经济政策以适应片面自由化发展需要,这对于许多发展中国家而言非常不利。在农业问题上,农产品协议将给许多第三世界国家带来严重的影响。根据协议,大部分发展中国家将不得不削减本国农业的补贴,取消非关税壁垒。这将使这些国家脆弱的农业部门失去保护,面临发达国家的全球性残酷竞争。而发达国家食品生产补贴的大幅削减将使其出口价格上升,这对于那些食品净进口的发展中国家而言,就意味着生活成本的大幅度提高,使它们面临生存安全的挑战。从世界贸易组织的决策程序看,发展中国家也存在被边缘化的倾向。在进行决策时,世界贸易组织遵循的是"协商一致"的原则,在无法达成一致时,采用投票制,每个成员国拥有一票。但"由于一些非常贫困的发展中国家无法支付向日内瓦派驻常驻代表的费用,在世界贸易组织进行决策时,它们往往都不在场,对世界贸易组织而言,沉默就意味着同意,所以这些贫困国家常常被排斥在决策之外"①。而且由于世界贸易组织现有的贸易保护法律规则中存在着一些弹性过大和内容模糊的"灰色地带",这些规则不仅为成员方出台本质上体现贸易保护主义、但表面上却难以界定的贸易保护措施提供了方便,而且也为世界贸易组织成员方以各种方式滥用这些规则提供了可能,使得世界贸易组织无法有效抵制贸易保护主义。因此,为了发挥世界贸易组织在推进国际经济秩序合理化中的作用,需要逐步做到:(1)改革国际贸易组织结构和决策机制,充分体现民主。这就要求世界贸易组织不仅应保证及时、公正地向发展中国家传递信息,并提供必要的技术支持,如帮助发展中国家分析正在进行的议题会如何影响他们的利益等,而且决策过程必须公平和民主,充分考虑到发展中国家的实际困难,想办法提供条件使他们得以最大限度地参与。比如,允许发展中国家的代表在最短的时间内通过电话或电子邮件表达意见。(2)尽快清理世界贸易组织贸易保护规则中的"灰色地带",包括明确"两反两保"规则中的模糊概念,尽量减少成员方滥用贸易救济措施的可能,破除以邻为壑的贸易保护。

---

① 胡莹.从全球公民社会看世界贸易组织正义的构建 [J].学术交流,2010(5).

## 四、恪守国际法和国际秩序基本准则

民主和法制是不可分割的统一体,没有法制的保障,民主就失去了依托。同样,实现国际经济秩序合理化也必须要以遵守国际法为基础和保证。国际法是调整国际行为体之间权利和义务关系,并具有法律约束力的原则、规则和制度的总称。国际法通过国际行为体之间的主客体互动,从实体和程序上建构了国际社会存续所必需的基本规则。这些规则对于国家间的利益协调、全球公共问题的解决,进而对于国际经济秩序合理化的推进,都具有极为重要的意义。

当前,美国推行逆全球化政策,全球经济发展乏力,现有国际规则体系不能有效调节国际事务,恐怖主义、经济危机、自然灾害、内战、流行性疾病等全球问题不断涌现。作为处理国际关系主要工具的国际法的最基本原则,即各国主权平等、不干涉内政、禁止非法使用武力、和平解决国际争端、善意履行国际义务诸项原则,在实践中面临困境,遭到霸权国家及其盟国的强烈冲击和挑战,导致世界秩序失调和"全球治理失灵"①。与此同时,国际法自身建设也存在较多问题。在立法上,国际法呈现出分散性和不确定性。一方面,"大部分国际法准则产生于国际法各主体(国家)之间的相互同意或在特定历史时期的国际强权,强国规定'准则',弱者不得不无奈地遵守"②。另一方面,由于每个国家只受那些它所同意的国际法准则约束,这就造成了国际法律关系的诸多不确定因素。具体表现是:对于是否签订、批准加入国际法,完全由一国的国家意志决定,这形成了国际条约的主体多元化,条约无论怎样普遍都无法涵盖世界上的所有国家。同时,在司法审判方面,国际法也具有不平等性。对此,"德国报刊指出,海牙国际法庭无法按法律办事,缺乏应有的独立性,常常成为贯彻超级大国意图的工具。瑞士报刊则认为,由于美国的压力,海牙国际法庭已陷入了死胡同"③。再以前南国际刑事法庭审判米洛舍维奇案为例。虽然从法理上说,由于成立前南国际刑事法庭是联合国的行为,因此各会员国应通力合作、彼此协助且有义务支持其工作,但

---

① 秦亚青. 全球治理失灵与秩序理念的重建 [J]. 世界经济与政治,2013(4).
② 汉斯·摩根索. 国际纵横策论:争强权,求和平 [M]. 上海:上海人民出版社,1995:351.
③ 巢蓉芬. 海牙国际法庭有无出路 [J]. 当代世界,1996(11).

由于该法庭被美英等西方国家费尽心机和使尽各种伎俩地加以利用,从而维护以美国为首的北约自身政治利益,因此其正义性受到怀疑,并使国际法的独立和平等属性受到严重破坏。

此外,近来在国际司法机构纷纷建立的情况下,如何确定国际法院的定位问题,也是当前国际司法需要面对的问题。近十余年来,国际法院与法庭大量增加。在刑事方面,有前南国际刑事法庭、卢旺达国际刑事法庭及国际刑事法院;在经济贸易方面,有世界贸易组织争端解决机制;在海洋法方面,有国际海洋法法庭;在人权方面,有欧洲、美洲和非洲人权法院;在区域一体化方面,有欧共体法院、东南非共同体法院等。这些国际司法机构的建立,对于加强国际法的可司法性,从多个层面解决国际争端,保护人权,解决有罪不罚的现象,进而促进国际法和国际法治的发展,都起到了某种作用。但由于这些法院之间不存在层级关系,也没有协调机制,出现了管辖权重叠、当事人可以任选法院,以及不同法院的判例分歧问题,因而可能危及国际法的统一。

因此,有效发挥国际法的作用来推进国际经济秩序合理化进程,首先要不断充实和完善国际法的编撰。国际法委员会要根据国际社会的需要,加强国际法的编撰工作,使编撰工作有助于新时代国际法律制度的完善与发展,以便处理国际关系问题时能够做到有法可依,同时还应充分发挥国际间和政府间组织编撰工作的作用,充实国际法的规则和制度。其次要对国际法庭等国际法律机构进行改革。国际社会特别是联合国大会等相关组织应当采取适当措施,对法院制度进行必要的改革,如考虑给予政府间国际组织、非政府组织、公司和个人以诉诸法院的可能性,同时应促进各国积极主动利用国际法院解决争端,树立国际法院的权威,尤其要保障国际法官的独立性。国际法官应当既对案件的当事方独立,也要对其国籍国、居住国和工作的司法机构所在国独立。国际法官应当以事实为依据、以法律为准绳公正判案。法官应当避免审理与其有利益冲突,或者看起来有利益冲突可能性的案件。同时要加强国际法官选任的透明度和公开性,并采取切实措施保障当选法官的质量,以此确保国际司法机构的独立性。

# 第五章

# 推动国际经济秩序合理化的中国理念

　　中国作为一个发展中国家,在和平崛起的进程中取得了举世瞩目的成就,随着以美国为首的西方国家将战略重点转向亚洲,中国所面临的国际环境更加复杂。那么,中国又该如何推进国际经济秩序合理化的进程?坚持和发展中国特色社会主义,不仅是中国对内工作的主题和主线,而且也是中国对外工作的主题和主线。中国特色社会主义道路、制度、理论在内政外交上是统一的,要求我们对内追求公有共富、民主政治、精神文明、社会和谐、环境良好,在外交上要主持公道、捍卫公理、伸张正义。坚持中国特色社会主义道路和理念,要求中国外交摒弃丛林法则,坚持国家不论大小一律平等,坚决反对任何形式的霸权主义和新帝国主义,反对以大欺小、以强凌弱、以富压贫,反对干涉别国内政,坚持推进国际经济秩序的合理化。在国际和地区热点问题上,中国要始终坚持通过对话谈判解决问题,反对以武力相威胁,或者是搞政权更迭和"颜色革命",自觉维护国际道义和国际秩序的基本准则。同时,中国外交必须坚定有力地为广大发展中国家仗义执言,以自己的实际行动,维护和拓展发展中国家的整体权益。为此,中国积极倡导推动国际经济秩序合理化的中国理念,倡导人类命运共同体理念,引领全球共同治理;传递中国梦核心价值,推动世界合作共赢;提出"一带一路"倡议,共享改革发展成果;秉持多边主义,实现各国共同繁荣。

## 一、倡导人类命运共同体理念，引领全球共同治理

当今，全球面临百年未有之大变局，经济全球化、政治多极化、文化多样化、社会信息化潮流不可逆转，各国间依存度加深，而面临的共同挑战也不少。如气候变化、粮食安全、环境污染、疾病流行、跨国犯罪、资源短缺、网络攻击、人口爆炸等全球非传统安全问题，都危及国际秩序和人类发展。从这个意义上说，整个人类实际上已处于一个命运共同体之中。针对这一大变局，以习近平同志为核心的中国共产党人提出了"构建人类命运共同体"这一解答方案。"让和平的薪火代代相传，让发展的动力源源不断，让文明的光辉熠熠生辉，是各国人民的期待，也是我们这一代政治家的应有担当。中国的方案是：构建人类命运共同体，实现共赢共享"①。

20 世纪上半叶，人类遭受了两次世界大战的劫难，那一代人最迫切的愿望，就是免予战争、缔造和平。20 世纪五六十年代，帝国主义控制的殖民体系土崩瓦解，国家要独立、民族要解放、人民要革命，成为不可抗拒的时代潮流，那时最强劲的呼声，就是摆脱枷锁、争取独立。冷战结束以后，世界各国和各国人民最殷切的诉求，就是扩大合作、共同发展。由此可见，和平与发展是 100 年来全人类的共同愿望。但是，这项任务至今远远没有完成。"我们要顺应人民的呼声，接过历史接力棒，继续在和平与发展的马拉松跑道上奋勇向前。"②纵观近代以来的世界历史，建立公正合理的国际秩序是人类孜孜以求的目标。360 多年前的《威斯特伐利亚和约》确立了各个国家之间的平等和主权原则；150 多年前的《日内瓦公约》确立了国际人道主义精神；70 多年前的《联合国宪章》确立了处理国际秩序、维护世界和平与安全基本原则；60 多年前的万隆会议倡导和平共处五项原则；40 年前联合国大会关于建立新的国际经济秩序的宣言和行动纲领明确了各国经济权利和义务。这些国家关系演变积累的一系列公认原则，是构建人类命

---

① 习近平. 共同构建人类命运共同体——在联合国日内瓦总部的演讲 [N]. 人民日报，2017－1－20.

② 习近平. 共同构建人类命运共同体——在联合国日内瓦总部的演讲 [N]. 人民日报，2017－1－20.

运共同体和利益共同体的基本遵循。

党的十八大以来,习近平同志倡导构建人类命运共同体理念。这一理念于2017年2月写入联合国决议,并于2017年3月又先后写入安理会决议和联合国人权理事会决议,已得到国际社会的广泛认同。依据古今中外的实践,涉及人类的共同体可以细分为:氏族共同体(以血缘关系为基础)、家庭和家族共同体(以血缘关系为基础)、部落共同体(以血缘或血缘相近关系为基础)、宗族共同体(以共同祖先为基础)、民族共同体(以民族特征为基础)、阶级共同体(以生产要素所有制为基础)、单位共同体(以基层组织为基础)、行业共同体(以基层组织的联合为基础)、区域共同体(以区域组织为基础,如长三角、粤港澳大湾区等)、国家共同体(以国家特征为基础)、宗教共同体(以信仰为基础)、盟国共同体(以两国或国际集团组织为基础,如美日同盟、七国集团、北约等国际集盟;以国际区域组织为基础,如以欧盟、东盟、非盟为代表的国际区盟)、人类共同体(以人类特征为基础)、共产主义社会共同体(以自由自觉个性为基础)。人类命运共同体是与上述多个共同体相关的概念,旨在强调一个地球村的人类,追求本国人民合理权益时要兼顾他国人民合理权益,在谋求本国发展中促进各国共同发展,内含整个人类共生互存的可持续发展观、共同安全观、共同权益观、共同治理观等一系列全球价值观。构建人类命运共同体理念的创立,为促进和平发展和全球治理体系变革提供了中国智慧,必须接续坚持和促进。

"世界各国尽管有这样那样的分歧矛盾,也免不了产生这样那样的磕磕碰碰,但世界各国人民都生活在同一片蓝天下、拥有同一个家园,应该是一家人。世界各国人民应该秉持'天下一家'理念,张开怀抱,彼此理解,求同存异,共同为构建人类命运共同体而努力。"[①]人类命运应该由人类共同掌握,世界事务应该由各国人民共同治理,世界安全应由世界各国共同维护,国际规则应由世界各国共同制定,发展成果应由世界各国人民共同分享,而不能是"一国独霸"。这是历史发展的必然趋势和世界人民的内在要求。建立平等相待、互商互谅的伙伴关系,营造公道正义、共建共享的安全格局,谋求改革创新、开放包容的发展前景,促进和而不同、兼收并蓄的文明交流,构筑尊崇自然、绿色发展的生态体系,这是构建

---

① 习近平.携手建设更加美好的世界——习近平在中国共产党与世界政党高层对话会上的主旨讲话[N].人民日报,2017-12-2.

人类命运共同体的核心要义。人类命运共同体是民族共同体、利益共同体、区域共同体的发展和升华，它着眼于人类文明的永续发展，着眼于推动建立新的文明秩序，超越了狭隘的民族国家视野，是马克思主义关于人的自由全面发展的共产主义崇高理想在现阶段的具体体现，集中体现了以习近平同志为核心的中国共产党人的执政理念、思想感情和价值追求。

中国倡导的人类命运共同体理念在国际社会达成共识，联合国社会发展委员会在 2017 年 2 月 10 日第 55 届会议通过的"非洲发展新伙伴关系的社会层面"决议中首次提及打造人类命运共同体；2017 年 3 月 17 日，联合国安理会通过的关于阿富汗问题的决议强调构建人类命运共同体；2017 年 3 月 23 日，联合国人权理事会第 34 次会议通过的关于"经济、社会、文化权利"和"粮食权"的两个决议，明确表示要构建人类命运共同体。① 2018 年 6 月 20 日，纪念联合国探索与和平利用外层空间会议 50 周年高级别会议通过的成果文件也明确呼吁"在和平利用外空领域加强国际合作，以实现命运共同体愿景，为全人类谋福利与利益"②。

全球治理是通过制定一系列具有约束力的国际规则来规范各个国家的行为准则，以维持正常的国际政治经济秩序。现有的全球治理体系是在第二次世界大战以后在发达国家特别是美国的主导下形成的，它既有合理性和正当性的一面，也存在着不完善、不适应形势发展的一面。美国等某些西方国家极力推行利己主义、单边主义、霸权主义、长臂管辖和双重标准，损害以联合国为主导的国际治理体系，以本国的所谓"普世价值观"去策动他国的"颜色革命"，以本国的所谓"国家安全"去无理制裁和封锁他国，以本国的所谓"利益损失"去大打经贸战，以本国的所谓"受到挑战"去大搞海外军事基地和军事同盟。这些行径均与世界和平发展之路背道而驰，与构建人类命运共同体理念不相吻合，同时也凸显中国坚持和平发展道路的世界意义和责任。2001 年的"9·11 事件"冲击了西方的安全防线，2008 年的国际金融危机动摇了西方的经济基础，2016 年的英国"脱欧"和美国选换总统引发了西方的政治地震。西方主导的国际秩序正面临着严峻的挑战。面对国际秩序的种种乱象，西方国家政治家的战略选择令人大跌眼镜。他

---

① 刘峣,卢泽华.人类命运共同体载入联合国多项决议 [N].人民日报(海外版),2017 - 3 - 27.
② 题为《纪念第一次联合国探索及和平利用外层空间会议五十周年：空间作为可持续发展的驱动力》的决议草案 [OL]. https://cms.unov.org/dcpms2/api/finaldocuments? Language = zh & Symbol = A/AC.105/L.313,2019 - 10 - 20.

们或者"躲进小楼成一统",规避责任,寻求自保,如英国的脱欧;或者大行贸易保护主义和狭隘的民族主义,不顾他国利益,高喊"美国优先";有的忧心忡忡、无所适从,没有了主张和定力,如有些欧盟国家;有的心胸狭隘、格局不高,企图浑水摸鱼、以非正常手段谋取自身利益,如日本。

面对日渐式微的国际秩序,中国没有寻求对国际秩序推倒重来,或者一味韬光养晦,事不关己、高高挂起,而是挺身而出,以现有国际秩序维护者、改革者的姿态出现在国际舞台上。既量力而行,又尽力而为,顾全大局、勇于担当,兼顾国情和世界形势,找到与其他国家互利共赢的最大"公约数"。中国从理论层面深化对全球治理的认识,阐释全球治理的中国主张;从实践层面将全球治理作为参与多边外交的重要舞台,拿出中国方案,展示了中国智慧。中国以"大道之行也,天下为公"的胸襟,将自身利益与世界利益有机结合起来,在维护自身利益的同时推动世界各国的共同繁荣和进步。中国积极参与全球治理的改革和创新,保持了既有理又有礼的大国风度,塑造了温和而自信的国际形象。例如,生态危机是全球性的问题。中国主张,人类应该遵循天人合一、道法自然的理念,寻求可持续发展之路。中国积极倡导绿色、低碳、循环、可持续的生产和生活方式,不断开拓生产发展、生活富裕、生态良好的文明发展道路。又如,针对逆全球化浪潮,中国继续高举公正的全球化大旗,支持建立开放、包容、透明、非歧视性的多边贸易体系,倡导建立公平合理的国际政治经济新秩序。中国对全球治理的积极态度有助于世界各国明确方向、凝聚共识和增强信心。同老牌强国以战争手段或殖民主义打破旧秩序、建立新秩序不同,中国的崛起一开始就以融入已有的国际秩序为基础,积极推进国际秩序的改革,引导国际社会共同塑造更加公正合理的国际新秩序,引导国际社会共同维护国际安全,完全是一种全新的风格和面貌。

## 二、传递中国梦的文化价值观,推动世界和谐共生

中国自古讲求"穷则独善其身,达则兼济天下"的价值理念。改革开放以来,我国的经济、政治、文化、社会等各方面取得了巨大的进步和成就,在经济总量上,中国已经成了世界第二大经济体。中华民族伟大复兴的中国梦是中国在把

握国际国内发展大势和基于人民幸福、世界和谐的宏伟蓝图的基础上提出的。中国梦所传播的梦梦相通、心心相印、美美与共的价值理念是从中国五千年的悠久历史和灿烂文化积淀中根植而来的,是对中国传统文化内生性的文明意蕴和价值追求的转换创造,是最有力、最生动、最真实的话语支撑和现实关照。

中国梦坚持合作共赢是对和合共生理念的传承。中国传统文化的理想价值目标是"天下为公,世界大同",《尚书·皋陶谟》主张"同寅协恭和衷哉",《国语·鲁语下》强调"夫苦匏不材于人,共济而已"。① 中国梦坚持合作共赢既是对本国利益的考量,也是对他国利益的关切,这是中国传统文化"推己及人""同舟而济"思想的直接体现。实现中国梦的过程就是与国际社会的发展患难与共、权责共担、深化合作、互惠互利的过程。习近平在会晤奥巴马时曾表示:"中国梦是和平、发展、合作、共赢的梦;中国梦与世界各国人民的美好梦想相通;中国梦不仅造福中国人民,而且造福各国人民。"②中国崛起不是对外利益扩张,不会以"弱肉强食"的丛林法则妄图独霸世界,而是在民族复兴的基础上融入世界的发展潮流,为世界各国的发展提供更多的合作机遇,承担起更多的国际责任。这是中国传统文化千百年来的价值传承,是熔铸在中华民族发展中的文化基因。

习近平同志在国际社会和外交场合反复强调"一花独放不是春,百花齐放春满园"和"亲望亲好,邻望邻好"。③ 这些殷切的话语是对中国传统文化交往理念的秉承发扬,深刻表明中国对发展的渴望,但这种发展是"协和万邦"的世界大同。同时,中国也强调自身利益,但这种利益是惠及人类的共享发展。中国梦提出以来,中国政府在维护世界和平、促进世界发展、深化国际合作等方面躬行践履,例如提出"一带一路"倡议,成立"亚投行",积极与世界各国深化安全、信息、能源等方面的合作。这些都充分显示了中国梦所追求的价值目标不仅仅是中华民族的复兴梦,更是与国际社会同呼吸、共命运的世界梦。这种价值理念不是空泛的政治口号,更不带有美国政治霸权式的话语营销,而是同舟共济、休戚与共等中国传统价值理念的时代转换。中国梦是对古老中国文明和谐价值理念的延续和再造。

中国梦倡导兼容并蓄是对宽厚包容思想的发展。中国传统文化不排斥异

① 欧阳晓东.尚和合[M].北京:人民出版社,2016:219.
② 习近平.坚持和平发展,促进合作共赢[J].求是,2013(9).
③ 习近平.习近平谈治国理政[M].北京:外文出版社,2014:39.

己,具有宽厚包容的文明传统。秦朝李斯在《谏逐客书》中早就提出"是以泰山不让土壤,故能成其大;河海不择细流,故能就其深"的治国理念。"玄奘西游"和"鉴真东渡"的典故更是诠释了中国古代以文化交流借鉴促进国家间的友好交往,凸显了"大邦者下流"的谦下包容思想。中国梦所倡导的兼容并蓄、多样文明的理念是对中国传统文化包容思想的运用和发展。在其文化传播上,蕴涵了中国在尊重多元文化、维护人类文明多样性前提下,促使不同文明相互交融、包容借鉴的文明愿景。中国始终倡导"海纳百川,有容乃大"。中国认为,世界各国在发展和合作的过程中产生隔阂和摩擦是在所难免的,但各国发展模式和道路的不同及文明的差异不应成为相互对抗的理由。

中国梦尊重不同的文明并提倡各类文明互鉴互谅。只有宽厚包容,才能使国际社会多一些共识、少一些争执;只有交流互鉴,才能使各国之间多一些合作、少一些疑虑,为促进人类社会的共同发展创造广阔的空间。中国梦不是一国梦,也不是排他梦,其价值内核和逻辑起点是中国传统文化长期凝结而来的文明与共享,在求同存异、开放多元的价值追寻中以文明包容的姿态展现世界,进而促进各国文化的融合,推动人类文明的发展。《周易》有言:"天行健,君子以自强不息,地势坤,君子以厚德载物。"中国梦的国际传播应在文化理念的交流中以理服人,以文载道,阐释其独特的民族特色和世界意义。

中国梦注重生态文明是对天人合一追求的转化。中国传统文化有着深刻的生态伦理思想,先秦儒家追求"天人合一"、"万物一体",道家坚持"道法自然"、"返朴归真"。这种尊重自然、顺应自然和主张平等看待自然、人与自然和谐相处的思想是几千年以来蕴含在中国传统文化中的生态智慧,也是中国梦所包含的生态文明理念的源泉。生态文明是中国梦的题中之义。党的十八大报告指出:"建设生态文明,是关系人民福祉、关乎民族未来的长远大计。"[①]生态文明建设关系到人类社会的可持续发展,是实现中国梦的生态基础。在当前资源短缺、环境污染严重、生态失衡等全球生态安全威胁下,中国传统的生态观对全球生态治理具有深刻的启示意义。

我国上古时代夏禹执政时曾颁布禁令:"春三月,山林不登斧,以成草木之

---

① 胡锦涛.坚定不移沿着中国特色社会主义道路前进 为全面建成小康社会而奋斗[M].北京:人民出版社,2012:39.

长。夏三月,川泽不入网罟,以成鱼鳖之长。"中国古代思想家把伦理行为推广到生物,把保护自然提升到道德行为高度。这种"生生之德"是中国古代生态哲学的超然,是映衬在中国梦生态文明价值理念中的先见之明。习近平指出:"走向生态文明新时代,建设美丽中国,是实现中华民族伟大复兴的中国梦的重要内容。"①世界各国同属一个地球村。作为世界大国,中国把生态文明纳入中国梦之中,是中国传统生态思想的内在要求,也是立足中国的环境治理和维护世界生态安全的现实需要。在现实发展中,中国从不转嫁本国的环境污染,拒斥西方发达国家以国家主义为中心的全球生态治理主张,始终坚持发扬全球主义关照下的生态文明理性选择。中国梦的生态文明理念是发展了的中国积极参与全球生态治理、共享共建人类家园的传统智慧和理论贡献。

　　中国梦增进人类福祉是对传统人本精神的会通。"天生万物唯人为贵",中国传统文化的发展蕴涵着朴素的人本精神,集中体现在儒家的"民贵君轻"、"民为邦本"的民本主义上。《尚书》明确提出"重我民"、"唯民之承"、"施实德于民"的思想。《孟子·离娄上》更是把"得天下有道:得其民,斯得天下矣"作为政治主张。重民、贵民的思想在中国传统文化中得到不断丰富与发展。中国梦旨在增进人类福祉是对人本主义传统的会通和演进,是在世界一体化背景下,把中国人民的发展与人类命运共同体相结合的智慧结晶,在其文化传统上与美国梦强调个人成功背后的个人中心主义分道扬镳。中国梦不仅坚持中国传统的家国同构的价值理念,还力求把中国人民的幸福惠及世界。这种辩证统一、同频共振的文化心态与西方狭隘的国家中心主义、个人自利主义价值观有着根本的区别。

　　经济全球化使中国人民的利益与世界各国的利益紧密相连、不可分割。世界一体化使得任何国家无法摆脱国际大环境、大背景的影响而置身事外、独善其身。中国梦在强调国富民强的同时,兼顾世界各国的利益,建构人类命运共同体。宋代朱熹在《宋史·朱篨传》中提出"天下之务莫大于恤民"。中国梦在体恤本国人民的同时,也为世界人民的发展创造了条件。增进人类福祉、建构人类命运共同体就是中国传统人本主义向现代意义的转化。习近平指出:"同处一个地球村,中国这个'国际公民'是国际责任的践行者,也是各国人民追梦的支持者。"①中国的改革发展正以实际行动彰显中国的道义和担当,为世界人民搭载中国"便车"提供广阔空间和机遇。

因此,要运用中国传统文化资源优化中国梦国际传播的话语旗舰。习近平同志在2016年党的新闻舆论工作座谈会上强调:"要加强国际传播能力建设,增强国际话语权,集中讲好中国故事,同时优化战略布局,着力打造具有较强国际影响的外宣旗舰媒体。"②在西方中心论、西方话语霸权的笼罩下,外宣旗舰媒体的影响力、传播力关键在于话语旗舰的建构。中国传统文化作为中华民族的精神标识,是我们打造话语旗舰的重要资源。传播中国梦应牢牢把握中华优秀传统文化的存续和历史变迁,统筹重大的国际战略和原则,阐释中国传统文化赋予中国梦的国际价值,让世界人民读懂中国,全面了解中国梦的历史脉络和文化积淀。

在阐释中国对外交往的价值理念时,我们要凸显中国传统历史文化的文明性。习近平同志强调:"中国人民的理想和奋斗,中国人民的价值观和精神世界,是始终深深植根于中华优秀传统文化沃土之中的。"③中国传统历史文化中没有侵略的基因,中国人民也不会接受"国强必霸"的逻辑。任何以西方的话语背景和逻辑思维来揣测、曲解中国梦都是"无厘头"的。中国对外交往的悠久历史及华夏文明是中国梦的最好代言,也是我国建构公平、正义、文明国际话语体系的事实依据。从张骞开辟"丝绸之路"、班超出使西域、郑和下西洋等中国古代开放友好的对外交往佳话,到中华人民共和国成立以来"坚持互相尊重主权和领土完整、互不侵犯、互不干涉内政、平等互利、和平共处的五项原则"④,再到改革开放后中国领导人运筹大国关系、开展多边外交等策略,都是中国主动融入世界、延续中华文明的和善之举。

2005年胡锦涛同志在亚非峰会上提出了构建"和谐世界"的理念,并向国际社会不断阐述"和谐世界"的深刻内涵,使之成为世界发展的共识。中国梦蕴含的国际价值是对中国对外交往、发展理念的丰富创新,是中国传统文化的价值观念在新时期对外传播的具象和聚焦。因此,在中国梦的国际传播中要讲清楚中

---

① 张玉珂.追梦路上我们必将迎来一个充满希望的2014[J].中国职工教育,2014(1).
② 习近平.坚持正确方向创新方法手段提高新闻舆论传播力引导力[N].人民日报,2016-2-20.
③ 习近平.在纪念孔子诞辰2565周年国际学术研讨会暨国际儒学联合会第五届会员大会开幕会上的讲话[N].人民日报,2014-9-25.
④ 十二大以来重要文献选编(上)[M].北京:人民出版社,1986:218.

国的文明故事,以历史文化的传承发展来阐释中国梦的国际价值,使国际社会认识到中国梦宣传的和谐发展、权责共担、互惠互利,不是"心灵政治"和噱头,而是自始至终根植在中国历史脉络、文化传统之中的价值转化。毋庸置疑,直接的政治传播势必落入国际社会非此即彼的传统民族本位窠臼,间接地以文化传播、历史印证进行价值澄清,是增进国际认同的重要途径。把历史与现实相结合,注重事实叙事,有理有据地传播中国梦的文明底蕴,在理性认知的过程中逐渐充实话语内容,才能把中国梦建构人类命运共同体和促进世界和平稳定、繁荣发展的正义担当勾勒及呈现出来。

我们要整合中西文化的价值共鸣,在求同存异中拓展跨文化传播的空间。文化是世界各国交流沟通的纽带和桥梁,也是增进友谊和搭建话语平台、融通话语体系的重要载体。中国梦在国际传播中要真正发挥中国传统文化的国际效用,就必须以中西文化的"共同语言"作为切入点,在增进双方认识了解的过程中消除隔阂、拉近距离。当前,国际上某些国家放大、吹捧西方价值理念,通过"普世价值"、"公民社会"、"西方新闻观"等社会思潮包装西方意识形态和进行文化渗透,其实质是为"西方文化中心论"、"西方优越感"传播造势,是西方包藏祸心的话语陷阱。文明没有优劣之分,更无贵贱之别。中国作为世界四大文明古国之一,中国传统文化是人类文明的重要组成部分。在中国梦的国际传播中,必须把持客观公正的传播原则,既不妄自尊大,也不妄自菲薄,创设良好的跨文化传播话语场域,引导人们认识中国梦传播背后不存在中西文化的对立和冲突,而是在融合借鉴中增进共识。

中西文化在价值观念上也具有共鸣和交集,例如重人轻神、追求自由民主等。虽然历史文化传统、风俗习惯、生活方式及语言思维不同,使各国对价值观念在理解认识、表述传播上不尽相同,甚至存在分歧和差异,但并非不可调和。只要在国际传播中寻找世界各国文化的融通点,在交流对话中转换思维,就能够求同存异、彼此欣赏。对于跨文化传播中的牵强附会、差强人意的文化霸权思维只会导致误读误判。增强中国梦国际传播的话语感召力、公信力在于"民相亲"、"心相通"。要运用各种新兴媒介扩大人文传播,举办交流论坛峰会,加强民间交往,促进文化互动传播。中国梦的国际传播不是宣传造势、吸引眼球,而是用中国本土文化去感染、影响世界,彰显中国梦的文化魅力。

我们要转化中国传统文化的软实力思想,构建多维一体的文化传播格局。民族的复兴、国家的崛起不仅仅是依仗经济、国防等硬实力,还需要与之匹配的软实力,尤其是文化软实力。长期以来,中国的文化创造力、价值观的吸引力、制度外交的影响力一直被西方国家诟病。话语权、话语表达、文化辐射力是衡量一个国家文化软实力的重要标准,中国传统文化中的"柔弱胜刚强"、"不战而屈人之兵"等思想理念具有深刻的文化软实力意蕴,对于构筑中国的外交软实力和传播软实力有着现实意义。如何转化中国传统文化的软实力思想、传播中国好声音,是中国梦国际传播的题中之义。"媒体传播在传递信息、传播文化的同时,还承担着弘扬价值理念、道德准则的重要任务。"①例如,通过《百家讲坛》、《中国好诗词》、《论道》等节目能够增强文化传统的传播力,通过微信、微博等公众号推送春节、中秋节等传统节日的祝福、渊源,有利于形成传统文化的传播合力,从而塑造国家文化软实力,以文化的吸纳力、感召力、辐射力为中国梦的传播获取话语优势。

习近平同志在庆祝中国共产党成立 95 周年大会上的讲话中指出:"中国共产党和中国人民从苦难中走过来,深知和平的珍贵、发展的价值,把促进世界和平与发展视为自己的神圣职责。"②中国梦内蕴在中国和平崛起的历史逻辑之中,统筹时空变革,联结世界发展和人类文明,因宽广的视野和深远的意境而更具丰富的国际话语内涵。我们要通过报刊、电视广播等媒介,把中国传统的医药、典籍、艺术等广泛传播,"构建全方位、多层次、宽领域的中华文化传播格局"③,从而在中国特色、中华文明的展示中构筑中国梦的文化软实力,进而提升我国在对外文化贸易、文化交流中的话语权、主动权。

我们要彰显中国传统文化的现代价值,优化国际传播的话语方式和表达。在全球化、信息化时代,各种新兴的物质文明和外来文化对中国传统文化的传承发展造成冲击。不结合时代发展,在"取其精华,去除糟粕"的过程中进行转化创造,那些富有民族特色、历史价值的文化传统就将失去传播力。建构符合中国文化传统、历史逻辑的话语体系,不仅能够增强中国梦国际传播的话语权和说服力,同时也是对中国传统文化现代价值的创造和阐发。无论是儒家的"仁、义、

---

① 孙绍勇.新媒体传播对中国文化软实力建设的价值 [J].中学政治教学参考,2015(8).
② 习近平.在庆祝中国共产党成立 95 周年大会上的讲话 [N].人民日报,2016-7-2.
③ 关于实施中华优秀传统文化传承发展工程的意见 [N].人民日报,2017-1-26.

礼、智、信"五常之道,还是道家的"清静无为",以及法家的"不法古,不循今"、"缘法而治",都仍然对社会进步、国家治理、人类文明具有现代意义。在中国梦的国际传播中,我们要"按照自己的'话语价值'取向构建和形成中国特色社会主义的'叙事框架'、概念体系、语言形式"①。而中国梦的"话语价值"必须立足于历史的继承和传统的转换,在知常达变中发展创新经典话语。

中国传统文化丰富的思想内涵及其开放性,为其以古鉴今、创造转化奠定了基础。在全球化的语境中,中国梦的国际传播既要放眼世界,还要根植传统。根植传统文化语境不是一成不变、断章取义地到传统文化中找答案,而是要抓住它的精神实质全面理解转化。过度地引经据典和用诗词歌赋等传统经典话语来传播中国梦,并非能够显示中国传统文化的博大精深,反而容易产生歧义。是否能够古今结合,达到解惑释疑的传播效果,关键在于话语范式的转换和话语表达的优化。抓住中国传统文化的思想内涵,结合中国发展的具体实践,以通俗易懂、简单直白的话语和方式去传播中国梦的价值理念,才能把经典话语的生命力熔铸到世界话语之中,形成中国风格、中国特色、中国气派的话语范式,增强中国梦的话语力、传播力。

## 三、提出"一带一路"倡议,为全球发展提供新机遇

"一带一路"建设构想是在新的历史条件下对我国合作发展共赢外交理念的深化和实践,也是中国和平崛起对世界发展的贡献。相对于麦金德的"世界岛"理论和斯皮克曼的"边缘地带"理论,"一带一路"建设超越了传统的"霸权"思维和"权力决定利益"的逻辑,不仅为中国与相关地区国家间的合作发展提供多边互动机制和多赢共赢平台,而且有力地促进了国家之间、地区之间主动建立和发展经济合作伙伴关系,打造政治互信、经济融合、文化包容的责任共同体、利益共同体和命运共同体,有效地破解了大国对权力追逐所产生的世界地缘政治冲突难题,实现了国际秩序理论的创新发展和实践突破。

---

① 竹立家. 中国话语要让世界听得懂［J］. 人民论坛,2013(5).

### （一）"一带一路"倡议的多维内涵

如何摆脱传统理论思维,避免因权力争夺而给处于"边缘地带"和"心脏地带"的国家和人民带来苦难,崛起的中国应当有自己的战略思维和新的理论建构。"一带一路"倡议相对于"世界岛理论"和"边缘地带理论"而言可以说是一种伟大的突破超越。2013 年 9 月,习近平同志在参加 G20 峰会和访问中亚四国时,提出了共同建设以政策沟通、设施联通、贸易畅通、货币流通、民心相通为内容的"丝绸之路经济带"战略构想;同年 10 月,他在出访印度尼西亚时,提出中国愿意同东盟国家发展海洋合作伙伴关系,并倡导共同建设以互联互通、讲信修睦、合作共赢、守望相助、心心相印、开放包容为内核的"21 世纪海上丝绸之路"战略构想。2014 年,"一带一路"倡议成了当年《国务院政府工作报告》的重要内容之一。2015 年,习近平同志和李克强同志多次出国访问,积极推动"一带一路"建设,把这一战略构想提升为新时期中国与周边各国加强合作、共同发展的国家战略和重要举措。"一带一路"倡议丰富多元的内涵和科学务实的理念使其逐步推向全世界,正在由构想转变为现实。

第一,务实共赢的经济发展。"一带一路"倡议将亚洲、欧洲、非洲的广大地区联系到一起,覆盖沿线 40 多个国家,惠及周边 40 多亿人口,经济总量超过 20 万亿美元。从资源富集情况来看,"一带一路"沿线的区域是全球最主要的能源和战略资源供给地,地区和区域之间的资源互补性较强。而从比较优势来看,"一带一路"沿线国家发展层次不一,各具优势,其在农业、工业、科技、交通运输和服务业方面具有广阔的经济技术合作空间和发展潜力。"一带一路"建设是一条没有边界的经济快速路,"带"和"路"没有边缘,是一个集多元、开放、务实、共赢为一体的经济合作发展平台。毋庸置疑,推进"一带一路"建设有利于促进地区之间、国家之间的互利互惠和合作共赢,是推动沿线国家经济社会持续健康发展的善举,也是顺应经济全球化,符合中国经济发展要求,为世界各国(包括区域外大国)经济发展提供机遇、创造机会,带动亚非欧经济发展的大计。"一带一路"倡议不仅立足于各国经济发展的现实利益,更关照到各国的长远利益。

第二,包容互信的政治融合。政治互信、政策沟通是"一带一路"倡议实施的纽带和桥梁。虽说大国是国际地缘战略格局的主导者,但"一带一路"充分彰显了中国的政治文明和包容的姿态。每个国家在建设实施过程中都有着不同的政策导向，存在政治上的分歧，只有加强沟通和融合才能增进政治互信，求同存异，达成共识，有效化解纷争和障碍，为"一带一路"建设提供强有力的政治保证和支撑。从国际政治发展历史来看，欧亚大陆是世界政治舞台的中心，虽然"一带一路"主要立足于经济合作和人文交流，但不可避免地会涉及政治、安全等方面。我国已明确表明政治立场，在"一带一路"倡议实施过程中，不会干涉他国内政和经营势力范围，更不会"拉帮结派"、结成政治联盟、推行强权政治。通过经济合作和人文交流，势必会消除各国政治间的隔阂和误解，增强彼此之间的理解、包容、信任和融合。同时，"一带一路"倡议对于维护我国的政治安全也具有重要的现实意义。毛泽东同志曾说："不能靠送礼的办法拉友谊，友谊要靠政治。"①这一主张也就是习近平所强调的坚持"正确的义利观"。"一带一路"倡议的实施能够增强中国的政治话语权，深化中国与各国、各地区的战略伙伴关系。

第三，跨越时空的文化传承。我国古代就有鉴真东渡、玄奘西游、张骞出使西域、郑和下西洋等对外交流的佳话，并开创了海上丝绸之路和陆上丝绸之路。古代丝绸之路不仅仅传递中国的丝绸、瓷器等特产，世界各地的物种也传播到中国，而且还通过舞蹈、音乐、绘画、宗教等途径促进了中外文化的交流，加深了不同民族和国家间的文化、文明的交流借鉴。在新形势下，新一代领导集体提出了"一带一路"倡议，充分把我国古代"丝绸之路"千年以来文化交流传播的文明传统继承发扬，并赋予了新的时代含义。"一带一路"倡议所倡导的文化内涵与古代"丝绸之路"所倡导的和平、友谊、交流、繁荣相通相应。2015 年 3 月 28 日，我国发改委、商务部和外交部联合发布了《推动共建丝绸之路经济带和 21 世纪海上丝绸之路的愿景与行动》这一重要文件，并指出："千百年来，'和平合作、开放包容、互学互鉴、互利共赢'的丝绸之路精神薪火相传，推进了人类文明进步，是促进沿线各国繁荣发展的重要纽带，是东西方交流合作的象征，是世界各国共有的历史文化遗产。"②这充分表明"一带一路"倡议具有丰厚的文化底蕴，是一种抽象意义上跨越时空的文化符号，是对中华文化和人类文明的传承和传播。

第四，多边互动的外交谋略。"一带一路"倡议不只是中国独善其身的战略，

---

①　中共中央文献研究室.毛泽东年谱(一九四九—一九七六)(第 5 卷)[M].北京:中央文献出版社,2013:489.

②　和平合作　开放包容　互学互鉴　互利共赢[N].人民日报,2015-3-30.

更是兼济天下的大业。它秉承了中国始终坚持的与邻为善、以邻为伴的理念，在平等互利的前提下深化和落实"和平、合作、发展、共赢"的外交政策，是新时期我国"周边外交"理念的延伸。在世界多极化、经济全球化的大背景下，世界各国更加紧密地联系在一起。中国携手各国共建利益共同体、责任共同体、命运共同体，不仅为本地区创造福祉，更是通过扩大沿线国家各个领域的务实合作，实现国与国、地区之间的联动发展。从多边外交的角度来看，"一带一路"倡议体现了中国敢于担当的国际道义精神。随着中国的发展和崛起，我国将以实际行动来承担更多的大国责任和担当，搭建互惠互利的载体和平台，深化各国之间的通力合作，形成合力发展、优势互补、权责共担、多边互动的国际外交局面。同时，我国通过实际行动，以"一带一路"作为典型示范，欢迎世界各国搭载中国的"便车"，在与世界各国同舟共济、共同繁荣发展的过程中充分证明中国的和平崛起和发展壮大必将造福人类，成为维护世界和平、推动世界进步的中坚力量，真正把中国梦与世界梦融为一体。

### （二）"一带一路"倡议的本质

麦金德的"世界岛"理论与斯皮克曼的"边缘地带"理论的目的是服务于大国对权力利益的追逐。"一带一路"倡议与二者的本质区别在于"一带一路"倡议的根本目的是实现合作共赢。无论世界格局怎样变化，"心脏地带"和"边缘地带"始终是地缘政治的角斗场，嵌入"心脏"、突破"边缘"无疑会使中国卷入大国地缘政治权力争夺的漩涡，但中国合作共赢的价值追求顺应了世界发展的潮流。通过"一带一路"建设为国家和地区之间创设平等自愿、互利互惠、务实合作的机制和平台，以多边参与和实际行动来否定"国强必霸"的理论逻辑，不仅是提升我国国家形象和国际话语权的需要，也是中国和平崛起和走向伟大复兴必须经受的考验。

第一，"一带一路"建设的逻辑基点是合作共赢。"一带一路"所倡导的是合作共赢、共同发展的战略，其主要特征是开放性、包容性、合作性。与麦金德的"世界岛"理论和斯皮曼克的"边缘地带"理论所提出的世界格局和背景不同，当今世界全球化、信息化不断加深，国家、地区之间的相互依存更加紧密，一个国家或地区的稳定和发展与其他国家、地区的发展密不可分，各个国家、地区只有加强合作,才能实现长远发展。"一带一路"倡议没有排他性的制度设计,不经营势力范围,也不针对谁,是一项合作共赢、完全开放的"顺风车",只要有合作意愿的国家和地区都可以参与进来。这也是近 60 个国家明确表示积极支持和参与"一带一路"倡议的原因。中国倡导成立的亚投行和丝路基金,获得了多个国家的支持,就充分体现了"一带一路"倡议的和平友好、开放包容的理念。"一带一路"倡议是中国探索出的具有中国特色的合作共赢发展模式,它通过共同投资、贸易、援助等方式,以政策沟通、设施联通、贸易畅通、货币流通和人心相通为目标,解决发展中国家基础设施的短板。与"世界岛"理论和"边缘地带"理论称霸世界、统治世界、排他性的权力追求相比,"一带一路"倡议在逻辑起点和根本属性上有着本质区别。

第二,"一带一路"倡议的根本原则是自主平等。平等自愿、相互尊重和互不干涉内政是中国外交的根本准则。在"一带一路"倡议实施过程中,中国秉持长期以来的和平、自主、平等的外交原则,在与沿线各国开展合作的过程中充分尊重其自主权,并一视同仁,没有任何附加条件。2014 年 11 月 8 日,习近平同志在加强互联互通伙伴关系对话会中强调:"我们要塑造更加开放的亚洲经济格局,尊重各国主权和领土完整,照顾各方舒适度,不强人所难,不干涉他国内政。"[①]"一带一路"倡议坚持的基本原则是"共商、共建、共享",沿途各国自主、自愿、平等参与,各个国家和地区可以自由地根据本国的利益自主做出决定和判断。它所追求的是各成员国和地区之间的发展战略对接,从根本上体现和保证了伙伴国参与、合作的自主性和平等性,同时,也是长期以来中国始终坚持的平等互利原则在新形势下中国与国际社会合作谋发展、合力促和谐的成功实践和发展。与"世界岛"理论和"边缘地带"理论强调强国独尊、不顾广大弱小国家的意愿和利益相比,"一带一路"倡议充分凸显出了中国的担当与道义。

第三,"一带一路"倡议的价值生成是躬行践履。"一带一路"倡议理念鲜明、目标明确、规划有序,是获得沿途广大国家支持和认同的合作战略,也是中国践行正确义利观的实际举措。同时,中国通过行之有效的躬行践履让伙伴国看到了这一战略不是空谈,而是务实合作的实干和深化发展的实践。从 2013 年提出

---

① 习近平在"加强互联互通伙伴关系"东道主伙伴对话会上的讲话 [OL]. 新华网,http://www. chinawriter. com. cn 2014－11－09.

"一带一路"倡议至今,习近平同志的足迹遍布中亚、南亚、西亚、北非、中东欧等地,并在出访他国和参加重要外交活动等场合都大力推广、宣介这一战略,身体力行地推动这一战略构想的发展实践。到目前为止,"一带一路"倡议与蒙古国的"草原之路"战略、哈萨克斯坦的"光明大道"、欧洲的"容克投资计划"等沿线国家和地区的战略规划形成了对接,与俄罗斯、匈牙利、新加坡等伙伴国签订了一系列合作文件,有效地推动和保证了"一带一路"倡议下各个领域务实合作的有序开展。此外,中国商务部的数据显示,仅 2015 年 1 月到 9 月,"中国与'一带一路'沿线国家双边贸易总额达到了 7 428 亿美元,占同期中国进出口总额的 25.6%。在吸收外资方面,'一带一路'沿线国家对华投资设立企业 1 604 家,实际投入外资金额 61.2 亿美元,同比增长 18.4%。在对外投资方面,中国企业共对'一带一路'沿线的 48 个国家进行了直接投资,合计 120.3 亿美元,同比增长 66.2%"①。合作项目的有力开展、相关数据的统计,强有力地说明了"一带一路"倡议成效显著,其内在的理念、原则得到了实践和检验。因此,"一带一路"倡议与"世界岛"理论和"边缘地带"理论有着天壤之别的务实性和现实性。

### (三)"一带一路"倡议实践发展的现实意义

"一带一路"倡议内涵丰厚、意义深远,不论是从地缘政治的角度,还是从和平与发展主题背景下的国际社会变革发展来看,都具有深刻的现实意义。从理论层面来讲,"一带一路"倡议丰富和发展了马克思主义的国际秩序理论,超越了西方传统的国际秩序理论,是新时期中国融入世界的理论演进。从实践层面来看,"一带一路"倡议对于中国主动融入世界的发展、统筹国际国内两个大势、贯彻落实"四个全面"战略布局和实现中国梦具有重要的现实价值。

1. 理论层面

(1)"一带一路"倡议是对马克思主义国际秩序理论的创新发展。马克思主义的国际秩序理论以批判霸权主义、资本主义及维护世界和平为基本立场。"一带一路"倡议具有宽广的理论视野,极具时代性和创新性,是中国化马克思主义国际秩序理论的新成果。从国际秩序的立场来看,"一带一路"倡议的立足点是世界主义的,符合多数国家、多数地区利益,而诸如麦金德的"世界岛"理论和斯

① 伊晓宇."一带一路"的势头有多猛?[N].人民日报(海外版),2015-11-20(4).

皮克曼的"边缘地带"理论都是狭隘的国家主义和霸权主义。当前,国际舆论和一些西方媒体对中国的发展崛起带有疑虑和戒备,甚至是敌意,使得"中国威胁论"甚嚣尘上。"一带一路"倡议的实施以实际行动向世界证明中国的崛起为世界的文明和发展创造的是机遇和福祉,而不是扩张和威胁。马克思认为:"一切历史冲突根源于生产力交往形式之间的矛盾。"①"一带一路"倡议有力地促进了国家和地区之间的经济、政治、文化各方面的交流与合作,有助于缓和国际阶级矛盾,与马克思主义倡导的实现国家的解放和人类的解放相吻合,与我国长期坚持和倡导的国际秩序原则和理念相一致,对于提升我国的国际话语权、完善我国的国际交往话语体系、深化国际秩序理论具有深刻的现实意义。

(2)"一带一路"倡议是对西方传统地缘政治理论的突破超越。西方传统的国际秩序理论从诞生起就打上了冲突与对抗的烙印,成了西方国家对外扩张和殖民统治的理论工具,并把国际政治的最终目的界定为追逐权力和利益,即一个国家控制他国的能力。无论麦金德的"世界岛"理论还是斯皮克曼的"边缘地带"理论都难以摆脱这一理论思维的窠臼。传统地缘政治理论过分强调地理位置环境因素的作用而往往忽视了其他因素对国际秩序的影响,例如政治、经济、文化、外交政策等因素。"一带一路"倡议突破了这一理论思维定式,以合作共赢摆脱了中小国家在大国地缘政治争夺中沦为牺牲品的命运,实现了国际秩序理论的创新和超越。它从促进国际政治、经济、文化交流合作的角度,把共享和发展的理念融入国际秩序,以发展、实现、维护共同利益来化解国际纠纷、缓和地区冲突和矛盾,是对传统地缘政治理论中的国家中心论、强权政治和霸权主义的颠覆和回应。这一战略的实施为中国这样的后起大国的崛起从理论和行动上打破了"国强必霸"的顾虑,有助于建构新的国际秩序,有效化解美国"重返亚太"和所谓"亚太再平衡战略"给中国所设的战略困局,对维护世界和平、促进世界发展、和谐国际秩序有着别具一格、高屋建瓴的新意。

2.实践层面

(1)"一带一路"倡议是新时期中国主动融入世界的重大创举。从毛泽东同志的"打扫干净屋子再请客"、"一边倒",到邓小平同志的"韬光养晦",江泽民同志的运筹大国关系、着眼地缘战略、开展多边外交,再到胡锦涛同志的"和谐世

---

① 　马克思恩格斯选集(第1卷) [M].北京:人民出版社,1972:81.

界"理念,都表明中国是主动融入世界的。"一带一路"倡议进一步推进了我国融入世界的步伐,是我国主动应对国际形势深刻变化、统筹国内国际两个大局做出的重大战略决策,是关乎未来中国改革发展、世界繁荣进步及创造良好的外部环境来实现中华民族伟大复兴中国梦的现实举措。"一带一路"倡议能够加快推进区域经济一体化,促进世界经济的升级转型,激发地区和国家之间的发展活力与合作潜力。习近平同志强调:"'一带一路'贯穿欧亚大陆,东边连接亚太经济圈,西边进入欧洲经济圈。无论是发展经济、改善民生,还是应对危机、加快调整,许多沿线国家同我国有着共同利益。"①无论是经济、贸易、科技发展,还是政治、文化融合都在战略实施中落地生根,发挥实效。亚投行、金砖国家投资开发银行、丝路基金的成立,以及各项重大合作项目的实施,真正印证了中国亲、诚、惠、容的睦邻政策,同时也切实完善了我国全方位、多层次的国际对话渠道和合作机制,促进中国梦与亚洲梦、世界梦的联通与融合。

(2)"一带一路"倡议是中国致力于人类命运共同体建设的新征程。中国共产党的十八大报告明确指出:"合作共赢,就是要倡导人类命运共同体意识,在追求本国利益时兼顾他国合理关切,在谋求本国发展中促进各国共同发展,建立更加平等均衡的新型全球发展伙伴关系,同舟共济,权责共担,增进人类共同利益。"②"一带一路"倡议的核心理念和实践宗旨就是通过倡导落实合作共赢打造人类命运共同体。"一带一路"倡议作为全面深化改革、实现中国梦的重要战略之一,其目的就在于通过深化拓展与世界各国的交流合作,把中国的发展融入世界的发展,以世界的发展更深层次、宽领域地促进中国的发展,为中国梦与世界梦的融通和打造人类命运共同体搭建坚实的桥梁及夯实物质基础和合作关系。"一带一路"倡议的实施有助于国际社会在实践基础上增进对我国"人类命运共同体意识"的认同,从现实可行的条件和操作上推动发展人类命运共同体的建构。习近平同志强调:"中国倡导人类命运共同体意识,反对冷战思维和零和博弈。"③"一带一路"倡议将以机遇创造和利益最大化为打造人类命运共同体探赜索隐、钩深致远,无疑是顺应世界发展大势、破除冷战热战思维、惠及世界各国的新征程。

① 建"一带一路"待沿线国亲诚惠容[N].人民日报,2014-11-7.
② 胡锦涛.坚定不移沿着中国特色社会主义道路前进 为全面建成小康社会而奋斗[M].北京:人民出版社,2012:45-46.
③ 习近平.在庆祝中国共产党成立95周年大会上的讲话[N].人民日报,2016-7-2.

习近平同志在 2015 年博鳌亚洲论坛年会上指出:"'一带一路'建设秉持的是共商、共建、共享原则,不是封闭的,而是开放包容的;不是中国一家的独奏,而是沿线国家的合唱。"①"一带一路"倡议彰显国际道义、顺应时代潮流和世界大势,这一战略的实施搭建起了中国主导的各国家和地区之间经济上互惠互利、共同发展,政治文化方面友好平等、融合互信,共创人类文明的纽带和桥梁,再次证实了中国的发展离不开世界,但中国的发展和崛起也必将惠及世界。"一带一路"倡议是促使中国和平发展道路理念更加实至名归和利益共同体向人类命运共同体转变飞跃的实质性举措。习近平同志强调:"中国主张各国人民同心协力,变压力为动力,化危机为生机,以合作取代对抗,以共赢取代独占。"②"一带一路"倡议是对西方传统地缘政治理论的突破超越,这种突破超越本质上是中国坚持走和平发展道路国际战略的创举和实践。这一战略的实施打破了权力追逐、实力对抗的大国崛起传统模式,为国际社会的合作发展开辟了广阔的前景,对化解地缘政治冲突、推动国际社会的发展合作及人类的文明进步具有世界性的意义。

## 四、秉持多边主义,促进世界各国共同繁荣发展

1815 年,欧洲协调机制是多边主义的最早雏形。英、俄、法、普、奥五国通过多边协商,维护欧洲安全与秩序,但仅仅局限于大国协商,存在缺陷。"二战"后,多边制度广泛建立,政府间国际组织日渐增加。1909 年,全世界有 37 个政府间国际组织,2005 年已增加到 5 900 多个,如联合国、国际货币基金组织、世界银行就是多边制度典型代表。而冷战结束以来,全球资本主义的特征是美国"独占垄断权",其他强国和大国无意亦无力与美国全面抗衡,个别国家(如日本)等曾试图在经济和科技上挑战美国的"垄断权",但最终一败涂地,后来欧元的出现,也未能动摇美国霸权。在军事方面,海湾战争、科索沃战争、阿富汗战争、伊拉克战争、利比亚战争、叙利亚战争等更加助长了美国的单边主义和霸权主义气焰。借助于经济、军事、政治寡头垄断同盟及文化软实力,美国在全球推销"普世价值",

---

① 推进"一带一路"建设 [N].人民日报,2015－12－11(7).
② 习近平.在庆祝中国共产党成立 95 周年大会上的讲话 [N].人民日报,2016－7－2(2).

煽动别国街头政治和颜色革命,同时通过制造发展中国家的债务危机和金融危机,打开他国金融开放的大门。而当其主导的全球治理体系遭遇挑战时,美国就发动贸易战、科技战、金融战和经济制裁,甚至威胁或实际发动军事打击。其中,美元、美军与美国文化是美国霸权主义的三大支柱,并形成互相配合利用的"硬实力"、"软实力"、"强实力"(经济制裁)、"巧实力"①。联合国、国际货币基金组织、世界银行等国际多边组织受美国等大国掌控,具有自上而下、霸权主导等维持现状属性,在合法性与民主性方面具有缺陷。如果西方大国因自身利益而拒绝支持,则多边制度的合法性就遭到削弱。战后国际制度具有等级化特点,缺乏民主机制。

环顾全球,只有霸权国家才能借助自身的经济、政治和军事实力将不发达国家创造的部分剩余价值转变为自己的国民财富。因此,新帝国主义垄断资本积累的结果在全球表现为一极是中心国家总财富和洁净(生态环境财富)等的积累,另一极是众多外围国家相对贫穷、污染等的积累。2017 年,作为中心国家的七国集团国内生产总值高达 36.73 万亿元,占全球的 45.5%②。瑞信发布的《全球财富报告 2013》显示,世界上最富有的 85 人所拥有的财富,相当于世界上底层 35 亿人的资产总和,也就是半数人类的总财富③。美国是全球最大的寄生性和腐朽性国家,依靠美元、军事、知识产权、政治和文化霸权等掠夺全球特别是发展中国家的财富。以中美之间的贸易为例,中国把利用廉价劳动力、土地、生态资源生产出来的商品卖给美国,美国无须生产这些商品,只需印钞票即可。然后,中国把赚来的美元又去购买美国国债,为美国的过度消费和借贷消费融资。美国输出到中国的是不能保值增值的债券,而中国输出到美国的主要是实体性商品和劳务。中国科学院国家健康研究课题组发布的《国家健康报告》显示:美国是全球获取霸权红利最多的国家,中国是全球损失霸权红利最多的国家。2011年,美国霸权红利总量 73 960.9 亿美元,占 GDP 的比例达到 52.38%,平均每天获取的霸权红利为 202.63 亿美元。而中国总计损失 36 634 亿美元,若按劳动时

---

① 程恩富,李立男. 马克思主义及其中国化理论是软实力的灵魂和核心 [J]. 马克思主义文化研究,2019(1).

② The World Bank. GDP ranking [OL]. https://datacatalog. worldbank. org/dataset/gdp-ranking.

③ https://publications. credit-suisse. com/tasks/render/file/? fileID = BCDB1364 - A105 - 0560 - 1332EC9100FF5 C83,2013 - 7 - 5.

间计算,中国劳动者有 60% 左右的工作时间是在无偿为国际垄断资本服务。[①]

传统的多边主义国际制度已不能适应全球化发展的要求,新多边主义概念呼之欲出。加拿大国际政治经济学家罗伯特·考克斯提出,美国霸权走向衰落,国际秩序将走向新多边主义,"这种国际秩序是一种社会更平等、国家与社会群体间权力高度分散、重视生态层面、相互承认不同文明并且以协调和和平的方式解决彼此争端的后霸权秩序"[②]。他认为全球治理的模式有三种,即霸权主导的多边主义、扩散的多边主义和新多边主义。随着全球市民社会自底层的兴起,新多边主义将在全球层面重构公民社会和政治权威,自下而上地建立全球治理体系。

随着经济实力和综合国力的显著增强,我国日益走向世界舞台的中央,国际影响力显著增强,但同时所面临的国际战略压力和发展前进遭遇的阻力也越来越大,最主要的就是霸权主义、强权政治和新干涉主义。无论过去还是现在,我们都要充分估计国际矛盾和斗争的尖锐性,反对新老殖民主义(目前世界上发达资本主义国家仍然保留数十处殖民地)和霸权主义。对以美国为首的全球和地区霸权主义国家,该合作的要合作,该斗争的要斗争,这是我国引领公正的经济全球化、共同塑造国际新秩序和维护国际共同安全的客观需要。2016 年 1 月,习近平同志在埃及媒体发表署名文章写道:"近代以来,中埃两国人民在反殖民、反霸权的斗争中同声相应、同气相求。60 多年前,在万隆会议上,周恩来总理同纳赛尔总统的手紧紧握在一起,中埃两国由此携手合作,迈上共同维护广大发展中国家权益的征程。"[③]

中国以天下为公的胸襟,将自身利益与世界利益有机结合起来,在维护自身利益的同时推动世界各国共同繁荣和进步。中国积极参与全球治理变革,保持既有理又有礼的大国风度,塑造了温和自信的国际形象。例如,生态危机是全球性问题。中国主张人类应该遵循天人合一、道法自然的理念,寻求可持续发展之路。中国积极倡导绿色、低碳、循环、可持续的生产和生活方式,不断开拓生产发展、生活富裕、生态良好的文明发展道路。再如,中国致力于推动经济全球化进

---

①　杨多贵,周志田等.国家健康报告第 1 号[M].北京:科学出版社,2013:217.

②　樊勇明.西方国际政治经济学(第 3 版)[M].上海:上海人民出版社,2017:39.

③　习近平.让中阿友谊如尼罗河水奔涌向前[OL].http://www.gov.cn/xinwen/2016-01/19/content_5034530.htm.

程更有活力、更加包容、更可持续,支持建立开放、包容、透明、非歧视性的多边贸易体系,倡导建立公正合理的国际政治经济新秩序。中国以融入现有国际秩序为基础,积极推进全球治理改革完善。中国对全球治理的积极态度,有助于世界各国明确方向、凝聚共识、增强信心。

展望未来,超越霸权治理、实现全球经济政治的民主治理,任重而道远。为了提升现时期全球经济政治的民主治理水平,必须首先改革联合国及国际货币基金组织等国际机构,构建联合国主导型治理框架。应改革联合国安理会的构成和机制,增加发展中国家的理事名额,激励世界各国和地区政治实体共同参与全球事务决策,提高其代表性和决策效率;应改革国际货币基金组织和世界银行的代表机制和表决权等,改变少数富国对重大决策拥有否决权的现状,制定更有效的金融规则和危机处理机制,加强对全球资本流动的监管;应改革世界贸易组织及其规则,保证发展中国家更多地参与决策并从中受益,确保贸易活动不损害民族利益和劳工权益;应尽快确立全球统一的货币即"世元"、全球统一的语言即"世界语";取消美国控制下的北约和某些国际法律机构,重新建立联合国领导下的维和部队和国际法律机构。只有这样,才能重新建立一种各国共同负责的全球经济政治文化新秩序,公正发展经济全球化、政治民主化、文化多样化、军事自卫化。

面对现实,发展中国家若要更好地维护本国及世界劳动者的利益,就必须加强合作。合作对象有哪些呢?一是发展中国家之间的合作。比如说在气候会议上,中国、印度等国家就要加强合作,从而对美国这样一个要搞"气候霸权"的国家起到遏制作用。我们越是团结得好、合作得好,就越能最大限度地维护发展中国家人民的利益。二是加强政党之间合作。现在是政党政治,尤其是对那些共产党或左翼党没有掌权的国家,只能通过政党的合作在国际上造舆论,使得各国的右翼力量受到遏制,国际社会因此而进步。三是加强全球工会的合作。因为除了共产党、左翼政党外,工会也是代表工人阶级、维护劳动者利益的一支重要力量。四是世界的马克思主义学者和左翼学者的合作。因为他们掌握一定的话语权,可以从学术和政策研究及舆论方面,来促进世界更加和谐。媒体如果单独拿出来,就是第五个要合作的力量。中国要打破西方的政治封锁,打破他们在新疆、西藏、台湾等问题上丑化、妖魔化中国的局面,就必须加强与世界各国媒体的团结合作。中国现在外汇很多,媒体也很多,中国大的媒体集团应该主动地走出去,促使世界客观报道中国,维护世界公众的利益。当然美国等肯定会极力反对,那么,我们要以其人之道还治其人之身,指出其虚假的经济自由和新闻自由。

# 第六章

# 推动国际经济秩序合理化的中国实践

以"美国利益优先"、"美国领导世界"、"西方中心论"为主要价值取向的国际秩序理念，渗透着浓厚的霸权主义、强权政治以及冷战思维，造成恐怖主义、贫富差距、局部战争等肆意蔓延，越来越不适应时代潮流。纵观中华人民共和国 70 多年来的对外交往历程，我国经常遭到以美国为首的西方国家的打压。而在对外交往中，我国既不会以牺牲他国利益为代价换取自身发展机会，也决不允许他国为其私利而损害中国正当利益，始终秉持独立自主、平等往来的原则。中国倡导建设人类命运共同体，就是以平等相待精神同世界各国同呼吸共命运，为人类前途贡献中国智慧和中国方案。在促进"一带一路"国际合作方面，我国倡导构建丝绸之路经济带和 21 世纪海上丝绸之路，就是要把我国发展同沿线国家和地区，进而同整个世界紧密连接起来，打造一条和平、繁荣、开发、创新与文明之路，传播中国坚持和平发展的福音。在推动国际经济秩序合理化的过程中，中国不仅积极倡导符合国际经济秩序合理化的共同理念，而且在实践中和行动上积极践行推动国际经济秩序合理化的中国理念，同世界其他国家一道，共同推动国际经济秩序合理化进程。

## 一、深化同发展中国家的合作，维护弱小国家利益

冷战结束后，尽管国际局势发生了巨大变化，但发展中国家始终是国际社会

不容忽视的力量。发展中国家对解决贫困、谋求发展以及建立国际政治经济新秩序要求强烈,它们力量的逐步壮大,是第二次世界大战以来国际秩序的重大变化。尽管目前发展中国家还面临诸多困难和问题,但作为一个整体,其政治和经济实力及世界影响都在增大。特别是在反对霸权主义和强权政治,推动建立公正合理的国际政治经济新秩序方面,发挥着越来越重要的作用。中国作为世界上最大的发展中国家,其经济改革、发展道路对第三世界国家具有很大的借鉴意义。同时,冷战结束后西方国家把"和平演变"社会主义的目标锁定在中国身上,中国也更加需要第三世界国家的支持。

2008 年国际金融危机以来,随着危机的不断深化,南北各大国之间,尤其是广大第三世界国家合作的增强,这应该也有可能成为未来世界发展的主流。2012 年 7 月 19 日至 20 日,我国就与 50 个非洲国家的外长和负责经济合作事务的部长及非洲联盟委员会主席在北京召开了中非合作论坛①第五届部长级会议。据数字统计显示,进入 21 世纪以来,中非双方在政治、经济、文化等领域的合作达到了前所未有的广度和深度。目前,中国已经成为非洲最大的贸易伙伴。可以预见,只要战略制定与实施无误,中国与世界广大发展中国家(即第三世界国家)的合作一定会出现新局面。只有这样,才能真正做到逐步削弱全球范围内的霸权主义和强权政治行径,逐步推进国际经济秩序合理化。就当下来说,中国在加强同第三世界国家的团结合作时,应着重注意以下方面:

第一,利用联合国等国际组织舞台加强与发展中国家的关系。联合国等国际组织是重要的多边交往舞台,在国际政治、经济中具有重要作用和地位。为此,以下几个方面是我们需要做到的:(1)作为第三世界国家在联合国安理会中的唯一常任理事国,中国要为第三世界国家说话,维护第三世界国家的总体利益;(2)在世界贸易组织、世界银行、全球环境基金等国际组织或条约机构内,中国应加强与其他发展中国家的团结合作,积极参与决策制定,维护和争取发展中国家的权益;(3)中国要敦促发达国家履行承诺,采取具体行动,在资金、技术等方面帮助发展中国家克服困难和实现发展。

第二,建立完善协调机制。从国际范围来看,要加强联合国有关机构在经济

---

① 2006 年 10 月,在北京召开了有 48 个非洲国家元首、政府首脑或代表,非洲联盟委员会主席及地区和国际组织代表参加的中非合作论坛。 这是发展中国家加强合作的重要成果。

合作方面的作用,应欢迎由联合国牵头建立全球范围的国际南南合作委员会,下设专家组,各发展中国家设立国内协调机制,并配备专项南南合作基金来推动和执行南南合作项目。从国内看,鉴于国内涉及南南合作的部门较多,例如外交部、商务部、科技部、农业农村部、卫健委、教育部等,建议在时机成熟时成立南南合作协调统一的机构。例如"中国南南合作事务局"或"中国国际发展合作署",以便统一职能、统一计划活动与安排资金。建议外交部和商务部可以牵头先搞一个"部际协调机制",下设"南南合作促进中心(或办公室)",具体负责项目实施工作。

第三,与援外工作相结合。多年来,中国向大量发展中国家提供了物资、技术和资金援助,派遣大量专业技术人员,开展科技和经济合作。国家用于援外的资金不少,但由于部门分割,彼此沟通少,项目重复,资金分散,影响了援外资金发挥更大的效果。可建立"中国国际发展合作基金",在完善与发展中国家协调机制的基础上,把分散于各部门的资金适当集中,把计划与资金使用统一起来,并把中国南南合作纳入国家发展与改革体系中,以此进一步促进与发展中国家的合作。

## 二、借助新兴大国力量调整,推动国际秩序的变革

现行的国际机制和规则大多是由西方发达国家主导建立的,在很多方面不利于新兴国家和发展中国家的发展。2008 年国际金融危机之后,以"金砖五国"为代表的一批新兴发展中国家快速发展,广大发展中国家总体力量不断增强,成为多极化趋势的主要动力和重要标志。2015 年 7 月,由中国牵头,与巴西、俄罗斯、印度和南非共同筹建了"金砖国家"新开发银行,其"主要目标就是推进五个国家的可持续发展"。同时,"金砖五国"建立的亚洲储备资产安排——应急储备安排正式投入运营,其职能为"应对短期国际收支压力,提供相互支持,并进一步加强金融稳定;应急储备安排将为补充现有的国际货币和金融安排、加强全球金

融安全网做出贡献"①。

习近平同志指出:"世界只有一个体系,就是以联合国为核心的国际体系。只有一个秩序,就是以国际法为基础的国际秩序。只有一套规则,就是以联合国宪章宗旨和原则为基础的国际秩序基本准则。联合国应该高举真正的多边主义旗帜,成为各国共同维护普遍安全、共同分享发展成果、共同掌握世界命运的核心平台。要致力于稳定国际秩序,提升广大发展中国家在国际事务中的代表性和发言权,在推动国际关系民主化和法治化方面走在前列。"②西方相对力量优势的弱化,新兴国家的日益崛起,正在改变着世界权力的结构。新兴国家凭借自身实力的上升,力图向国际政治舞台中心逼近,它们强烈呼吁改变传统西方大国长期主导各种重大国际制度的局面,成了全球治理的重要参与者和建设者。现在几乎所有重大国际问题,诸如反恐问题,伊朗、叙利亚和朝鲜半岛问题,地球温室效应,金融和能源危机等事关全球安全和发展全局的关键问题,如果没有新兴大国参与,一切都难以解决。新兴大国日益成为维护和促进世界和平与发展的重要支柱和中坚力量。

中国作为新兴经济体中人口最多、经济发展速度最快、经济规模最大、对世界经济贡献最大的国家,要积极推动国际经济秩序合理化的进程,一方面要充分利用自身优势,积极协调以中俄为核心的新兴经济体关于全球治理机制改革的主张和立场;另一方面要加强与新兴国家的沟通与合作,加大对新兴经济体的外交力度,共同推进新兴经济体在改革全球治理机制上的主张和利益,使全球治理体系朝更加合理、公正的方向发展。

当前,中国在协调新兴经济体力量,推进国际经济秩序合理化,特别是全球金融治理改革上的协调行动已经进行了一定的实践。国际金融体系改革应遵循全面性、均衡性、实效性三大原则,目标是建立一个公平、公正、包容、有序的国际金融新秩序。在治理目标上,推动经济全球化朝着均衡、普惠、共赢方向发展。在治理主体上,全球经济治理应该由世界各国共同参与,国家不论大小、强弱、贫富都应该以平等身份参与治理过程,享有相应的代表性、发言权和决策权。近年来,中国在协调新兴大国,推动全球治理体系改革上做出了积极的努力。鉴于当

---

① [美]埃斯瓦尔·S.普拉萨德.赢得货币战争人民币国际化路线图,助推"一带一路"与中国的未来[M].刘寅龙,译.北京:新世界出版社,2018:224.
② 习近平.坚定信心 共克时艰 共建更加美好的世界[N].人民日报,2021-9-22(2).

下新兴大国内部在贸易、汇率乃至联合国安理会改革等问题上还存在一些分歧和不同看法，因此中国需要进一步加强与新兴大国的沟通与协调，求同存异，共同推进新兴大国及发展中国家在改进全球治理体系中的主张和利益，抵制霸权主义和强权政治，推动国际经济秩序朝着更加合理化的方向发展。

## 三、坚持走和平发展道路，推进"一带一路"建设

"和羹之美，在于合异。"世界的多样性是人类文明的基本特征。历史反复证明，开放带来进步，封闭导致落后。不同的文明要取长补短、共同进步，让文明交流互鉴成为推动人类社会进步的动力，成为维护世界和平的纽带。

中国从一个积贫积弱的国家发展成世界第二大经济体，靠的不是对外扩张、殖民主义、黑奴贸易、"圈地运动"和强权政治，而是人民的辛勤劳动、艰苦奋斗。中国不寻求一枝独秀或一家独大，而是致力于同世界各国的共同发展，实现全人类的共同利益，共享人类文明进步的成果。中国越发展，对世界的和平与发展就越有利。一个日益繁荣和强大的中国出现在全世界面前，不仅有利于维护中国人民的利益，而且必将为增进世界人民的共同福祉发挥更大的作用、做出更大的贡献。中华人民共和国成立以来，中国在致力于解决自身问题的同时，积极与世界各国开展合作，力所能及地向广大发展中国家提供不附加任何政治条件的援助，从"1950 年至 2016 年，中国累计对外提供援款 4 000 多亿元人民币……国际金融危机爆发以来，中国经济增长对世界经济增长的贡献率年均在 30％以上"[①]。中国发展得益于国际社会，也愿意以自己的发展为世界各国的发展做出贡献。中国人民深知实现国家富强和民族振兴的艰辛，对各国人民取得的发展成就都加以点赞，都为他们祝福，都希望他们的日子越来越好。中国不会犯"红眼病"，不会抱怨别人从中国的发展中获得了好处。中国将继续奉行开放包容的政策，将自身的发展机遇同世界各国分享，也欢迎世界各国搭乘中国发展的"顺风车"。习近平主席系列讲话所代表的中国大国风范已受到许多国家的赞誉。

---

① 习近平.共同构建人类命运共同体——在联合国日内瓦总部的演讲［N］.人民日报，2017－1－20.

　　早在 2 000 多年前,各国人民就通过海陆两条丝绸之路开展商业和贸易往来。从西汉张骞出使西域到明代郑和下西洋,海陆两条丝绸之路把中国的丝绸、茶叶、瓷器等输往沿途各国,带去了文明和友好,赢得了沿途各国人民的称赞和喜爱。这与哥伦布航海发现新大陆的殖民主义做派完全不同。如今,随着中国的崛起和腾飞,中国在更多方面有能力帮助别的国家,特别是作为制造业大国,中国不仅可以输出丰富多彩、价廉物美的日常用品,而且能够向世界提供更多的技术和设备,与世界各国共同把握发展的机遇。丝绸之路经济带和 21 世纪海上丝绸之路的倡议和实施,顺应了时代要求和各国加快发展的共同愿望,提供了一个包容性巨大的发展平台,具有深厚的历史渊源和人文基础,能够把快速发展的中国经济同沿线国家的利益结合起来。"要集中力量办好这件大事,秉持亲、诚、惠、容的周边外交理念,近睦远交,使沿线国家对我们更认同、更亲近、更支持。"①"一带一路"倡议是对古丝绸之路的传承和提升,顺应了时代要求和各国加快发展的愿望,致力于中国与沿线国家经济发展实现对接联通,统筹协调中国与沿线国家的共同利益。在当前经济全球化遇到阻力的情况下,"一带一路"成为中国发展过程中向全球提供的最大公共产品,构成了新时期中国引领全球化健康发展的"拳头产品"和"特色招牌"。"一带一路"倡议就是要实现合作共赢的具体实践和行动。

　　推进"一带一路"建设是我国扩大高层次对外开放的需要,是加强与亚欧非等世界各国互利共赢平等合作的需要。"一带一路"建设是着眼于欧亚大舞台、世界大棋局的重大谋篇布局,其贯穿欧亚大陆,东边连接亚太经济圈,西边进入欧洲经济圈,与俄罗斯提出的欧亚经济联盟对接,大致涉及 65 个国家,总人口 44 亿,生产总值 23 万亿美元,分别占全球的 62.5%、28.6%。通过"一带一路"建设把亚欧非等扩展的沿线国家团结起来,我们就可以在全球和地区大竞争中站稳脚跟、赢得主动。因此,"'一带一路'建设的定位是我国扩大对外开放的重大战略举措和经济外交的顶层设计,是我国今后相当长时期对外开放和对外合作的管总规划,也是我国推动全球治理体系变革的主动作为"②。

　　"一带一路"建设的重要内涵和举措是互联互通。如果将"一带一路"建设比

---

　　①　习近平主持召开中央财经领导小组第八次会议 [OL].新华网,http://politics.people.com.cn/n/2014/1106/c 70731-25989646.html,2014-11-6.
　　②　习近平关于社会主义经济建设论述摘要 [M].北京:中央文献出版社,2017:271.

喻为世界经济腾飞的两只翅膀,那么,互联互通就是这两只翅膀的血脉和经络。"一带一路"建设所要实现的互联互通,不仅仅是修路架桥或平面化、单线条的联通,而是政策沟通、设施联通、贸易畅通、资金融通、民心相通五大领域协同推进。这是全方位、立体化、网络状的大联通,也是生机勃勃、群策群力、开放包容的大系统。为了推动共建"一带一路"健康发展,中国设立丝路基金,倡议成立了亚洲基础设施投资银行,推进建设金砖国家新开发银行,目的是支持各国共同发展,而不是为了谋求"地缘政治利益"和构建"政治势力范围"。那种你多我少、你输我赢、赢者通吃的旧思维不利于世界人民的整体利益。中国始终认为,世界好,中国才能好;中国好,世界会更好。正如习近平同志在 2017 年达沃斯论坛的主旨演讲中指出:"3 年多前,我提出了'一带一路'倡议。3 年多来,已经有 100 多个国家和国际组织积极响应支持,40 多个国家和国际组织同中国签署合作协议,'一带一路'的'朋友圈'正在不断扩大。中国企业对沿线国家的投资达到 500 多亿美元,一系列重大项目落地开花,带动了各国经济发展,创造了大量就业机会。"[1]"一带一路"倡议来自中国,但成效惠及世界。

目前,"一带一路"倡议正积极稳妥地实施。这包括在同各方充分沟通的基础上正在构建的陆上经济合作走廊和海上经济合作走廊。而推进"一带一路"建设,"既要发挥政府把握方向、统筹协调作用,又要发挥市场作用","形成政府主导、企业参与、民间促进的立体格局";同时,"'一带一路'建设既要确立国家总体目标,也要发挥地方积极性。地方的规划和目标要符合国家总体目标,服从大局和全局"[2]。可见,在"一带一路"的建设中,必须由政府主导而非市场主导,这既是一个原则性的总体发展方针,又是一个中国特色社会主义政治经济学的基本理论。

### (一)推动建设"一带一路"文化共同体

"一带一路"文化共同体旨在沿线各国以古代丝绸之路历史文化为基础,在传承丝路精神的过程中,建构"美美与共"、"和合共生"的文化有机体。"一带一路"沿线地区是不同民族、宗教、文化的荟萃之地,加强文化交往、人文交流,打造

---

① 习近平.习近平出席世界经济论坛 2017 年年会开幕式并发表主旨演讲 强调要坚定不移推进经济全球化引导好经济全球化走向 [N].人民日报,2017 - 1 - 18.

② 习近平关于社会主义经济建设论述摘要 [M].北京:中央文献出版社,2017:272.

文化共同体对化解文化和宗教冲突及推进"一带一路"建设至关重要。"一带一路"文化共同体生成的逻辑遵循是指在"一带一路"文化共同体生成实践中必须遵守和践行的原则,包含以下几点:推进主体"共商、共建、共享"形成合力,挖掘历史、现实、未来资源持续注入能量,推动政治、经济、文化的携手共进。主体间最大合力的形成、资源的充分挖掘、"一带一路"倡议的全方位推进,是"一带一路"文化共同体得以顺利生成不可或缺的法宝。

1. 推进不同主体之间的文化共享和共建

"一带一路"文化共同体的生成依托的不是发起者的独唱,也不只是发起者一个中心,而是发起者与参与者的大合唱和各个中心的共鸣。作为主导国,中国政府充分认识到这一点,民心相通的基本战术就是中国共产党的成功法宝之一——统一战线。统一战线如何形成、巩固、发展?"一带一路"倡议倡导的总原则是共商、共建、共享。这一总原则在"一带一路"文化共同体生成中具体表现为两个方面:一是生成后的文化共同体具备平等包容性、互学互鉴性、互利共赢性三大特征;二是"一带一路"文化共同体的生成离不开倡议国和参与国通过共商、共建、共享形成的合力的推动。假如用古代的三足鼎来形容"一带一路"文化共同体,那"一带一路"倡议的倡议国和参与国的政府、精英和民众分别是支撑起这一鼎的三足,三足协同发力,鼎方可立,若足或缺,则难以避免举鼎绝膑的结局。

一是发挥政府引擎带动作用。"一带一路"文化共同体生成意义重大,关乎着"一带一路"倡议实施的进展、关乎着人类命运共同体的构建,因此,文化共同体生成的难度也是可想而知的。不仅面临着文化霸权主义带来的国家文化安全隐患问题,同时也面临着各国文化发展战略的变动、文化产业的调整等一系列挑战,而这些问题的解决都有待发挥沿线各国政府的引擎带动作用。在"一带一路"文化共同体生成过程中,沿线各国政府的引擎推动作用主要体现为根据国际、国内情况制定文化发展战略,设置主管文化产业的专门机构,加大文化交流财政支持力度,加强文化交流人才的培养等。沿线各国政府一同为"一带一路"文化共同体生成提供方向指引、打造优质平台、建立精英智库等,发挥着重要的导向和保障作用。

二是发挥精英智库推动作用。"智库者,国之重器,在庙堂之上有'踱方步'

的特殊地位和作用。"①"一带一路"沿线各国的精英智库是推进"一带一路"文化共同体生成的中坚力量,包括专家学者、企业家、媒体人士等。这一群体由于其自身素质及所从事工作的特殊性,较普通大众而言,具有科学文化素质高、政治敏锐性强、政策解读深、信息掌握全、业务素质强等优势,成为文化共同体生成的宝贵智库。他们在文化共同体生成中发挥着不同的作用:或为文化共同体的顺利生成建言献策,或全面着力搭建沿线文化交流平台,或实时跟踪报道文化共同体生成状况等。因此,要充分发挥精英智库在"一带一路"文化共同体生成中的推动作用,必须得从全局出发科学地考量各类精英所做的贡献,注重激发他们的积极性和实践成果的转化及推广。

三是发挥民众往来互动作用。从古丝绸之路形成的经验来看,其之所以能繁华许久,依靠的远不仅是沿途各国政府的支持、精英阶层的推动,更离不开广大民众的往来互动。如今,重启古丝绸之路这一宝库,生成"一带一路"文化共同体,同样离不开沿线广大民众的积极参与,他们是文化共同体的主要缔造者。民众要通过"一带一路"倡议搭建的平台不断地开展文化交流活动,以拆墙补台的方式、互学互鉴的实践化解矛盾,最终使文化共同体呈现出百花齐放的景象、互利共赢的局面,这一实践对民众的综合素质有较高的要求。自"一带一路"倡议实施以来,部分沿线国家采取了搭乘"一带一路"便车的方式来提高民众综合素质,将提高民众综合素质与往来互动结合起来。例如,"一带一路"文化之旅的开展,就为民众在往来互动中增强综合素质提供了便利,这对于全面和进一步提高沿线民众参与"一带一路"建设的能力具有重要的借鉴意义。

2. 发掘历史和现实文化资源的价值

从"一带一路"文化共同体生成的逻辑基础可以看出,"一带一路"具有丰厚的历史和现实文化资源,对其进行深度挖掘与合理利用能够为"一带一路"的文化交融提供源源不断的能量,是"一带一路"文化共同体从无到有、从弱小到强大的生长素和营养液。但不同文化资源的表现形态及它们在文化共同体生成中所发挥的作用不同,对其挖掘和利用的方式也应有所差别。

一是活化历史文化遗产。"一带一路"沿线历史文化遗产极大丰富,占据了全球历史文化遗产的 72% 以上,具有巨大的开发价值,是"一带一路"文化共同体

---

① 王灵桂.国外智库看"一带一路"(Ⅱ)[M].北京:社会科学文献出版社,2015:1.

生成的重要历史资源。随着"一带一路"倡议的不断推进,沿线各国更加重视对历史文化遗产的活化。历史文化遗产的不可再生性决定了活化历史文化遗产必须在对其加以保护的基础上进行。各国应互学互鉴活化历史文化遗产的经验,树立可持续发展的理念,给予历史文化遗产应有的尊重,加强对保护历史文化遗产的法治宣传和教育,创造性地活化历史文化遗产,并使更多的民众共享历史文化遗产活化带来的成果,发挥历史文化遗产资源在文化共同体生成中的作用。

二是探寻现实文化共性。"一带一路"沿线各国的历史传统和现实发展过程决定了其文化和思维上的差异,而"一带一路"文化共同体生成必须依靠倡议国和参与国的文化相交相融、同向发力,这就需要探寻沿线各国现实文化的共性。沿线各国现实文化的共性主要包括三个方面的内容:第一,对人类文化发展面临的共同问题的关注及对自身文化发展前景的考量具有共性;第二,各国在历史长河中以开放包容的心态不断进行交流,相互汲取营养,所以某些具体现实文化有众多共通之处,比如我国的宗教文化、中医药文化、武术文化就成为我国与部分"一带一路"参与国进行文化交流和合作的切入点;第三,各国文化交流的形式具有共性,总体而言,主要采用的是政府与民间、显性与隐性、线上与线下相结合的方式,现有的具有共通性的交流方式为沿线各国围绕"一带一路"主题展开文化交流奠定了良好的基础。随着汉语学习需求呈"井喷式"增长、各小语种的迅速推广,沿线各国加速了文化信息的互传,这加快了探寻各国更多现实文化共性的步伐。

三是彰显文化交融魅力。从中国与沿线各国签署"一带一路"文化合作文件的时间进程来看,在某一时间段内,沿线各国文化交融有在场的、有迟来的、有缺失的。纵然后来加入"一带一路"倡议的国家有诸多迟来的考虑,但其中不可忽略的是:他们看到了文化交融的魅力。沿线各国文化在平等开放中相交、在共生共融中发力,实现民心相通,助力政治互信、经济融合,互利共赢初显成效,这对尚未加入的国家具有重要的吸引力,也对"一带一路"倡议国和参与国更深层次的文化交流起到了很好的引领示范作用。沿线各国文化交融并非齐头并进,因而文化共同体生成是一个循序渐进的过程,彰显文化交融的魅力可以为文化共同体不断吸引新的异质文化,注入新鲜血液,壮大力量。"一带一路"文化共同体价值释放的呈现,离不开沿线各国以至全球的公正理性的认识和报道。如果仅凭直觉感知的知识进行高谈阔论，那么除了掩饰其对于研究对象缺乏清晰的见解之外，没有其他任何意义。

3. 发挥政治、经济、文化的联结效应

政治、经济、文化间密不可分的联系，决定了人类命运共同体历经的利益共同体形成、责任共同体形成和行动共同体形成的每一阶段必是政治互信、经济融合、文化交融的统一。中国以"一带一路"倡议构想开启了构建人类命运共同体的伟大实践，在这一过程中，要生成"一带一路"文化共同体，也必须遵循政治、经济、文化携手共进的逻辑。

一是携手前行有先后，但不可缺位。"在当代世界，文化认同与其他方面的认同相比，其重要性显著增强。"①文化因其在民心相通中具备的特殊优势，成为"一带一路"倡议实施的先行者，而文化从来都不是形单影只的，与之随行的还有政治和经济这两位形影不离的朋友。尽管其前行顺序有先后，但在人类命运共同体每一阶段中所演绎的，必须是一个政治互信、经济融合、文化交融的统一体。文化作为开路先锋，在"一带一路"倡议推进中可以促进沿线民众相互了解、增进友谊、消灭偏见，为政治互信和经济融合奠定基础。而政治互信和经济融合又反过来促使文化不断交融，增加了沿线各文化主体对生成"一带一路"文化共同体的自信和自觉。政治、经济、文化三者不可或缺，缺少了文化交融的前提，沿线各国政治互信弱、经济融合难，同样，沿线各国缺乏政治互信和经济融合，文化的长期交融也难以实现。

二是交织发力、寻求创新、共迎挑战。"一带一路"文化共同体在生成过程中，内外都面临着诸多的冲突和矛盾，追溯其原因，包含着政治、经济、文化等影响因素。要最终化解冲突、消除矛盾，必然得依靠三者的交织发力，共寻创新路径，为"一带一路"文化共同体生成创造有利的条件。沿线各国文化相互交融，意味着在这一交融的过程中，不是简单的一对一关系，而是一对多、多对多纵横交错的复杂格局。一味"安于故俗，溺于旧闻"，不寻求创新，就无法应对"一带一路"文化共同体生成中的危机和挑战。因此，政治、经济、文化的交织发力，既强调要创造性地充分发挥政治互信、经济融合对文化交融的支撑、保障作用，又要将文化的经济属性与政治属性紧密联合在一起，在文化交融的同时，形成经济融

① 亨廷顿.文明的冲突与世界秩序的重建［M］.周琪，等，译.北京：新华出版社,2010：108.

合、政治互信的协调发展。

三是优势互补、持久发展、实现共享。政治、经济、文化作为沿线各国相交的三大途径，其在具体的交往过程中，各有优劣。比如，政治外交比文化外交见效快，而文化外交又比政治外交更具亲和力，这就需要"因国施策、因事施策"，扬长避短、优势互补。同时，"一带一路"倡议参与国众多，要实现相互间的政治互信、经济融合、文化交融是长期性的问题，不可能在短期内取得显著的成效。沿线各国要胸怀全局、着眼细微、锐意进取，扎实深入地推动"一带一路"倡议，使之成为全球政治互信、经济融合、文化交融的新典范，为全世界民众共享人类命运共同体的成果增进福祉。

总之，进入 21 世纪以来，信息化、网络化使得世界各国间的文化交往逐渐加深，越来越多的国家认识到多样文明共存的客观性，以及不同文化交流互鉴的重要性。"一带一路"倡议秉持中国传统的"和合共生"、"世界大同"等文化理念，为多样文化的融合创造了机遇和平台。在中华文明崛起的过程中，要促进世界多元文化的正向增益，在破解"文明的冲突"的困境中走向"文明的共存"①。"一带一路"文化共同体的生成离不开沿线各文化主体在平等开放中相交、互学互鉴中相长、共生共融中发力，只有传承古丝路精神，挖掘历史文化资源，扩大文化贸易，探讨多层次、宽领域的人文合作，才能再创"一带一路"新辉煌。要增进不同宗教信仰、不同民族文化、不同社会制度的国家和人民之间的友谊和情感，在尊重不同文明差异的基础上构建"一带一路"共同文化记忆和文化符号的新样态，以人文关怀和文化交融连接中国与世界。我们要在世界文化的交流、交融中塑造良好的大国形象，在推动"一带一路"的转化升级中促进文化交往、凝聚价值共识，提升国家文化软实力。

## （二）推动"一带一路"倡议海上合作

"一带一路"倡议自 2013 年提出以来，其内涵不断细化。2015 年，中国政府发布了《推动共建丝绸之路经济带和"21 世纪海上丝绸之路"的愿景与行动》，明确提出"一带一路"建设要坚持共商、共建、共享原则，以政策沟通、设施联通、贸

---

① Sun Shaoyong. B&R can transcend clashes of civilizations [N]. *Global Times*, Viewpoint, 2017 – 7 – 24.

易畅通、资金融通、民心相通(以下简称"五通")为主要内容,并指出"21世纪海上丝绸之路"的重点方向是从中国沿海港口过南海到印度洋,延伸至欧洲,以及过南海到太平洋。"21世纪海上丝绸之路"以重点港口为节点,共同建设通畅安全高效的运输大通道,以此全面提升我国高质量开放型经济水平。

为进一步深化与海上丝绸之路沿线国家的合作,2017年中国政府发布了《"一带一路"建设海上合作设想》(以下简称《设想》),向国际社会阐释共建"21世纪海上丝绸之路"的核心理念与中国方案。《设想》提出重点建设三条蓝色经济通道:(1)中国—印度洋—非洲—地中海蓝色经济通道;(2)中国—大洋洲—南太平洋蓝色经济通道;(3)经北冰洋连接欧洲的蓝色经济通道。在《设想》的指导下,中国与海上丝绸之路沿线国家开展了一系列合作建设项目,总体进展顺利。

截至2020年底,"一带一路"倡议已实现了从点到线、从线到面的发展,取得了举世瞩目的成绩。从2014年到2019年,中国与"一带一路"沿线国家贸易值累计超过44万亿元,年均增长达到6.1%,中国已经成为沿线25个国家最大的贸易伙伴。2020年,中国对"一带一路"沿线国家进出口总额总计9.37万亿元,比2019年增长1%[①]。截至2020年12月,中国政府已举办了两届"一带一路"国际合作高峰论坛,与138个国家和31个国际组织签署了201份共建"一带一路"合作文件[②]。从贸易往来到文化交流,从基础设施到民生改善,"一带一路"建设赢得了广泛称赞。

"一带一路"建设的成就与该倡议本身的特点密不可分,主要包括两个方面。一方面,"一带一路"倡议是中国在国内外经济形势发生深刻变化的情况下向世界提供的公共产品,旨在促进国际合作的深入发展,维护世界和平与稳定。从1840年到1949年,中华民族经历了长期的外来侵略,因此对于稳定和发展的重要性有着极为深刻的认识。中华人民共和国成立后十分重视经济建设,经过几十年的发展,中国成为世界第一贸易大国、世界第二大经济体、世界第一大外汇储备国。中国在发展过程中积累了一系列自主核心技术,培养了大批技术骨干。相比之下,世界上许多发展中国家仍面临基础设施建设不足、资金和技术缺乏、

---

① 中华人民共和国国务院新闻办公室. 国新办举行 2020 年全年进出口情况新闻发布会 [OL]. http://www. scio. gov. cn/xwfbh/xwbfbh/wqfbh/44687/44744/wz44746/Document/1696882/1696882. htm,2021 - 1 - 14.

② 中国已与 138 个国家、31 个国际组织签署共建"一带一路"合作文件 [OL]. https://www. chinanews. com/gn/2020/11 - 13/9338135. shtml,2020 - 11 - 13.

发展赤字突出等问题。在自身经济发展和其他国家迫切的现实需要的共同驱动下,中国适时提出"一带一路"倡议,并表示"愿意把自身发展同周边国家发展更紧密地结合起来,欢迎周边国家搭乘中国发展'快车'、'便车',让中国发展成果更多惠及周边,让大家一起过上好日子"①。在这一理念的引领下,"一带一路"自提出伊始便秉持共商、共建、共享的原则,这使其具有非竞争性和非排他性等特点,所有愿意加入"一带一路"的国家,无论大小、强弱、贫富,都是平等的建设者。"'一带一路'强调平等互利,合作共赢,而非传统的国际合作中常见的'依附与被依附'、'核心与边缘'等关系,这是对威斯特伐利亚体系下国家关系的创新和发展。"②

另一方面,"一带一路"倡议是践行构建人类命运共同体的具体举措。在推进"一带一路"建设的过程中,中国尊重沿线国家在发展阶段、历史传统、文化宗教、风俗习惯等方面的多样性,不把自身意识形态和社会制度等强加于人,不搞封闭机制,更不搞地缘政治或军事同盟。作为一个开放包容的利益共同体概念,"一带一路"摒弃了零和思维,主张和而不同、兼容并蓄的发展理念,坚持在多边主义的基础上推动合作,并强调合作的"渐进性、过程性、协商性、长远性",由此拓宽了传统国际合作的内容,实现了包容普惠的发展。这些举措与构建人类命运共同体的内在要求不谋而合。

"一带一路"倡议顺应了经济全球化的大趋势,具有广阔的发展前景。在推进"21世纪海上丝绸之路"建设的过程中,应当正视"一带一路"建设面临的风险,探讨可能的应对之策。

1. 要妥善处理与美国及周边邻国的关系

作为当今世界头号强国,美国对外政策的核心关切是霸权护持。目前,中国在经济、政治、科技、文化、军事等领域取得了巨大成就,日益走近世界舞台中央。中国综合实力的快速增长引起了新帝国主义国家——美国的害怕和恐慌。在特朗普担任总统期间,在"美国优先"口号的指引下,不断挑起中美之间的贸易摩擦。2017年美国发布的《国家安全战略报告》更是将中国定义为"竞争性大国",

① 习近平.深化合作伙伴关系 共建亚洲美好家园:在新加坡国立大学的演讲 [M].北京:人民出版社,2015:6.
② 程恩富,李静."一带一路"建设海上合作的国际政治经济学分析 [J].管理学刊,2021-2.

中美关系由"合作与竞争并存"走向"战略竞争加剧"的巨大变局之中①。由于美国的贸易制裁,中美经贸关系受影响较大。2019 年,中国对美国进出口总额 3.73 万亿元,下降 10.7％。相比之下,中国对欧盟进出口 4.86 万亿元,增长 8％;对东盟进出口 4.43 万亿元,增长 14.1％,美国由此下降为中国第三大贸易伙伴②。除此以外,美国又相继利用所谓香港和新疆的人权问题及新冠肺炎疫情等,不断加强对华政治制裁,加大对华高新技术出口管控力度,纠集盟国非法打压华为等企业的正常经营,频繁威胁使用金融制裁和加强经济脱钩,这使得中美关系逐渐演变成最不稳定也最难预料的大国关系。

对此,我们要深刻认识到,美国无理地采取一系列对华遏制政策的实质并非表象所显示的"老大"遏制"老二",而是特朗普和蓬佩奥所说的故意针对"中共"或"共产主义中国",其实质是中美之间的道路和价值观之争。因此,在中美关系不断恶化的大背景下,推进"一带一路",尤其是"海上丝绸之路"建设,必须更多地考虑中美关系的最新变化,提前预估可能出现的种种变动,做好可能的和针对最坏情况的应对之策,总体采取说理让步在先、严厉反制在后的姿态,在合作中斗争,在斗争中谋合作。如果一味对美妥协让步,只会适得其反,招致美国更大程度的遏制。正如毛泽东同志所指出的:"美帝国主义者很傲慢,凡是可以不讲理的地方就一定不讲理,要是讲一点理的话,那是被逼得不得已了。"③应掌握这样的原则:可让的或不能不让的,看准时机让。美国蛮横无理时不能让步,虚张声势时不能让步,不起作用时不能让步,让步必须能扭转局势。

当前,民主党人拜登领导的新一届美国政府仍旧把中国视为主要的战略竞争对手,这意味着中美关系已经进入了一个可能相当持久并且充满争议的时期。在这样的背景下,需要我们准确判断对方意图,合理管控分歧,通过解决彼此关切的重大问题来发展某种"竞合"(竞争—合作)关系,以便把因中美关系变化而给"一带一路"倡议带来的不利影响最小化。

作为美国的重要盟友,日本对待"一带一路"倡议的态度受美国的影响较大,其经历了从抵制观望到积极参与的转变。在"一带一路"倡议刚提出时,出于对

① 龚婷. 特朗普政府对华制裁措施探析［J］. 和平与发展,2020(3):38－57,133－134.
② 中华人民共和国国务院新闻办公室. 国新办举行 2019 年进出口情况新闻发布会［OL］. http／／www. scio. gov. cn/xwfbh/xwbfbh/wqfbh/42311/42414/index. htm,2020－1－14.
③ 毛泽东军事文集(第六卷)［M］. 北京:军事科学出版社,中央文献出版社,1993:354.

历史问题的看法、中日领土岛屿争端和地缘政治竞争等考虑,日本对中国的这一倡议持谨慎观望态度。从 2017 年开始,由于美国对外政策改变及出于对自身利益的考虑,日本政府明显转变了对"一带一路"倡议的态度,开始积极参与其中。但应该看到,尽管日本的态度发生了改变,但中日两国在"一带一路"倡议下的合作不会一帆风顺,将会充满曲折与反复。

作为南亚地区大国,印度官方对"一带一路"倡议持消极甚至反对态度,因而既未参加两届"一带一路"国际合作高峰论坛,更未加入"一带一路"倡议。尽管印度亟须加强基础设施建设,提升区域互联互通水平,但在中印关系因边界争端而持续紧张的背景下,印度对"一带一路"倡议始终秉持警觉和审慎的态度。鉴于印度特殊的地理位置及其在南亚地区的巨大影响力,要更好地推动"一带一路"海上合作,中国需妥善处理与印度的关系。

作为中国重要的贸易伙伴,东盟对"一带一路"反响热烈。建立"21 世纪海上丝绸之路"这一倡议最早是由东盟国家提出来的,受此影响,中国与东盟互联互通不断加速,经贸总额持续扩大。2020 年,东盟超过欧盟成为我国第一大贸易伙伴。在 2020 年前 11 个月中,中国与东盟贸易总值高达 4.24 万亿元,同比增长 6.7%,占中国外贸总值的 14.6%;中国与欧盟贸易总值为 4.05 万亿元,同比增长 4.7%,占中国外贸总值的 13.9%;中美贸易总值为 3.65 万亿元,同比增长 6.9%,占中国外贸总值的 12.6%。① 尽管中国与部分东盟国家仍存在领海争端,但在"亲诚惠容"的周边外交理念和与邻为善、以邻为伴的周边外交方针的指引下,在中方和东盟方的不断努力下,双方以经贸关系为重,合理管控分歧。目前,中国—东盟关系已成为亚太区域合作中最为成功和最具活力的典范,成为推动构建人类命运共同体的生动例证。

作为中国的全面战略协作伙伴,俄罗斯对中国的"一带一路"倡议持欢迎态度。中俄携手共建"冰上丝绸之路",能够极大地推动俄罗斯北极地区的开发,促进俄罗斯经济的发展。需要注意的是,由于北极地区条件复杂,对全球生态系统影响较大,在中俄合作的过程中,尤其需要注意保护北极地区的生态环境。

2. 要放眼长远,因地制宜地推动"一带一路"海上合作

---

① 中华人民共和国海关总署. 前 11 个月我国进出口增长 1.8% [OL]. http://www. customs. gov. cn//customs/xwfb34/302425/3436924/index. html,2020 - 12 - 07.

一方面,在推动落实"一带一路"倡议的过程中,要放眼长远,用真心和实际行动促进沿线地区国家的可持续发展,不计较短期的或一时一地的利益得失。从总体上看,三条蓝色经济通道沿岸国家大多经济发展落后,基础设施建设严重不足,资金缺口巨大。有鉴于此,"一带一路"倡议框架下的许多合作项目是大型基础设施建设,此类项目的一个重要特点是投资金额巨大、建设周期和回报时间都较长,且往往涉及诸多利益攸关方。在这样的背景下,更要有足够的耐心向各方阐释中国的政策和立场,用更扎实的努力去推动各项工作的有序进展。

另一方面,由于三条蓝色经济通道沿岸国家数目众多,自然环境差异巨大,宗教文化复杂多样,因此,在落实"一带一路"倡议的过程中,必须根据各个国家的不同特点具体施策,不可盲目地采取"一刀切"的方案,更不可操之过急。例如,在推进中国—大洋洲—南太平洋蓝色经济通道建设时,要充分考虑到南太平洋地区国家的最紧迫需求。由于气候变暖等原因,全球海平面不断上升,南太平洋地区不少岛国面临被太平洋淹没的危险,其中,图瓦卢已被称为"沉没的岛国"。因此,在与南太平洋地区国家合作时,应该首先考虑其在生态环境方面的诉求,帮助其更好地应对全球变暖的挑战,而不是一味强调推进基础设施建设。

另外,当前,"一带一路"沿线各国面临的最紧迫问题是团结战胜新冠肺炎疫情,疫苗是本阶段国际抗疫合作的重点。中国在疫苗研发上已取得重要进展,并已加入世界卫生组织"新冠肺炎疫苗实施计划"。中国着力打造"健康丝绸之路",持续推进国际抗疫合作,随着中国疫苗研发成功,"一带一路"合作伙伴必将从中受益。只有彻底战胜疫情,才能从根本上确保世界人民生命健康,提振世界经济,为"一带一路"海上合作的深入发展营造良好的外部环境。

3. 在推动"一带一路"合作过程中应注重加强中国国际话语权建设

国际话语权不仅指一个国家对外表达自身对于国际事务的看法和意见的权利,而且指一国对外话语体系在国际上产生的影响力和领导力。近代以来,欧美等国率先在世界上建立了资本主义制度,并完成了工业革命,由此确立了其在制度领域的话语权。与此同时,欧美国家在实践过程中相继建立了一系列制度、机制和规范来处理国际事务,管控国家间分歧,由此奠定了其国际秩序话语权的主导地位。随着现代科技和传媒技术的发展,西方国家又在国际学术、国际传媒等领域确立了绝对优势地位,进而全方位垄断了国际话语权。相比之下,中国在国际话语领域处于相对弱势地位，尚不具备较强的国际话语权，这一点也同样体现在"一带一路"倡议上。

在"一带一路"倡议提出、推进和实施过程中，中国的善意之举遭受到许多西方媒体的不实报道甚至恶意揣测。"一带一路"倡议刚提出之时，以美国为代表的西方媒体将其宣传为中国的地缘扩张战略，指控中国的真实目的是"控制南海""控制沿线国家的经济命脉""填补美国霸权真空""挑战美国的霸权地位"等。在"一带一路"建设推进的过程中，美国等国更是大肆宣扬"中国威胁论"，并带头抵制中国的各项倡议，这尤其体现在美国对待亚洲基础设施投资银行的态度上。在"一带一路"倡议实施过程中，西方一些别有用心的媒体利用相关项目大做文章，从债务、透明度、政府采购、环境保护、劳工标准、社会责任等方面对"一带一路"倡议进行质疑。以汉班托塔港为例，一些西方媒体将斯里兰卡自身债务问题蓄意政治化，无视中国为促进斯里兰卡的发展所做的种种努力，反而把该项目污蔑化为"债务陷阱外交"，企图借此达到在国际上进行反华宣传的目的。

为了从根本上改变中国在国际话语领域的弱势地位，在实施"一带一路"倡议的过程中，中国应主动对接国内外媒体，及时将中国在沿线地区的作为展现给世界，请沿线地区人民讲述与中国的友谊与故事，让世界人民认识"一带一路"倡议、了解"一带一路"倡议，以事实澄清外界对"一带一路"倡议的种种误解，传递中国的真实立场与声音，同时，要及时批驳西方某些不良媒体和政客的污蔑和攻击。只有主动揭露和积极反制美国及其反华盟国对"一带一路"倡议的攻击恶行，才能从根本上摆脱挨骂受制裁的局面。

## 四、正确认识"凉战"与冷战的异同，积极应对"凉战"形势

"'凉战'是国际关系的一种新形态，作为冷战的延续，它是处于冷战与热战之间的一种斗争手段。"[①]对比"凉战"与冷战之间的特点可以发现，两者之间具有相同点，即军事对抗是两者的斗争形式、意识形态分野是两者的重要原因、自我控制是两者力避热战的基本方针。但是，"凉战"与冷战之间也存在明显的差异，

---

① 程恩富，杨培祥.凉战与冷战的异同以及中国的对策［J］.云梦学刊，2021（3）.

在"凉战"中并没有出现两大对立集团进行大规模的军备竞赛及在全球争夺霸权。面对复杂多变的"凉战"形势,中国要坚持走中国特色社会主义政治发展道路,实行大力发展经济与维护经济安全并重方针,加强以防御为主的国防建设,凝聚赞成人类命运共同体理念的和平力量,建设有强大凝聚力和引领力的社会主义意识形态,积极应对"凉战"的挑战,有效维护国家安全。

### (一)美国对华发动"凉战"

所谓"凉战",按照美国学者戴维·罗特科普夫于 2013 年发表在《外交政策》网站的《凉战》一文认为,"凉战"是冷战(Cold War)的延续,它是介于冷战与热战之间的一种斗争手段,目的是在不引起热战的情况下不断出击,同时让热战变得更不可取甚至没有必要。其实,早在 1989 年,邓小平就提出了新冷战的性质,并曾说过:"可能是一个冷战结束了,另外两个冷战又已经开始。一个是针对整个南方、第三世界的,另一个是针对社会主义的。"①近年来,尽管和平与发展仍是当今世界的主题,但是随着中国的和平崛起,引起了极少数西方国家,尤其是美国的妒忌和污蔑,对中国展开了"凉战","中国威胁论"的陈词滥调也不时甚嚣尘上,从而使中国面临着"凉战"的国际斗争环境。

从现实情形来看,无论是特朗普还是拜登执政,中国面临的"凉战",都既有来自言论上的挑衅,也有来自行动上的挑战。例如,在言论上,时任美国副总统的彭斯于 2018 年 10 月 4 日在华盛顿智库哈德逊研究所就中美关系发表演讲,从政治、经济、军事、外交、宗教等方面大肆攻击、抹黑中国,弥漫着浓厚的"凉战"味道。彭斯在演讲中认为中国在政治上"影响并干预美国的国内政策和政治"、在经济上"使用了与自由公平贸易不符的一系列政策"、在军事上"希望将美国挤出西太平洋"、在外交上"用所谓的'债务外交'扩大其影响力"等。彭斯的这些言论严重罔顾事实,向外界展示了一副与中国强硬对抗的态度,被有些媒体称之为"美中两国恢复关系 40 年来最强硬的讲话"。紧跟彭斯发表的这些"檄文式"言论,美国前总统国家安全事务助理博尔顿也对中国发出强硬指责,认为"中国占国际秩序的便宜太久",并放言将中国视为"本世纪主要问题"等。

拜登在竞选总统时就宣称中国是最大的竞争对手,《美日安保条约》第 5 条

---

① 邓小平. 邓小平文选(第三卷)[M]. 北京:人民出版社,1993:344.

适用于钓鱼岛。2021年1月27日,时任日本首相菅义伟与拜登总统通话中,双方再次提及《美日安保条约》第5条适用于钓鱼岛;由拜登总统提名担任美国常驻联合国代表的托马斯—格林菲尔德在参议院听证会上称,她"将在联合国积极对抗中国的影响"。美国国务卿布林肯宣扬美中关系"越来越具有对抗性",表示特朗普政府对中国强硬的态度是可取的,虽然方式方法不科学,但立场是可以延续的;他与法、德外长通话时都强调"共同应对中国挑战"。美国核力量重要负责人——美国战略司令部司令查尔斯·理查德于2021年2月在美国海军权威杂志《前进》(*Proceedings*)上刊文呼吁美国军方和联邦政府领导人重新设想阻吓中国和俄罗斯等竞争对手采取咄咄逼人行动的方法。

在行动上,"凉战"的阴影笼罩着中国的国家安全,突出表现在中国在南海、贸易等方面遭受了严峻的挑战。比如,南海自古以来就是中国领土不可分割的一部分,近年来,一些域外势力打着"航行自由"的幌子,一再进犯南海,挑战中国捍卫领土和主权完整的底线。例如,2018年9月30日,美国海军"迪凯特"号导弹驱逐舰擅自闯入中国南海的赤瓜礁和南薰礁12海里内海域,严重威胁中国的主权。中国海军170舰立即行动,依法依规对美舰进行识别查证并给以警告驱离。除了对中国进行领土和主权的侵犯,在贸易上对中国的打击也在进行。2017年8月14日,美国前总统特朗普签署行政备忘录,授权美国贸易代表对中国开展"301调查",自此中美之间爆发了一轮又一轮的贸易战,特朗普政府执意对中国的钢铁、铝产品等征收高关税以消除中美之间的贸易逆差,毋庸置疑,这对中国的经济安全造成了严重冲击。

拜登总统上台后继续有所行动。2021年1月23日,美国海军"罗斯福"号航母经由巴士海峡进入南海活动。包括美海军4架P-8A反潜巡逻机、1架EP-3E电子侦察机、1架E-2C舰载预警机、1架C-2A舰载运输机在内,至少7架美军机曾在南海活动。另外,美国著名智库"外交关系协会"公布的一份报告列出2021年全球30个潜在危机及对美利益影响。其中,中国台湾地区2022年首次被列为全球潜在冲突风险中最高级别的第一级风险,报告认为中美2022年爆发冲突的可能性非常高。面对可能爆发的冲突,关键时刻,拜登叫停多项对外军售案,但中国台湾并不在名单之列。

中国在现实中所遭受的"凉战"困境,引起学者的高度关注,他们从不同视角对"凉战"展开了研究。有些学者没有使用"凉战"一词,而是以"温战"代替。例如,孔保罗(2010)认为,"温战"与以往的热战和冷战完全不同,"温战"是一种复杂地混合了经济与政治的战争,其中,较之于冷战而言,直接的军事对抗在"温战"发生的几率几乎为零,但是,在经济与政治上激烈的对抗程度远远超过热战。武寅(2002)认为,冷战结束后,世界进入了一种兼具热战和冷战二者特点的新的斗争形势,即"温战",同热战相比它有温和、温良的一面,但是比冷战又有加火升温的一面。戴旭(2012)也将冷战之后的战争状况称之为"温战",它是一种比冷战激烈,但是与热战相比又没有那么明火执仗、阵线分明,但是,这仍旧是一种给世界带来各种苦难的广义战争状态。有些学者则直接对"凉战"进行了深入分析。比如,陈宇(2014)认为,当今的国际秩序理念、国际政治格局及中美之间的力量对比,较之于冷战时期已有很大不同,虽然冲突多于合作是目前两国关系的真实情况,还带有一定的冷战特征,但是两者之间的博弈深度、广度、烈度都与冷战有本质上的区别,双方陷入了"凉战"而非冷战。方明和郑珂屹(2018)认为,美国对中国挑起的贸易战有可能诱发影响全球格局的全球"凉战",但是,不能简单将全球"凉战"视为一种战争手段,也不能将其限于中美之间。实际上,"凉战"是一种与冷战相对应的全球新格局,它是由美国发起,以中俄为主要对象但不限于两国的维护美国全球霸权的战略手段。

总之,"凉战"在现实中对中国构成了不小的威胁,不仅政府积极回应,而且学者也积极研讨。为此,笔者在既有相关文献的基础上继续这一主题的研究,厘清"凉战"与冷战的关系,并探讨中国应对之策。

### (二)"凉战"与冷战的异同点分析

"二战"结束之后,以美苏为首的两大阵营在政治、经济、军事等方面展开了激烈的斗争,拉开了数十年的冷战序幕,直到苏联解体后才结束。"凉战"作为冷战的延续,两者之间必然存在某些共同特征,但也不能完全等同,二者之间存在着一定的差异。

1."凉战"与冷战的共性分析

冷战伴随着苏联的解体而退出历史舞台,但是,国际之间错综复杂的斗争又在某种程度上打上了冷战的烙印,使得冷战以"凉战"的面貌延续。因此,"凉战"

与冷战之间有着密切的关联,总体上来讲,二者之间存在以下几个共同特征:

其一,军事对抗是两者的斗争形式。在冷战期间,美苏两大阵营之间采用直接军事对抗成为那个时期显著的特征,这种军事对抗不仅包括美苏两个超级大国面对面展开较量,也包括各自代理人之间的战争。例如,1962年美国发现苏联在古巴秘密部署导弹,美国总统肯尼迪下令对古巴实行军事封锁,与苏联针锋相对,双方一度有发生核战争的危险,遂酿成"古巴导弹危机"。又如,越南战争早期,以美国为首的资本主义国家阵营支持"南越"(越南共和国),以苏联为首的社会主义阵营支持"北越"(越南民主共和国)和"越南南方民族解放阵线",双方作为美苏的代理人爆发了惨烈的内战。

"凉战"继续沿用了冷战所惯用的军事对抗手段,中国在此情形下遭受了军事威胁和挑战,仅从最近二十多年所发生的针对中国的军事侵犯就足以印证这一点。例如,1999年5月8日,以美国为首的北约悍然发射导弹炸毁中国驻南斯拉夫联盟大使馆,致使我国三名记者邵云环、许杏虎和朱颖当场死亡,数十人被炸伤,大使馆建筑被严重损毁,事后北约竟无耻狡辩声称是"误炸"。又如,2001年4月1日,美国海军一架EP-3侦察机侵犯中国海南岛附近领空进行非法侦查,中国海军航空兵派出2架歼-8II战斗机进行监视和拦截,美国侦察机在中国海南岛东南70海里(110千米)的中国专属经济区上空撞毁其中一架僚机,导致飞行员王伟不幸牺牲,而美军侦察机则在未经许可的情况下迫降海南岛陵水机场。再如,自2016年9月30日韩国国防部公布"萨德"最终部署地点之后,美国就不顾中国的一再强烈反对,一意孤行开始了部署严重危害中国国防安全的萨德反导系统[即末段高空区域防御系统(Terminal High Altitude Area Defense),英文缩写为"THAAD"(萨德)]。还如,2017年5月25日,美国"杜威"号导弹驱逐舰闯入中国南沙美济礁12海里,挑衅中国在南海的主权,这是特朗普就任总统之后美军首次在南海执行所谓的"航行自由"行动,甚至制定了在南海"航行自由"行动的计划表,计划每月执行2~3次"航行自由"行动,在中国的南海耀武扬威。以上这些严重侵犯中国主权的军事行动表明,"凉战"与冷战如出一辙,都将军事对抗作为重要的钳制、打击对手的手段。

其二,意识形态分野是两者的重要原因。冷战双方不仅因为争夺利益而展开激烈斗争,更重要的是源于意识形态的尖锐对立。以苏联为首的社会主义阵营以马克思列宁主义为指导,坚持走社会主义道路;以美国为首的资本主义阵营则以自由主义为旗帜,千方百计维护垄断资本主义制度。双方都积极利用各自的意识形态去占据理论和道德高地,在泾渭分明的意识形态指引下进行争斗。从丘吉尔的"铁幕演说"到杜鲁门主义的出台,再到麦卡锡主义的出炉,以美国为首的冷战一方抗衡苏联,在全球掀起了反共反苏反社会主义的浪潮;以苏联为首的冷战的另一方则提出两大阵营根本对立的理论,相继推行了一系列内部清洗运动。

"凉战"虽然没有像冷战那样进行激烈的意识形态对抗,但围绕意识形态进行的低烈度斗争仍然存在。美国等西方国家经常戴着意识形态的有色眼镜攻击曾经实行过社会主义制度的俄罗斯及走社会主义道路的中国。就俄罗斯来说,自从普京总统上台之后,采取了一系列旨在加强中央集权、削弱地方联邦、合并小党派等举措,希望通过政治改革增强俄罗斯凝聚力以促进经济发展。2005 年普京正式提出了"主权民主"概念,并表示这是适合俄罗斯自己国情、不必全盘西方的民主模式,除了保留国内主要的民主架构外,又赋予其新的内容:爱国主义、强国主义和民族主义等。但是,美国对俄罗斯的民主改革进行公开指责。如时任美国副总统切尼在 2006 年指责"俄正在民主道路上倒退"。2007 年,美国时任总统布什批评"俄罗斯破坏了充满希望的民主改革,对民主发展造成了令人担心的影响"。已经建立了资本主义民主制度的俄罗斯尚且遭受如此的攻击,坚持走社会主义道路的中国就更是在意识形态领域遭受了数不胜数的无端攻击。以人权为例,美国等西方国家经常批评中国缺乏民主和人权。从 1990 年以来,美国连续多年在联合国人权委员会会议上提出关于中国人权问题的反华提案。然而,现实情况恰恰相反,根据 2018 年 4 月 24 日中国发布的《2017 年美国的人权纪录》《2017 年美国侵犯人权事记》显示,美国的人权状况"依旧劣迹斑斑,并呈持续恶化的趋势"。2021 年 1 月 11 日,时任美国国务卿蓬佩奥发推特再次攻击说"中共是联合国最大威胁",当时的特朗普政府还试图限制中国共产党党员及亲属赴美旅行。因此,意识形态和价值观的分歧既是导致冷战的一大因素,也是诱发"凉战"的不可忽视的重要因素。

其三,自我控制是两者力避热战的基本方针。美苏两个超级大国在冷战时期存在严重的分歧和冲突,双方大搞军备竞赛、争夺全球势力范围、发动局部代理人战争,两个阵营之间的斗争一度白热化,有些时候(如古巴导弹危机时)还濒临核战争的边缘。但是,尽管双方的力量此消彼长,但从长期来看基本上势均力敌,并且都握有互相毁灭的核武器,加之世界各国人民遭受两次世界大战的磨难,十分珍惜来之不易的和平,强烈反对美苏发动新的世界大战。因此,美苏两大对立集团始终保持克制,谁都不敢率先发动大规模战争消灭对手,尽力避免爆发第三次世界大战。这样,冷战具有一定的抑制爆发热战的自我控制机制。

　　冷战结束之后,和平与发展成为时代的主流。中国共产党的十九大报告明确指出:"世界正处于大发展大变革大调整时期,和平与发展仍然是时代主题。"这是我国对当今天下大势的战略判断。"凉战"中的武装冲突、意识形态渗透、网络战争等在短时间内引不起世界大战,得益于中美俄大国之间的克制与世界人民的反战。"凉战"具有同冷战类似的自我控制机制,从而可以规避矛盾升级和尽力避免双方或多方滑向战争。首先,短期内美国与中俄之间爆发大规模战争的可能性不大。一方面,俄罗斯虽然继承了苏联的衣钵,但是元气大伤,根据世界银行统计数据,2017 年俄罗斯的 GDP 为 15 775.24 亿美元,位列全球 11 名,只相当于排在第一位的美国 GDP 的 8% 多一点。所以,现实中以美国为首的北约不断打压、遏制俄罗斯,如北约东扩、对俄经济制裁等,而俄罗斯则限于国力而无法与其展开全面军事抗衡。但是,慑于俄罗斯拥有实力不俗的战略核武器,北约也会适可而止,而不会一再挑战俄罗斯的底线。另一方面,对于中美来讲,一个是世界上最大的发展中国家,一个是世界上最大的发达国家,两国虽然在台湾问题、人权问题、贸易逆差、知识产权、军事摩擦等方面有纠葛,并可能会如同目前中美贸易战一样产生激烈的冲突,但是,正如习近平总书记所指出的那样,"宽广的太平洋两岸有足够空间容纳中美两个大国"[①]。中美两国目前仍旧保持着畅通的沟通渠道,没有发展到严重的全面对立甚至战争的地步。其次,世界人民的反战力量不容忽视。尽管"凉战"没有像热战那样导致大规模伤亡,但据统计,近二十年来美军在世界各地的军事行动,至少导致 48 万人的死亡。如果"凉战"不慎引发世界大战,其后果必定不堪设想,定会招致世界人民的强烈反对和抵制,因此,世界各国人民组成的和平力量促使新帝国主义不敢妄自发动世界大战。

　　2."凉战"与冷战的差异性分析

---

① 李维.习近平重要论述学习笔记 [M].北京:人民出版社,2014:190.

尽管"凉战"是冷战的延续，但是随着时代的发展，今天世界所处的形势同冷战时期相比已不可同日而语。由于时代背景不同，因此"凉战"与冷战的区别十分明显。具体来讲，两者之间有以下几个差异：

一是没有出现两大对立集团。冷战时期，为遏制社会主义的发展，西方以美国为首于1949年在美国首都华盛顿建立了北大西洋公约组织（North Atlantic Treaty Organization，简称"北约"），标志着"二战"后西方阵营在军事上实现了战略同盟。苏联等社会主义国家不甘示弱，于1955年在波兰首都华沙成立华沙条约组织（Warsaw Treaty Organization，简称"华约"）与之对抗，东欧社会主义国家除南斯拉夫以外，全部加入华约；亚洲社会主义国家除中华人民共和国和朝鲜民主主义人民共和国之外，其他社会主义国家都是华约观察员国。至此，形成了以美苏为首的两大对立集团，分别代表资本主义阵营与社会主义阵营。两大对立集团长达近半个世纪的斗争成为冷战极为显著的特征。

1991年，伴随着苏联的解体和华约组织的解散，冷战时期形成的两极格局不复存在，世界朝着多极化方向发展，逐渐形成了"一霸数强"的新的世界格局，其中，"一霸"是指美国成为唯一的超级霸权大国，"数强"是指欧盟、俄罗斯、中国、日本等仅次于美国的世界其他几支重要力量。因此，"凉战"并没有形成像美苏那样尖锐对立的两大集团，而是在"一霸数强"的格局下展开，这是"凉战"有别于冷战的显著特点。当然，造成这种局面的因素既有美国维护霸权利益的有意为之，也有中俄两国战略选择的考虑。从美国方面来看，美国在冷战结束后因成功击垮苏联而成为全球唯一的超级强国，能够与其全面抗衡的力量短期内难以出现，由此美国会继续借助北约这一有利军事工具打击其他新兴力量而维持全球霸权，而发动"凉战"就是实现美国维护霸权意图的真实表现。1998年12月，美国在出台的《新世纪国家安全战略》中明确提出其目标是"领导整个世界"，决不容忍对其"领导地位"构成挑战的国家或国家集团出现。从中俄两国来讲，俄罗斯尽管继承了苏联的大部分资源，但是今天的俄罗斯已经不复当年苏联的超级大国力量，俄罗斯也没有像苏联那样拉拢其他国家建立对抗美国的军事政治集团，俄罗斯加入的独立国家联合体（简称"独联体"）和上海合作组织等都不是军事同盟，这和华约有本质的区别。中国几千年来秉持"和为贵"的外交理念，新中国成立以来更是始终坚持和平共处五项原则同世界其他国家和地区进行来往。

从毛泽东同志提出的"三个世界"理论到邓小平同志的"中国永远站在第三世界一边,中国永远不称霸,中国也永远不当头"的庄严承诺,再到党的十九大报告郑重宣布"中国无论发展到什么程度,永远不称霸,永远不搞扩张",都彰显了中国促进构建人类命运共同体,不做霸权国家和反对霸权主义的坚强决心。

二是没有进行大规模的军备竞赛。冷战期间,美苏两个超级大国为了保持军事上的优势地位而展开了激烈的军备竞赛。在军备竞赛的前期主要是展开核竞赛,双方在核武器的研发、生产、运载工具、多弹头分导等高技术领域投入大量的人力、物力,巅峰时两国的核武器总量竟然达到惊人的 6 万多枚,赫鲁晓夫就曾自信地表示苏联导弹"连太空中的一只苍蝇都能击中"。到了军备竞赛后期,由于双方核武器势均力敌,两国开始转向战略防御系统的研制,如美国总统里根提出的反弹道导弹军事战略计划,即"星球大战计划"。冷战时期的军备竞赛让人类时刻处在战争的阴影之下,也为冷战的特征深深打上了军备竞赛的烙印。

苏联解体后,虽然美国挑起以中俄两国为主要假想敌的"凉战",如 2018 年 10 月 4 日美国智库传统基金会发布的《2019 年美国军力指数》就将中俄视为美国最大的威胁,拜登也说中国是美国的最大竞争者,俄罗斯是美国最大的威胁,但是,中俄两国并没有与美国重走冷战时期军备竞赛的旧路。首先,俄罗斯作为苏联的主要继承者,目前的经济实力已远不如从前,避免新一轮大军备竞赛是俄罗斯的愿望。2019 年 1 月 15 日,俄总统普京表示:"俄罗斯作为一个负责任和理智的国家,不希望进行新的军备竞赛。"其次,中国采取防御为主的国防政策,坚持走和平发展的道路,国策的重心是大力发展经济而不是主动与美国在军事上互相争锋。习近平总书记一再重申中国的这一和平外交理念。2013 年 3 月 23 日习近平总书记在莫斯科国际关系学院发表演讲时郑重强调:"中国始终奉行防御性的国防政策,不搞军备竞赛,不对任何国家构成军事威胁。"①从军费预算来看,2018 年美国军费总额高达 6 220 亿美元,高居世界军费排行榜榜首,超出排在其后的中国、英国、印度、沙特、俄罗斯、法国、日本、德国、韩国 9 个国家的军费总和(5 486 亿美元),而中国军费支出只有 1 918 亿美元,不及美国的 1/3。因此,那些任意指责中国大搞军备竞赛的言论不攻自破。

三是没有在全球争夺霸权。冷战初期,面对以美国为首的资本主义阵营的

---

① 习近平.习近平谈治国理政 [M].北京:外文出版社,2018:275.

遏制，以苏联为首的社会主义阵营积极反击，苏联被迫同美国在全球展开了激烈的霸权争夺，并体现在从 20 世纪 50 年代中期至 60 年代末的美攻苏守，到 20 世纪 70 年代的苏攻美守，直到苏联解体。美、苏均要进行扩张，因而便有了美国发动的入侵朝鲜和越南等战争，以及苏联插手安哥拉内战、出兵阿富汗等。冷战结束之后，尽管美国为了保持霸权地位而通过"凉战"极力遏制中国的崛起，不断鼓噪所谓的"中国威胁论"，但为了人类和平福祉，中国始终坚持和平发展的道路，保持了韬光养晦的战略定力，极力避免同美国产生各种摩擦，展示了维护世界和平的坚定决心。因此，中国始终不会因为国家的强大而重走其他帝国主义国家走过的"国强必霸"的老路，陷入与美国争夺霸权的"修昔底德陷阱"。

所谓"修昔底德陷阱"，主要引申自古希腊历史学家修昔底德在其著作《伯罗奔尼撒战争史》中所说的一句名言，即"使战争不可避免的真正原因是雅典势力的增长和因而引起斯巴达的恐惧"。西方学者后来将其引申为"修昔底德陷阱"，主要内涵是：崛起中的强国必然挑战既有强国的地位，后者一定做出必要反应，从而不可避免地发生战争。近年来，西方学界、政界及军界不断拿两千多年前修昔底德的论断简单对照中美关系，以"一战"前的英德、"二战"后的美苏争霸事实肆意曲解中国的和平崛起。但是，这种罔顾历史变迁而推导出的"强国必霸"的伪逻辑不适用于历来主张"天下大同"、"四海之内皆兄弟"的中国。正如习近平总书记所指出的那样："我们都应该努力避免陷入'修昔底德陷阱'，强国只能追求霸权的主张不适用于中国，中国没有实施这种行动的基因。"[①]2015 年中国发布的《中国的军事战略》白皮书也明确表示，中国"奉行独立自主的和平外交政策和防御性国防政策，反对各种形式的霸权主义和强权政治，永远不称霸，永远不搞扩张"。现实中，中国对内已经进行了 11 次大裁军，对外则积极推动朝鲜半岛无核化、向亚丁湾派遣海军护航、为叙利亚提供人道主义援助、大规模支持非洲经济建设、积极支持全球抗击新冠肺炎疫情等。这些均向世界证明了中国为维护世界和平所做出的巨大努力。

### （三）中国应对"凉战"的对策

面对以美国为首的少数西方国家对中国挑起的"凉战"，中国必须正视，从政

---

① 卢黎歌. 新时代推进构建人类命运共同体研究 [M]. 北京：人民出版社，2019：218.

治、经济、军事、外交、意识形态等方面做出积极应对,坚决守卫国家总体安全,有效化解"凉战"对中国造成的负面影响。

一是坚持走中国特色社会主义政治发展道路。习近平同志在中国共产党的十九大报告中指出:"中国特色社会主义政治发展道路,是近代以来中国人民长期奋斗历史逻辑、理论逻辑、实践逻辑的必然结果,是坚持党的本质属性、践行党的根本宗旨的必然要求。"①这条政治道路是中国共产党带领人民总结历史经验、进行理论创新、长期摸索实践所得来的具有鲜明中国特色的政治发展道路。实践证明,这条政治道路符合中国国情,为实现最广泛的人民民主指明了方向。西方国家经常罔顾历史、国情、制度等方面的差异,指责中国的政治未能按照西方垄断资产阶级民主模式那样进行政治改革。历史表明,脱离本国实际,完全照搬西方的政治制度模式,进行西式的政治改革,必然会导致像冷战时期苏联与东欧社会主义国家那样难以挽回的严重后果。因此,中国在"凉战"环境之下不能屈服于任何外来政治压力而走西方的寡头宪政道路,不搞资产阶级的三权分立制度和议会领导下的内阁负责制等模式。中国必须在坚持党的领导、人民当家作主、依法治国有机统一前提下,一方面积极稳妥推进政治体制改革,特别是适应新时代中国特色社会主义发展的新要求,深化党和国家机构改革;另一方面坚定不移保持政治定力,坚定中国特色社会主义制度自信,在政治体制改革完善中不走改旗易帜的邪路。

二是实行大力发展经济与维护经济安全并重方针。经济实力是一个国家应对各种挑战不可或缺的物质保障。改革开放40多年来,我国经济发展取得了举世瞩目的成就,GDP总量在2010年超过日本,一跃成为继美国之后的世界第二大经济体,并一直保持至今,这为我国应对西方国家的"凉战"提供了坚实的经济支撑。自十八大以来,我国经济进入新常态,国民经济已逐步由高速增长阶段转向高质量发展的新阶段,面临着转变发展方式、优化经济结构、转换发展动能、美国经济制裁和脱钩等不少难题。为此,必须在新阶段尽快构建以国内大循环为主体、国内国际双循环相互促进的新发展格局,强化关键核心科技的新型举国体制,完整、准确、全面贯彻创新、协调、绿色、开放、共享的新发展理念,转变发展方

---

① 习近平.决胜全面建成小康社会 夺取新时代中国特色社会主义伟大胜利——在中国共产党第十九次全国代表大会上的报告[M].北京:人民出版社,2017:36.

式,破解发展难题,继续提升我国经济发展质量和实力。同时,要坚决维护我国经济安全,加强经济反制,确保经济发展成果真正发挥实效,以免在"凉战"中遭受不必要的经济损失。中国遭受了美国发起的贸易战、科技战、金融战和资源战,美国也不断非法制裁中国的企业和人员,这给我国经济发展造成了不小压力。但是,中国已表明不想打经济战、但也不怕打经济战的决心,任何经济战都不能阻挡中国经济发展的势头。金融作为现代经济核心,关系着整个经济发展的稳定。当前特别要警惕西方国家对中国发起的金融战,加强金融监管和对等开放,反对私人垄断和扩张,避免金融脱实向虚,增强金融服务实体经济的能力,守住不发生金融风险和国民利益的底线。

三是加强以防御为主的国防建设。强大的军事力量是捍卫国家安全的坚强后盾,更是和平时期威慑敌对势力的利器。中国政府一再庄严承诺,不论中国发展到什么程度,都不会称霸和扩展,不走西方列强所走过的"国强必霸"的老路,始终奉行防御性的国防政策。不过,中国在南海和中国台湾等问题上经常遭受以美国为首的西方国家的军事挑衅也表明,唯有加强军事建设才能维护国家主权和领土完整,这与防御性国防政策并不矛盾。为此,在中国特色社会主义进入新时代背景下,面对复杂多变的"凉战"环境,要积极推进国防与军队现代化,打造一支听党指挥、能打胜仗、作风优良的强大人民军队。在实现强军梦的进程中,一方面要按照十九大部署,实现机械化并在信息化建设上取得重大进展;全面推进军事理论、军队组织结构、军事人员、武器装备等现代化建设,力争在2035年基本实现国防和军队现代化;21世纪中叶建成世界一流军队。另一方面要在海上维权、反恐维稳、国际维和、人道援助等方面展现中国为维护和平所进行的军事努力,因为这些军事努力除了有助于消除其他国家对中国军事力量发展壮大的忧虑之外,也可以展示中国在维护和平的同时,不会屈服于任何外来压力而坚守国家利益底线,敢于同任何侵犯中国主权和领土完整的势力作坚决斗争的坚定决心。简而言之,那种认为"美国新总统拜登很难改变特朗普留下的对华政策,但美国若想重启美苏冷战时期的同盟机制对付中国,一点可能性都没有"的观点,是过于乐观了,因为北约依然在扩张,美日澳印也在逐渐协调实施"印太战略"。

四是凝聚赞成人类命运共同体理念的和平力量。以"美国利益优先"、"美国领导世界"、"西方中心论"为主要价值取向的国际秩序理念,渗透着浓厚的霸权主义、强权政治和冷战思维，造成恐怖主义、贫富差距、局部战争等肆意蔓延，越来越不适应时代潮流。纵观新中国 70 多年来的对外交往历程，我国经常遭到以美国为首的西方国家的打压。而在对外交往中，我国既不会以牺牲他国利益为代价换取自身发展机会，也决不允许他国为其私利而损害中国正当利益，始终秉持独立自主、平等往来的原则。为有效应对"凉战"对中国造成的不利影响，我国应当从促进构建人类命运共同体的先进理念出发，团结和扩大世界和平力量（包括各国共产党），加强与爱好和平国家的关系，扩大中国在周边和全球的国际影响力和话语权。中国倡导构建人类命运共同体，就是以平等相待精神同世界各国同呼吸共命运，为人类前途贡献中国智慧和中国方案，而这有助于中国集聚更多的和平力量来钳制"凉战"。在促进国际合作方面，我国倡导推进"一带一路"建设，目的就是要把我国发展同沿线国家和地区进而同整个世界紧密连接起来，从而打造一条和平、繁荣、开发、创新、文明之路，传播中国坚持和平发展的福音，巩固中国周边安全局势，粉碎西方国家企图借"凉战"对中国进行围困的图谋。

五是建设具有强大凝聚力和引领力的社会主义意识形态。意识形态关乎一个国家的旗帜、道路和国家政治安全。西方国家对中国发起"凉战"的重要原因之一就是中西方之间的意识形态分歧，因而做好意识形态工作关系着党和国家的前途命运、影响着民族的凝聚力和向心力。应该看到，目前意识形态领域面临着严峻的挑战，一些错误的思潮如新自由主义、社会民主主义、历史虚无主义等充斥网络，加之敌对势力的造谣惑众，形成了一股意图通过宣扬私有化、抹黑历史等否定我国社会主义制度的错误舆论，严重挑战了马克思主义的主导地位，实质是争夺意识形态领域话语权。为此，要加快建设具有强大凝聚力和引领力的社会主义意识形态。首先，以习近平新时代中国特色社会主义思想为指导，牢固掌握意识形态的领导权和正确方向，以此巩固马克思主义在意识形态和社会科学领域中的指导地位。其次，创新传播手段和方式，利用先进的网络传媒技术如微信、微博等，根据国内外不同受众的偏好习惯，积极传播正确的意识形态，讲好中国故事，提高新闻舆论的引导力和号召力。最后，注重网络空间的意识形态斗争，加强网络舆论管控和引导，严厉打击利用网络空间传播不实言论甚至造谣蛊惑的行为，以及防控国外敌对势力利用网络渗透攻击行为，抢占网络空间话语权，为意识形态安全营造一个清朗的网络空间。

## 五、推进人民币区域化和国际化,建立全球经济新秩序

在党的十九大报告中,习近平同志指出:"健全货币政策和宏观审慎政策双支柱调控框架,深化利率和汇率市场化改革。健全金融监管体系,守住不发生系统性金融风险的底线。"同时,他又指出:"深化利率和汇率市场化改革,稳步推进人民币国际化,提高金融市场国际化水平,有序实现人民币资本项目可兑换。"[①]在马克思主义经济学指导下,人民币国际化战略选择应该考虑国际形势和我国的国情,在渐进式改革发展中走有中国特色的人民币国际化道路。

### (一)亚洲经济发展需要区域性货币

中国人民币走向区域化和国际化之所以具有可能性,是因为经济全球化的发展将对国际新秩序的建立产生深刻影响,处于亚洲经济区域中的发展中国家,只有通过自身的经济发展,建立区域货币体系,才能逐步摆脱美国金融霸权的控制,努力改变不平等的经济关系,以实现自己的发展目标。

1997 年,东盟在国际货币基金组织召开年会之际,提出了建立亚洲货币基金的设想,2000 年 11 月在文莱举行的亚太经济论坛首脑会议上,日韩等国有关人士就"东亚货币"的可能性进行了探讨。2001 年初在日本神户召开的亚洲 25 国财政部长会议上,日本和法国联合发出倡议,呼吁亚洲国家采纳一种不受美元支配的货币体系以避免金融危机。2001 年 10 月中旬,被誉为"欧元之父"的罗伯特·蒙代尔来到中国,也把关于"亚洲单一货币"的憧憬带给参加上海亚太经济合作组织会议的首脑们。东亚地区在经历了 20 世纪七八十年代的经济高速增长后,区内各国在经济、政治合作方面已经建立了一定的基础。一是东亚地区的区内贸易和投资规模日益扩大,贸易总额占外贸总量的比值超过 50%。二是东亚地区经济合作呈现良好的趋势,各国利用资源差异发展多层次合作,还将开辟东北亚经济圈、环黄渤海经济区、印支经济区及新柔佛增长三角带经济合作的新

---

① 习近平.决胜全面建成小康社会 夺取新时代中国特色社会主义伟大胜利——在中国共产党第十九次全国代表大会上的报告 [M].北京:人民出版社,2017:34.

局面。中国是亚洲区域中的一个发展中大国,在经济协调发展中发挥着一定的主导作用。特别是加入 WTO 后,中国在参与全球金融活动与规则制定的基础上,将更积极地参与亚洲区域的货币金融合作,支持亚洲货币基金(AMF)的建立与发展,努力与周边国家一起为亚洲经济、金融开放创造良好的公共环境,已经形成了亚洲经济发展深深地依赖中国的新格局。

有人认为,东亚出现区域性货币是很遥远的事,理由是各国在政治上难以形成共识,在历史文化上差异太大,难以保证区域货币联盟的好处。这种观点是有一些道理的。但是,中国加入 WTO,标志着国内市场经济日趋走向国际化,中国人民币就有可能成为区域性货币。这是因为日元信用关系严重疲软。日本自 20世纪 90 年代以来,泡沫经济的负面影响仍然存在。2000 年以来经济更是持续低迷,破产企业增加,失业率创纪录,金融资产大幅缩水,银行体系处于瘫痪状态。由于国债余额对 GDP 的比例已超过 130%,日本国家财政处于崩溃边缘。与此同时,日元又发生贬值,这不仅导致日本金融动荡和经济恶化,还对亚洲国家和地区的出口产生了消极影响,导致日元信用关系严重疲软,金融中心地位相对下降。此外,日本长期存在着政治历史问题,影响亚洲许多国家和地区人们的感情,有碍于对日元信任度的提升。从地缘政治上看,亚太地区存在着"中美日"大三角关系,美国因全球利益不愿意让日元区域化。当日本 1997 年提出建立亚洲货币基金的建议时,就曾遭到美国和国际货币基金组织的反对。从历史上看,日本侵略过东亚许多国家,这些国家宁愿接受美元或人民币也不愿接受日元。从制度上看,东亚大多数国家建立了市场经济体制,政治意愿逐步形成共识,中国又同东盟建立了自由贸易区,这些在客观上都为人民币的区域化奠定了基础。

反观人民币,不仅币值稳定,而且有着良好的国际信用关系。我国经济长期高速增长,赢得了亚洲乃至世界各国的颂扬。中国当年在东南亚金融危机时始终承诺人民币不贬值,赢得了国际社会的广泛信任,也使国际社会和亚洲一些国家清楚地认识到,中国是一个可信赖的合作伙伴,世界经济的稳定与发展离不开中国。作为一个发展中大国,中国还尽力发挥自己在国际经济事务中应有的作用,从而建立了良好的国际信用关系,这为人民币逐步走向区域化和国际化创造了适宜的国际环境。

上述分析的结论是:若能实现在与日本平等的基础上建立亚洲货币基金,或者暂不排斥本国货币存在的前提下规划发行"亚元",对中国都是利大于弊的。不过,在此之前和之后的一个较长时期内,中国还是要积极推行人民币的区域化和国际化。

### (二)人民币逐步走向区域化和国际化是提高国际金融竞争力的迫切需要

中国要想充分利用各种机遇和化解市场风险,从而提高国际金融竞争力,就必须推进人民币的区域化和国际化。这表现在以下几点:

一是在金融管理的要求上,人民币的区域化和国际化要求外资银行进入中国,拓展业务范围,中国的银行要更多地走向世界,从而在资金运用、业务品种、服务手段、工作效率及利率和汇率的风险管理等方面对银行业提出了更高的要求。同时,人民币国际化还将在更深的层次上沟通本币与外币之间的联系,加强本币供应量的调节,改善中央银行宏观调控能力,建立符合市场经济要求的银行体制和金融市场体系,提高银行生存和发展能力。

二是在金融管理的目标上,人民币的区域化和国际化能减少汇价风险,有利于促进对外贸易的更快发展。过去我国对外经济交往都使用外币,汇价风险很大,一旦使用币种不当,就要承受巨大损失。如果人民币成为区域性或国际性货币,在国际间往来时就可以争取更多地使用自己的货币,使汇价风险减少到最低限度。

三是在金融管理的效果上,人民币的区域化和国际化能减少因使用外币所引起的财富流失。把本国货币作世界货币发行,客观上是把别国的资金筹集到本国来,为本国经济注入新的活力。美国目前之所以能维持经济霸权地位,财富有较快的增长,是同美元作为世界货币密切相连的。

四是在金融管理的质量上,人民币的区域化和国际化能提高国际化金融服务水平。因为它客观上需要中资银行必须更多地面向世界,提供符合国际化要求的金融服务。

五是有利于改善外商投资和经营环境,减少外商投资利润汇出风险,保护外商投资者的合法权益,增强外国投资者的信心,更合理地引进外资,提高产业结构的优化率。

总之,人民币逐步区域化和国际化,就是日渐掌握一种区域性和世界性货币的发行和调节权,这对于全球经济新秩序的建立及提高我国经济的国际地位均至关重要。

### (三)中国经济发展为人民币逐步走向区域化和国际化创造了日趋良好的条件

从我国当前的经济发展情况看,这些良好条件主要表现在:(1)中国的经济规模和综合国力已有明显提高。(2)中国对外贸易结构不断优化。(3)引进和利用外资成效显著。(4)外汇管理体制改革效果显著。(5)人民币汇率基本稳定。(6)中国市场经济体制逐步完善。

### (四)推进人民币逐步区域化和国际化的若干对策

第一,推进人民币区域化和国际化进程,需要有牢固的微观基础,这就必须加快建立和完善现代企业制度。因为,人民币区域化和国际化进程,将国外与国内两个市场体系融为一体,客观上迫使企业在全球范围内参与国际竞争,在更大范围内实现社会资源的优化配置。在这种情况下,国际市场价格波动将直接影响到国内市场价格波动,影响本国经济的健康发展。为此,一是按照市场经济体制的要求,深化产权制度改革,建立和完善现代企业制度,切实转变企业经营机制,使企业真正成为依法自主经营、自负盈亏、自我发展和自我约束的法人实体和市场主体。二是应当加速建立"三控型"民族企业集团。所谓"三控",就是控股(资本)、控牌(品牌)、控技(技术),只有实行"三控"的企业才是比较安全的民族经济。[1] 三是从根本上提高企业适应国内外两个市场竞争的能力,以适应人民币区域化和国际化进程中所需要的全方位开放度,切实做好人民币区域化和国际化的基础性工作。

第二,推进人民币区域化和国际化进程,需要加强和完善以商业银行为中心的信用制度,并加大在国外推行人民币兑换业务。因为,人民币区域化和国际化属于货币经营范围,它包括国内经营和国际经营两个部分,两者都需要通过建立良好的信用制度来协调运行。要把信用视作金融业发展的生命线,不断完善适合国际要求的信用制度。目前,在世界各国经济交往中,要为人民币可兑换创造

---

① 程恩富. 经济全球化与中国之对策［M］. 上海:上海科学技术文献出版社,2000:49.

条件。如在旅游业相互开放的国家中,尤其是在东亚国家推行定额人民币兑换该国货币。同时,要在发达国家大力推行人民币兑换该国货币的措施,为提高人民币区域化和国际化提供良好的软环境。

第三,推进人民币区域化和国际化,需要建立一个合理的非对称利率市场化机制。非对称利率市场化是相对于完全自由的利率市场化而言,是指以中央银行利率为核心、货币市场利率为中介、由市场供求决定存贷利率为基础的市场利率体系。

从世界金融发展历史来看,利率市场化有两种模式,一种是完全自由的利率市场化,它以发达健全的金融市场体系为基础。从有关国际利率市场化改革的实践看,如果金融市场体系不健全,一旦利率放开,完全由市场决定,利率波动就比较剧烈,就会带来巨大的金融风险,1997年东南亚金融危机就是深刻教训。因此,这种利率市场化模式不适合于发展中国家的改革目标。另一种是非对称利率市场化模式,它是以比较健全的金融市场体系为基础,以中央银行利用经济手段进行适度干预为前提。因为,对发展中国家来说,由于资本的相对稀缺,若通过市场对资源进行配置就无法满足资金的要求,因此,只能通过政府对利率的干预来增加资本积累。可以这么说,非对称利率市场化在一定条件下对发展中国家的金融和经济发展起着其他因素所无法替代的积极作用。从实质上看,它是一个博弈过程。因此,这种利率市场化模式得到了世界上许多发展中国家甚至一些发达国家的认可。

为此,中国要根据非对称利率市场化模式的要求,建立合理的利率市场化机制。

(1)要尽快完善短期资金市场和长期资金市场,这是建立非对称利率市场化机制的基础。

(2)要规范商业银行的经营行为,提高资金使用效率,实现中央银行间接管理和规范管理的要求,不断提高利率水平,并按照商业银行规范经营的要求进一步公开市场交易,这样,才能使利率波动成为一种正常的市场行为。

(3)要注重利率市场化的实际绩效。一是在放开同业拆借利率的基础上,进一步完善和提高原利率的市场调节机制。主要是降低交易成本,提高结算清算效率,加快资金划转和清算速度,以便及时地反映资金供求状况。同时要增加信息提供,降低交易风险,特别要放宽市场化准入标准,将境外资金纳入同业拆借市场,扩大和发挥金融市场的功能作用。二是在国债市场上,进一步完善有利于利率市场化作用的国债市场联动机制,因为国债市场利率具有交易量大、信息披露充分等特点。根据利率市场化要求,国债发行可采取全额招标或拍卖等方式,在保留底价和基本承销价的前提下,适当扩大招标或拍卖价格的变动区间,便于投资者自行确定国债发行率,以此推动其他金融资产的利率市场化。三是在银行存贷关系上,进一步实行存贷款利率的动态机制,调节企业和居民的经济行为和消费行为,引导资金按社会经济发展的需要进行流通,使社会资金供求达到动态的平衡,从而避免金融风险,维护社会经济稳定,为人民币国际化提供内在基础。

第四,推进人民币区域化和国际化进程,需要高度重视和改进开放中的金融监管问题。

(1)积极消除金融隐患来加大金融监管力度。改革开放以来,我国虽未正式产生过金融危机,但近年始终存在一些金融隐患,如银行资产质量不高、不良贷款比重较大,某些地方金融秩序混乱、非法集资现象突出,不规范运作的非银行金融机构较多等。因此,必须严格立法和执法,并辅之以诚信教育。

(2)健全具有中国特色的金融监管体系。为了形成稳定的金融市场秩序,保证货币国际化目标顺利实现,一些国家根据本国的国情,建立了各具特色的金融监管体系。中国过去的金融监管体系是以封闭型为特点,所以要改变现行金融监管机构的设置,建立和健全一体化的开放性金融监管体系,对各类金融机构进行有效监管。

(3)健全符合金融监管要求的金融安全网。世界上许多国家都十分重视金融安全网建设,主要是为了防范由于一家银行倒闭,因信息不对称而导致众多存户挤兑,致使许多银行发生连锁倒闭的系统风险现象的出现。金融安全网建设包括两个方面,一是建立银行存款保险制度,即通过设立存款保险公司,向金融机构收取一定的保险金,对在该金融机构的存款实行保险,以防止金融机构经营中所产生的系统风险。二是建立最后贷款制度。中央银行充当最终贷款人,在金融危机期间向有困难的金融机构提供流动资金贷款,以防止银行连锁倒闭和金融危机的爆发。

(4)面对金融日趋自由化和以美国为首的国际金融霸权的新态势,中国既要深化国内金融体制的改革,迅速提升本国金融机构的竞争力,也要循序渐进地适时开放金融领域,强调有理、有利、有节,还要加强对国际游资的防范与管理,严格监督外资金融机构的经营行为。

### (五)人民币国际化战略选择:不完全国际化

结合我国当前资本项目不宜完全开放的现实情况和防范经济危机的需要,人民币国际化战略选择应该是走不完全国际化的道路,即让人民币在国际事务中充分发挥计价和结算职能。

(1)人民币不完全国际化是对世界经济整体良性发展做贡献。根据马克思货币理论,主权货币不适合长期充当国际中心货币。作为我国的主权货币,人民币一旦充当国际中心货币,仍然走不出民族性和世界性矛盾冲突的怪圈。在我国经济实力强大的时候,人民币固有的民族性和国际货币赋予人民币世界性的利益一致的时候,人民币可以在推动我国经济发展的同时,也会促进世界经济的发展。一旦我国经济出现较大波动,就有可能出现为了我国经济的发展而损害世界经济的情况,那时遭殃的不仅仅是世界经济,也会最终累及我国经济的稳定发展。因此,人民币不完全国际化既有益于我国经济发展,也有益于世界经济长期的发展。这是一个社会主义大国对世界经济应承担的责任。

(2)人民币不完全国际化是我国在国际经济事务中正当权益免受损失的重要保障。在当前的国际货币体系下,美国凭借着美元特殊的储备地位,掠夺世界各国的资源而只支持美国一国经济的发展,给包括中国在内的世界各国经济带来了不同程度的破坏。以中美贸易为例,依托美元国际货币的特殊地位,美国不仅可以"免费"获得我国的商品,而且还能在整个中美金融贸易过程中获得巨额利润。具体如图6—1所示。

从图6—1上半部分的中美贸易中,美国通过经常项目的逆差,从我国获得商品,满足了美国民众日常生活和生产需要,而我国出口商品到美国所获得的美元,又作为我国的外汇储备以强制结售汇的方式流入中国人民银行。

在下半部分的中美金融往来中,我国通过中美贸易获得的外汇储备,出于保值和投资的目的,将会投资到美国的金融市场特别是美国的国债市场。这些美元从美国出发,经过中国人民银行,又回到美国手中。在这一交易过程中,我国

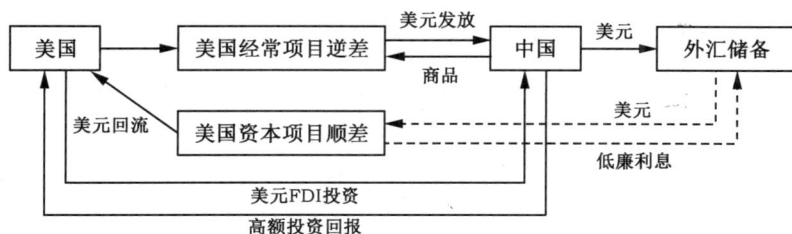

图 6—1　当前国际货币体系下中美经贸循环图

获得了十分低廉的利息。而美国又将回流的美元以 FDI 等方式重新投资到我国,从我国获得高额的投资利润。

综合整张图,我们可以看到,美国实际上是"免费"获得了我国的商品。在整个过程中它主要做了两件事:一是发行美元获得商品,二是回流美元再投资获得高额利润。在整个过程中,中国出售了消耗大量本国资源的商品,获得的美元最终还是要回流美国,仅仅获得了低廉的利息,而这低廉的利息相对于美国从我国获得的高额投资回报,显然是微不足道的。同时,中美这种经贸循环把生产商品的各种成本及环境的破坏留给了我国。更甚者,这些由于中美贸易顺差和外商投资流入我国的美元,在强制结售汇制度下,重新流回中国人民银行,形成外汇占款,中国人民银行不得不额外发行人民币流入市场,从而造成了持续的通货膨胀压力。为了舒缓这些压力,中国人民银行又不得不通过回购机制收回这些额外的流动性,但是回购的成本随着更多美元流入变得越来越高。最为糟糕的是,这些大量流入的美元致使我国变相地丧失了部分人民币的发行权。

上述的关系之所以能够发生,主要是因为美元国际货币的特殊地位。全球60％以上的外汇储备、40％以上的商品计价和结算都需要使用美元。在这种情况下,通过人民币的不完全国际化,使得我国在与包括美国在内的世界各国进行贸易时,更多地使用人民币进行计价和结算,就可以使我国的各种正常权益尽可能地避免损失。同时,也可以避免美元计价、结算带来的汇率风险。

(3)人民币不完全国际化是资本项目不完全开放的合理选择。在当前经济环境下,虽然我国经济取得了长足的进展,但是资本项目仍然没有完全开放,我们进行资本管制主要是为了防止外国投资者非常容易获得人民币,然后利用人民币进行做空获利。这其中很大的原因,就是依据克鲁格曼正式提出的"三元悖论":在开放经济条件下,一国不可能同时实现货币政策独立、资本自由流动和汇率稳定三大宏观经济目标,只能取其二而舍其一(克鲁格曼,1999)。实践证明"三元悖论"存在有效性(程恩富和孙业霞,2015)。况且,我国的银行在应对外部冲击时所能使用的各种金融工具还不够多。这些因素决定了我国的资本项目在短时间内还不能够完全开放。如果资本项目没有彻底开放,人民币就不是完全可自由兑换的,也就不可能完全的国际化(余永定,2016)。但是,前文已经详述,为了维护我国在国际事务中的正常利益免受损失,人民币必须国际化。因此,在当前资本项目不完全开放的条件下,让人民币走不完全国际化的道路就成了必要选择。我国完全可以通过国家之间的货币互换、贸易往来等方式,来充分发挥人民币计价和结算手段。

(4)人民币不完全国际化是有利于防范各种金融风险的基石。在当前国际货币体系下,美国凭借美元特殊储备地位,经常将本国货币政策外部化,并通过美元"潮汐效应",将全球金融带入一个持续剧烈动荡时期(程恩富和方兴起,2016),并借此将世界各国变成美国摆脱危机的泄洪区。具体情况如图6—2所示。

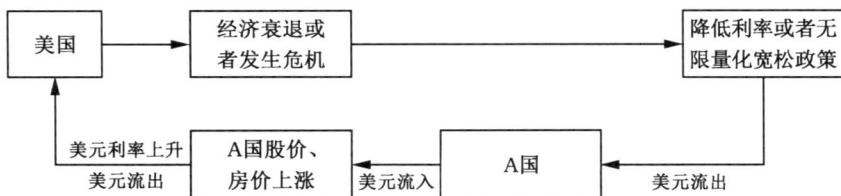

图6—2　美元"潮汐效应"及其影响

从图6—2可以看到,当美国发生经济衰退或者危机后,美国通过扩张性货币政策,降低利率,超发大量美元,这些美元流入A国(A国代表货币完全国际化的国家),造成A国股票、房地产等资产价格上涨,通货膨胀严重,经济泡沫化。此后,美国经济一旦好转,就会实行紧缩性货币政策,提高利率,导致美元从A国流回美国。这种美元在美国和世界其他国家的流入流出,如同海水涨落潮引发的潮汐现象一样,结果造成A国经济从繁荣到衰退,甚至经济泡沫崩溃,爆发危机。2008年源自美国的次贷危机引发的全球金融海啸就是很好的明证。当前新型冠状病毒席卷全球,美国又故技重演,超发美元,世界经济前景堪忧。

在图6—2中,A国爆发危机的一个前提是美元可以无限量兑换成该国货币,这样流入A国的美元就可以兑换成该国货币进行投机。如果人民币不完全国际化,就可以使试图对人民币进行投机的美元热钱,难以筹集到所需要的人民币标的物,从而使我国减轻甚至摆脱外部经济的冲击,防范金融风险。同时,通过人民币不完全国际化,我国在与各国的国际贸易中尽可能多地使用人民币进行计价和结算,有利于防范汇率风险,减少由于外汇占款造成的通货膨胀压力,也有利于降低我国外汇储备中的美元资产比重,减少美元贬值对我国外汇储备的影响,防止外汇储备的进一步缩水。

遵循马克思主义经济学的货币理论,同时基于"三元悖论",资本自由流动与汇率稳定和货币政策存在着"钟摆效应"(程恩富和孙业霞,2015),作为我国主权货币的人民币实现不完全国际化的路径可从短期和长期两个方面进行分析。

其一,短期内要进一步发挥完善人民币计价和结算手段,保持汇率稳定。

一是进一步扩大和完善我国人民币与其他国家货币实行货币互换。截至目前,我国已经和39个国家或地区签署了货币互换协议,协议总额超过了3.47万亿元人民币。下一步,应该进一步发挥货币协议的作用,充分发挥人民币不完全国际化的作用,在国际贸易往来中尽可能地使用人民币计价结算,使得货币互换成为兼顾金融稳定和便利贸易投资的政策工具。

二是参照"真实票据"理论来完善人民币回流机制。真实票据理论原本用于商业银行经营管理中,是指商业银行的资产业务主要集中于以真实票据为基础的短期自偿性贷款,以保持与资金来源高度流动性相适应的资产的高度流动性。在人民币不完全国际化过程中,可以参照真实票据理论,将经常项目和服务进出口作为"真实票据"开展人民币回流业务。当在各种贸易往来使用人民币进行计价和结算后,人民币流出我国,这个时候通过各种营销手段鼓励境外居民以进口中国商品和服务的方式(中国商品相对廉价且质量好)实现人民币回流。这样不仅可以保障人民币有效回流,还能够达到防范汇率风险,打击投机的作用。

三是建立人民币与商品及其他国际货币双挂钩机制。以石油期货和黄金期货为商品锚,实行人民币与世界其他国际货币挂钩,人民币与石油期货和黄金期货挂钩的双挂钩机制,而将国际储备货币的职能仍然留给美元。这既符合马克思主义经济学货币理论所要求的国际货币应该具有非主权的商品属性,同时也没有冲击美元国际储备货币的地位,有利于人民币国际化的顺利开展。

2018 年 3 月 26 日,我国第一个以人民币计价的石油期货在上海期货交易所上市,自此人民币石油的交易量不断高升,截至 2019 年 12 月,石油期货的日均成交金额超过 691.6 亿元,交易品种不断丰富。这种以人民币计价和结算的原油期货改变了"我的原油、他的定价"的现状,为中国原油贸易提供定价基准和规避风险的工具,并推动石油人民币的形成,这也为其他大宗商品利用人民币进行计价和结算提供了条件,这些无疑将进一步深化人民币国际化水平。

其二,长期内,人民币国际化的未来发展必然是国际货币体系的根本改革。在当前国际货币体系下,美国凭借着美元霸权的特殊储备地位,通过美元的"潮汐效应"将本国货币政策外部化,造成世界经济动荡不堪。国际货币体系必须进行改革,而改革的方向应该是遵从马克思主义经济学货币理论的指导,构建非主权国际货币体系。非主权国际货币的思想首先由中国人民银行原行长周小川提出(周小川,2009),后来逐步发展成建构"世元体系"(程恩富和王翠,2013)。在这一体系里,世元可以以世界主要国家货币的汇率为基础,以世界各主要国家对外贸易总额占世界贸易总额的比重为权重进行综合定值。这样,人民币就可以通过成为世元的重要组成部分国际化。随着我国经济实力的增强及对外贸易的不断扩大,我国对外贸易占世界贸易的比重不断上升,人民币在世元体系中的重要性就会不断加大。这不仅能够保障我国在国际经贸往来中的正常合法权益,而且有利于我国经济持续稳定高质量的发展。当然,这个过程必然是漫长的,且充满与美元霸权的博弈。

## 六、发挥好中国在世界经济体系中的"准中心"地位作用

在经济全球化不断深入的背景下,中国逐渐走向富强,在世界经济舞台上扮演的角色越来越重要,从而引发中外学术界关于中国发展地位和未来发展趋势的广泛关注和探讨。贡德·弗兰克(2008)在《白银资本——重视经济全球化中的东方》一书中指出,欧洲从来没有处于世界的中心,反而是中国、印度这样的亚

洲国家在世界经济的发展中曾经处于中心位置。他通过以下几项指标对比了欧洲和亚洲当时在世界经济中的地位和角色。一是数量指标，即人口、生产力、贸易；二是质量指标，即科学与技术（此外还有一个机制问题）。下面我们在此书提到的指标基础上重新确立若干重要衡量指标，对中国的发展状况与发达国家的七国集团（G7）进行重点比较，试图说明需要用"准中心"的新概念来定义现阶段中国在世界经济体系中的地位和影响力。

### （一）中国国民经济总量在世界体系中的影响

一个国家的国民经济总量是生产力水平的重要表现，它对世界经济的影响力主要体现在三个方面：一是经济增长速度；二是 GDP 总量占世界 GDP 总量的比重；三是对全球经济增长的贡献。根据 2018 年世界货币基金组织发布的《世界经济展望》对全球经济增长速度的预测，相较于 G7 国家，中国以平均 6.6% 的预期经济增长速度，显著高于美国及其他中心国家（见表 6—1）。根据世界银行以当时市场汇率计算的 GDP，中国在 2017 年的 GDP 总量又远远超过了除美国之外的其他 G7 国家（见表 6—2），成为世界经济增长的重要贡献力量（见图 6—3）；而基于购买力平价计算的 GDP，2018 年中国更是超过了美国，成为世界第一大经济增长极（见表 6—3）。

表 6—1　　　　　　　世界货币基金组织 2018 年经济增长预测[①]　　　　　单位：%

| 国家 | 2017 年 | 2018 年（预测值） | 2019 年（预测值） |
|------|---------|------------------|------------------|
| 美国 | 2.3 | 2.9 | 2.7 |
| 德国 | 2.5 | 2.5 | 2.0 |
| 法国 | 1.8 | 2.1 | 2.0 |
| 意大利 | 1.5 | 1.5 | 1.1 |
| 日本 | 1.7 | 1.2 | 0.9 |
| 英国 | 1.8 | 1.6 | 1.5 |
| 加拿大 | 3.0 | 2.1 | 2.0 |
| 中国 | 6.9 | 6.6 | 6.4 |

---

① 国际货币基金组织. 世界经济展望［OL］. 2018 年 4 月国际货币基金组织中文主页，http://www. imf. org/zh/Publications/WEO/Issues/2018/03/20/world – economic – outlook – april – 2018.

**表 6—2**　　　**世界银行统计数据:GDP(以当时美元汇率计算)及人口统计**①

| 国家/地区 | 1960 年 | | 2017 年 | |
|---|---|---|---|---|
| | GDP:(十亿) | 人口:(千) | GDP:(十亿) | 人口:(千) |
| 中国 | 59 716.47 | 667 070.00 | 12 237 700.48 | 1 386 395.00 |
| 美国 | 543 300.00 | 180 671.00 | 19 390 604.00 | 325 719.18 |
| 日本 | 44 307.34 | 92 500.57 | 4 872 136.95 | 126 785.80 |
| 德国 | | | 3 677 439.13 | |
| 英国 | 72 328.05 | | 2 622 433.96 | |
| 法国 | 62 651.47 | | 2 582 501.31 | |
| 意大利 | 40 385.29 | | 1 934 797.94 | |
| 加拿大 | 41 093.45 | | 1 653 042.80 | |
| 全世界 | 1 366 594.75 | 3 032 160.40 | 80 683 787.44 | 7 530 360.15 |
| 欧盟 | 359 029.38 | 409 498.46 | 17 277 697.66 | 512 461.29 |
| 拉丁美洲及加勒比地区 | 81 167.71 | 220 434.66 | 5 954 671.13 | 644 137.67 |

**表 6—3**　　　**世界银行统计数据:2018 年 GDP 排名(基于购买力平价计算)**②

| 国家 | GDP(国际元) | 世界排名 |
|---|---|---|
| 中国 | 25 361 744 | 1 |
| 美国 | 20 494 100 | 2 |
| 日本 | 5 414 680 | 4 |
| 德国 | 4 456 149 | 5 |
| 法国 | 3 037 362 | 9 |
| 英国 | 3 024 525 | 10 |
| 意大利 | 2 515 781 | 11 |
| 加拿大 | 1 782 786 | 17 |

---

① World Bank:GDP(Current US $ ) [OL]. http://data. worldbank. org/indicator/NY. GDP. MK-TP. CD? locations = CN World Bank:Population,total,http://data. worldbank. org/indicator/SP. POP. TOTL.

② World Bank:GDP Ranking, PPP Based [OL]. http://datacatalog. worldbank. org/dataset/gdp - ranking - ppp - based.

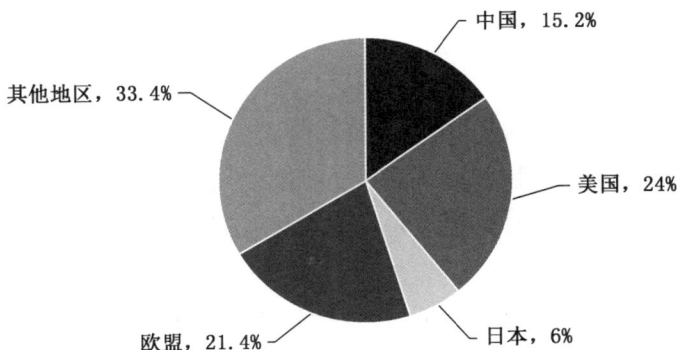

注:根据世界银行 2017 年以当时美元汇率计算的数据得出。

**图 6—3　主要经济体占世界 GDP 比例①**

中国经济在世界体系中的地位和作用不应通过人均 GDP 来确定,正如国际货币基金组织亚太部的史蒂夫·巴内特(Steve Barnett)(2014)指出的那样,中国的经济规模很重要,其对全球需求的贡献将会大于从前。对于出口国来说,这意味着中国不断扩大的市场将继续是其未来的重要客户来源。而且,中国对全球经济增长的平均贡献实际上仍将略有增加。

除了经济规模,人口总量也是衡量一个国家经济水平的重要指标。值得一提的是,人口总量和经济规模之间正向关联。弗兰克在《白银资本》一书中支持了这种关系,认为"亚洲之所以有如此高的人口增长,只有一种可能性,即它的生产也增长得比较快,因此才能支持这种人口增长","占世界 2/3 的亚洲人口生产出世界 4/5 的产值,而占世界人口 1/5 的欧洲人口仅生产出其余 1/5 产值中的一部分,另外的部分是非洲人和美洲人的贡献。因此在 1750 年,亚洲的平均生产力大大高于欧洲人!"同样,当代中国和世界的人口与增长的情况也印证了弗兰克的观点。依据世界银行 1960 年到 2017 年间 GDP 和人口总量(见表 6—2)的数据,在此期间,中国人口增长了约 1.08 倍,GDP 增长了 203.9 倍;美国人口增加了 0.8 倍,GDP 增长了约 34.69 倍;欧盟地区人口增长了 0.25 倍,GDP 增加了 47.12 倍;拉丁美洲及加勒比地区人口增长了 1.89 倍,GDP 增加了 72.36 倍。

---

① World Bank:GDP(Current US＄)[OL]. http://data. worldbank. org/indicator/NY. GDP. MK-TP. CD? locations＝CN.

可见,中国的人口总量虽然远远大于其他国家和地区(印度除外),但是从 GDP 的高速增长可以看出,增长的人口所创造出来的生产力,也远远高于其他国家增长的人口所创造出来的生产力。

同时也可以看到,在中国的 GDP 增长有效支撑了人口增长的同时,新增人口也保证了中国 GDP 的高速增长。1960 年,中国人口约为世界人口的20.19%,创造的 GDP 却仅为世界 GDP 总量的 4.4%,而 2017 年,中国却以占世界 18.4%的人口,创造了 15.2%的世界 GDP。这无疑说明中国的人均生产力也得到了巨大的提升。况且,中国经济的快速增长还带动了其他国家经济的发展。特别是在 2008 年西方金融危机后,美国自身经济疲软,还拖累了许多国家相应的经济发展,而中国则顶住了压力,不仅取得了自身的经济进步,更是以自身的发展带动了许多国家的发展(如"一带一路"沿线国家等)。

简言之,中国在世界经济增长中的巨大作用,说明中国的生产力进步对世界经济发展的重要影响,这一影响不亚于中心国家所发挥的作用。

### (二)中国对外投资和援助在世界体系中的影响

中国的对外直接投资数额不断增大,为世界经济的发展注入了积极的正能量。根据商务部、国家统计局、国家外汇管理局联合发布的"年度中国对外直接投资统计公报"显示,2018 年中国对外直接投资为 1 430.4 亿美元,在 2013 年首次突破千亿美元大关并成为全球第三大对外投资国的基础上,跃升为全球第二大对外投资国。此外,2018 年末,中国对外直接投资存量达 1.98 万亿美元,在全球分国家(地区)的对外直接投资存量排名中由 2002 年的第 25 位升至第 3 位,仅次于美国和荷兰。中国在全球外国直接投资中的影响力不断扩大,年对外直接投资金额占全球对外直接投资金额的比重连续 3 年超过一成。中国的对外投资持续为被投资的地区和国家及全球经济的增长提供强劲稳定的动力源。世界银行在分析 2018 年国际债务数据时指出,2016 年"金砖五国"承诺向低收入国家提供的双边借款额翻了一倍,达到 840 亿美元,其中,最令人瞩目的是中国在"一带一路"倡议下建设的环绕多个地区的 60 多个国家的国际经济一体化走廊。在拉丁美洲经济低迷时期,美国从拉美地区回笼投资,而中国对拉美的投资总额则在不断增长,到 2016 年的非金融类直接投资达 298 亿美元。在成为拉美第三大投资来源国的同时,中国的投资质量也在不断提升,由传统的能源类转向金融、制造业、信息产业、电子商务、服务业等,极大地促进了当地的经济发展。

根据贝克·麦坚时国际律师事务所发布的投资报告显示,2016 年中国对北美和欧洲发达经济体直接投资总额增长两倍多,创下 940 亿美元的历史新高。其中,对北美的投资金额达 480 亿美元,比 2015 年增长 189%,对欧洲投资 460 亿美元,比 2015 年增长 90%。该报告还指出,中国的民营企业引领中国对欧美投资,交易完成量超过总量的 70%。投资主要流入了房地产和酒店服务、交通运输、公用事业和基础设施、消费品和服务及娱乐行业。同时,中国国有企业的投资重点由纯金融领域转向实体经济领域。以中国对欧洲投资为例,将近 70% 的投资流向了信息和通信技术、交通运输、公用事业和基础设施及工业机械制造行业。据商务部、国家统计局和国家外汇管理局 2020 年 9 月 16 日联合发布的《2019 年度中国对外直接投资统计公报》显示,中国在 2019 年对外直接投资规模达到 1 369.1 亿美元。从全球占地来看,2019 年中国在全球对外直接投资的占比为 10.4%。截至 2019 年底,中国超 2.75 万家境内投资者在全球 188 个国家(地区)设立对外投资企业 4.4 万家,覆盖全球 80% 以上的国家(地区)。毫无疑问,中国的对外投资促进了各国的共同发展,为全球经济发展提供了更多机遇,其影响是深远的。

与此同时,中国的对外援助为受援国的发展提供了蓬勃发展的机遇。首先,从对外援助的原则来看,中国的援助与美国官方发展援助(Official Development Assistance,ODA)的最大区别是,中国的对外援助坚持不附带任何政治条件,不干涉受援国内政,充分尊重受援国自主选择发展道路和模式的权利。以拉丁美洲为例,在债务危机爆发后,美国和各国际金融机构在向拉美提供援助时,所附加的条件是各国必须进行新自由主义性质的调整和改革;在非人道主义援助方面,美国政府也对受援国提出了广泛的西方人权和民主式的改革要求。而中国则坚持采取以无偿援助、无息贷款和优惠贷款三种方式开展对外援助。两国不同做法的影响是直接且显著的,主要是受援国能否获得真正的独立自主发展方面。其次,从对外援助的领域来看,中国 2010 年至 2012 年对外援助中占比最大的是经济基础设施,约占 44.8%,然后是社会公共基础设施,约占 27.6%,而根据 OECD 国际发展数据显示,2010 年美国 48.2% 的 ODA 用于社会和公共管理设施,经济基础设施仅占 10.3%。显然,中美两国对外援助的不同侧重对受援国经济发展的影响是不言而喻的。中国对于这些国家和地区的经济发展所做出的贡献,不仅包括推动当地民生改善,促进经济社会发展,还包括为这些国家谋求自主发展创造了可能。因此,从对外直接投资和援助来看,中国在全球范围内的影响力是比肩,甚至可以说是超过美国这个"中心国家"的。

### (三)中国外贸在世界体系中的影响

根据中国统计年鉴的数据(见表 6—4)可以看出,中国的出口货物总金额逐年上升,其中工业制成品、机械及运输设备出口的金额不断攀升,而初级产品的出口金额,经历过从 1980 年到 2011 年的逐年递增后,趋于稳定。这不仅说明了中国正在改变出口货物类别、结构,更体现了中国出口货物中工业制成品等产品的世界竞争力增强了。

表 6—4 　　　　　　　　2011~2017 年中国出口货物分类金额① 　　　　单位:亿美元

| 年份 | 出口 | 初级产品 | 工业制成品 | 机械及运输设备 |
|---|---|---|---|---|
| 2011 | 18 983.81 | 1 005.45 | 17 978.36 | 9 017.74 |
| 2012 | 20 487.14 | 1 005.58 | 19 481.56 | 9 643.61 |
| 2013 | 22 090.04 | 1 072.68 | 21 017.36 | 10 385.34 |
| 2014 | 23 422.93 | 1 126.92 | 22 296.01 | 10 705.04 |
| 2015 | 22 734.68 | 1 039.27 | 21 695.41 | 10 591.18 |
| 2016 | 20 976.30 | 1 051.90 | 19 924.40 | 9 842.12 |
| 2017 | 22 633.71 | 1 177.33 | 21 456.38 | 10 823.29 |

从全球贸易的角度来看,中国的经济影响力与日俱增。中国不仅是自身所处的东亚地区的大多数国家(如日本、韩国)的最大贸易伙伴,还是许多区域组织的重要贸易伙伴:中国是东盟的最大贸易伙伴;欧盟是中国的最大贸易伙伴,中国是欧盟的第二大贸易伙伴(欧盟的第一大贸易伙伴是美国)。另外,值得注意的是,澳大利亚作为美国的重要盟国,其最大的贸易伙伴也是中国。根据中国商务部 2011 年的贸易国别报告数据可以看出:(1)从进出口贸易规模来看,中国同韩国、东盟、澳大利亚的进口和出口贸易规模都大于美国与这些国家和地区的进

---

① 国家统计局网,http://www.stats.gov.cn/tjsj/ndsj/2018/indexch.htm.

出口贸易规模(见表6—5、表6—6)。(2)从出口的角度来看,日本、韩国、澳大利亚对中国出口额的同比增长(分别为16.7%、14.2%、25.6%),都明显高于这些国家和地区对美国出口额的同比增长(分别为3.6%、3.2%、0.8%)。(3)从进口的角度来看,日本、韩国、澳大利亚从中国进口额占其各自总进口额的比例(分别为24.5%、20.5 %、22.2%)也明显高于这三个国家从美国进口额占其各自总进口额的比例(分别为10.7%、10.6%、10.3%)。以上贸易数据表明,这些国家和地区对中国的贸易依存度正在逐渐超过美国,中国在全球的贸易竞争力不断提升。

**表6—5**　　　　　　**2017年中美主要贸易伙伴出口额对比**①②　　　　　单位:亿美元

| 国别/区域组织 | 出口中国 | 出口美国 |
| --- | --- | --- |
| 日本 | 1 328.6 | 1 347.9 |
| 韩国 | 1 421.2 | 686.1 |
| 东盟 | 2 356.9 | 1 698.6 |
| 欧盟 | 2 448.7 | 4 349.33 |
| 澳大利亚 | 764.5 | 89.87 |

**表6—6**　　　　　　**2017年中美主要贸易伙伴进口额对比**③④　　　　　单位:亿美元

| 国别/区域组织 | 从中国进口 | 从美国进口 |
| --- | --- | --- |
| 日本 | 1 644.2 | 720.3 |
| 韩国 | 978.6 | 507.4 |
| 东盟 | 2 790.7 | 776.7 |
| 欧盟 | 3 720.5 | 2 835.2 |
| 澳大利亚 | 491.5 | 228.9 |

① 商务部综合司.国别贸易报告(日本、韩国、澳大利亚、美国)(2018年第1期)[OL].http://countryreport.mofcom.gov.cn/default.asp.

② 中华人民共和国商务部—中国对外经济贸易统计学会.2017年1—12月进出口简要统计[OL].http://tjxh/mofcom.gov.cn/article/tongjiziliao/feihuiyuan/201801/20180102701206.shtml,2018-1-19.

③ 商务部综合司.国别贸易报告(日本、韩国、澳大利亚、美国)(2018年第1期)[OL].http://countryreport.mofcom.gov.cn/default.asp.

④ 中华人民共和国商务部—中国对外经济贸易统计学会.2017年1—12月进出口简要统计[OL].http://tjxh/mofcom.gov.cn/article/tongjiziliao/feihuiyuan/201801/20180102701206.shtml,2018-1-19.

另外,国际货币基金组织的分析表明,中国已经成为电子商务等前沿行业的全球数字领域领先者。麦肯锡全球研究院 2017 年发布的研究报告《中国数字经济如何引领全球新趋势》显示,中国的电子商务市场全球最大,其交易额占全球总额的 40% 以上,超过英、美、日、法、德五国的总和。移动支付交易额是美国的 11 倍,且拥有全球 1/3 的独角兽企业(估值超过 10 亿美元的非上市初创公司)。可见,中国在贸易领域的数字经济腾飞迅速。

### (四)中国金融在世界体系中的影响

近年来,中国通过自身倡导的以金砖国家新开发银行和亚洲基础设施投资银行为代表的国际性金融合作组织,以及"一带一路"倡议等经济发展合作框架,吸引和影响了越来越多的国家和地区,引领世界金融、贸易、投资和援助的新制度构建,成为世界体系中"准中心"国家的重要经济标志。

在金融层面,中国发起和倡议的国际金融组织,不仅在区域经济发展中发挥重要作用,也为世界金融体系的改革提供了范本。近年来,中国倡议并发挥积极作用的金融组织主要有:(1)金砖国家新开发银行(简称"金砖银行")。2015 年 7 月,中国、俄罗斯、印度、巴西、南非五个金砖国家宣告成立新开发银行,规模为 1 000 亿美元,五国各占 20% 的份额。"金砖银行"的成立和 2014 年金砖国家签署的《关于建立金砖国家应急储备安排的条约》,共同体现了金砖国家试图加强合作,发挥凝聚力和自身金融资源,来弥补 IMF、世界银行等世界金融机构等功能缺失的努力。此外,金砖国家内部不断提升本币结算的比例和货币互换协议规模。金砖国家货币国际化也是挑战美元霸权的基石,为今后建立新的国际金融体系和世界主要的多边发展银行打下基础。(2)亚洲基础设施投资银行(简称"亚投行")。2013 年 10 月 2 日,习近平同志在对印度尼西亚访问时提出筹建"亚投行"的倡议,以解决亚洲长期投资,特别是基础设施建设投资方面面临的难题。这是缘于由西方中心国家主导的世界银行和日本主导的亚洲开发银行等金融机构,无法和无意于满足亚洲国家发展基础设施等实体经济的紧迫需求。筹建"亚投行"的倡议得到了许多国家的响应,基于此,2015 年 12 月 25 日亚洲基础设施投资银行正式成立。截至 2019 年 9 月 24 日,"亚投行"有区域性成员国 44 个、非区域性成员国 30 个、潜在的区域性及非区域性成员国 26 个。"亚投行"的成员国遍布亚洲、欧洲、大洋洲、南美洲和非洲,其中联合国安理会五大常任理事国占四席:中国、英国、法国、俄罗斯;G20 国家占 15 席:中国、英国、法国、印度、印度尼西亚、沙特阿拉伯、德国、意大利、澳大利亚、土耳其、韩国、巴西、南非、俄罗斯、加拿大;七国集团占五席:英国、法国、德国、意大利、加拿大;金砖国家全部加入:中国、俄罗斯、印度、巴西、南非。中国在"亚投行"成立和发展过程中的号召力和影响力之大,是任何一个处于世界经济边缘的外围国家和大多数中心国家所无法企及的,其发挥着与美国主导的世界银行和日本主导的亚洲开发银行有所不同的重要作用,体现了中国金融在世界经济体系中的影响力。

此外,人民币于 2016 年 10 月 1 日正式加入特别提款权,成为继美元、欧元、英镑、日元之后的第五大篮子货币。这标志着人民币国际化取得重大进展,不仅对推动国际结算使用人民币具有重要作用,也有助于打破美元的垄断和金融制裁,提升人民币话语权,促进国际货币金融体系改革。

### (五)中国综合竞争力在世界体系中的影响

目前,中国以科技和制造业为核心的综合竞争力在全球的影响力提升较快。

第一,中国科技优势日趋明显。中国的量子通信超级计算机、北斗导航系统、5G 通信、人工智能、可燃冰开采、电子商务、移动支付等技术均领先世界。有的技术已"领跑"世界科技界。比如,世界首个体细胞克隆猴在我国诞生,这一技术不仅使得我国在非人灵长类研究领域实现了世界"领跑",更是为解决人类面临的重大脑疾病研究带来了光明前景。

第二,中国制造业优势日趋明显。根据世界银行数据,2010 年我国制造业增加值超过美国,成为制造业第一大国。2018 年,我国制造业增加值占全世界的份额达到 28% 以上,成为驱动全球工业增长的重要引擎。在世界 500 多种主要工业产品当中,中国有 220 多种工业产品的产量居全球第一。目前,我国已拥有 41 个工业大类、207 个工业中类、666 个工业小类,形成了独立完整的现代工业体系,是全世界唯一拥有联合国产业分类中全部工业门类的国家。高铁就是中国高端制造业的代表之一,并在 2009～2017 年先后出口新加坡、美国、土耳其、印度、沙特阿拉伯、巴西、阿根廷、菲律宾、埃塞俄比亚等国,出口地区覆盖全球六大洲,其形成的经济影响力无疑是巨大的,并由此成为刺激全球经济增长的一大动力。中国高铁客流量已超过法国高铁,时速快于日本和德国,而建设成本仅是德国和日本的 1/3~1/2。

第三,中国知识产权优势日趋明显。正如澳大利亚《对话》网站刊登的题为《为何说中国是知识产权领域的领先者》的文章所讲的一样,中国一直致力于在高科技等领域加大知识产权保护力度。世界知识产权组织前总干事弗朗西斯·高锐在接受新华社记者专访时曾指出,中国是知识产权的生产国,并已经在知识产权保护方面取得巨大成绩。作为第二大国际专利申请来源,中国在全球品牌和文化内容方面正在崛起。根据联合国世界知识产权组织发布的年度报告显示,2016 年中国专利申请量 130 万件,中国专利申请增量占全球总增量的 98%。2016 年中国受理的专利申请超过了美国、日本、韩国及欧洲专利局受理的专利申请的总和。2017 年全国规模以上工业有效发明专利数达到了 93.4 万件,比2004 年增长了 29.8 倍。一些技术已经从过去的"跟跑"到"并跑"甚至向"领跑"迈进,发电设备、输变电设备、轨道交通设备、通信设备等产业已经处于国际领先地位。

第四,中国综合竞争优势日趋明显。《2017~2018 年全球竞争力报告》显示在 12 项衡量竞争力的指标中,我国有 9 项有所提升,表现最突出的指标分别为市场规模(排名第一位)、宏观经济环境(排名第十七位)、创新(排名第二十八位);与此同时,"国内经济"和"就业"两项分指数更是排名全球首位。

### (六)中国倡导的"一带一路"倡议在世界体系中的影响

2013 年 9 月和 10 月,习近平同志分别提出建设"丝绸之路经济带"和"21 世纪海上丝绸之路"的合作倡议。2015 年 3 月 28 日,国家发展改革委、外交部、商务部联合发布了《推动共建丝绸之路经济带和 21 世纪海上丝绸之路的愿景与行动》。中国所倡导的"一带一路"倡议得到了中亚、南亚、西亚、欧洲及非洲国家的积极支持和响应。这一新合作制度框架,既起到增强中国经济影响力和向心力的作用,也起到引导沿线国家开展更深层次、更高水平的多方位合作,进而推动全球经济体系改革的作用。"一带一路"倡议的国际合作框架已经成为众多国家和地区开展平等互利经济合作的典范,具有重塑世界经济体系的作用。

目前,"一带一路"建设发展迅速。仅在 2018 年 1 月,中国企业对"一带一路"沿线 46 个国家的非金融类直接投资就合计达到 12.3 亿美元,同比增长 50％,占同期中国对外直接投资总额的 11.4％。国家信息中心发布的《"一带一路"贸易合作大数据报告(2018)》,从国别合作度、省市参与度、智库影响力、媒体关注度、外贸竞争力等八大指数方面评估了"一带一路"的辐射力,指出"一带一路"国家对外贸易额占全球对外贸易额近三成的比重,对于中国及沿线各国经济发展都做出了重要贡献,形成了巨大的带动效应。"一带一路"国际合作包含对外投资和援助。比如,中国通过互联互通的方式,利用丝路基金、"亚投行"等组织合理安排无偿援助、无息贷款资金,加强与巴基斯坦、孟加拉国、缅甸、老挝、柬埔寨、蒙古国、塔吉克斯坦等邻国的铁路、公路项目合作;"亚投行"还通过对东盟国家的贷款支持东盟国家的基建项目建设,并以基础建设投资带动沿线国家贸易和投资发展。

可见,中国倡议和引导的"一带一路"制度框架所创造的是一种世界经济共赢效应,并以中国自身的经济实力、影响力和向心力带动了沿线国家参与世界经贸合作,分享中国和世界经济发展的红利,这是一个世界体系中的"准中心"或中心国家才能引领实施的国际合作制度新模式。

中国在"一带一路"建设中始终坚持"万物并育而不相害,道并行而不相悖"的包容精神与和合之道,着力构建文明、多元、共荣、共生的世界文化景观,以互相尊重、互相包容寻求不同文明精神世界的和解。"一带一路"沿线各国在体认"一带一路"倡议深度融合、合作共赢的经济联动发展实惠的同时,还充分认识到"一带一路"建设进一步向文化交往和人文合作拓展延伸的重要性。法国戴高乐基金会主席雅克·高德弗兰认为,通过亚欧非国家在科学、教育、文化、卫生、民间交往等各领域广泛开展的合作,能够为"一带一路"建设建立起更加稳固的民意基础。进入 21 世纪以来,信息化、网络化使得世界各国之间的文化交往逐渐加深,越来越多的国家认识到多样文明共存的客观性,以及不同文化交流互鉴的重要性。"一带一路"倡议秉持中国传统的"和合共生"、"世界大同"等文化理念,为多样文化的融合创造了机遇和平台。有鉴于此,可以说,中华文明的崛起,必将促进世界多元文化的正向增益,从而实现在破解"文明的冲突"的过程中走向"文明的共存"。

综上所述,通过分析现阶段中国在世界经济体系中发挥的重要作用,以及与发达经济体的若干比较,可得出结论:中国虽然与主要中心国家尚存差距,但其取得的长足进步,明显区别于外围或外围国家,须用"准中心"这一新概念来客观描述和界定 2012 年以来的新时代中国在世界经济体系中的地位和作用。"准中心"概念是对"中心—外围"二元理论的补充和创新,从而形成"中心—准中心—外围"三层结构或"中心—准中心—半外围—外围"四层结构的新理论。

最后,需要扼要地指出的是,我国在 70 多年持续走向繁荣富强的基础上应继续谦虚谨慎、稳中有进地巩固和扩大在世界经济体系中的影响力,争取在 2035 年左右进入中心国家行列;然后到 21 世纪中叶,争取把我国建成社会主义现代化强国,成为世界经济体系中的顶级中心国家,以便有力促进被国际组织广泛认同的"构建人类命运共同体"的步伐。

为此,我国应确立切实可行的科学理论和战略举措,其要点是:确立知识产权优势理论和战略,加快提升创新型国家建设的科技体系;确立金融"脱虚向实"的理论和战略,加快提升人民币国际化的金融体系;确立公有制为主体的科学理论和战略,加快提升多种所有制协同发展的产权体系;确立高质量发展的理论和战略,加快提升全面对等开放和国内外经济高度协调的产业体系;确立引导公正经济全球化的理论和战略,加快提升国际经济新秩序和共同经济安全的制度体系。

# 结 语

# 确立人类共同价值观，推进国际经济秩序合理化

2015 年 9 月 28 日，习近平同志在第七十届联合国大会一般性辩论的讲话中指出："和平、发展、公平、正义、民主、自由，是全人类的共同价值，也是联合国的崇高目标。目标远未完成，我们仍须努力。当今世界，各国相互依存、休戚与共。我们要继承和弘扬联合国宪章的宗旨和原则，构建以合作共赢为核心的新型国际关系，打造人类命运共同体。"[①]2021 年 7 月 1 日，习近平同志在庆祝中国共产党建党 100 周年大会讲话时又指出："新的征程上，我们必须高举和平、发展、合作、共赢旗帜，奉行独立自主的和平外交政策，坚持走和平发展道路，推动建设新型国际关系，推动构建人类命运共同体，推动共建'一带一路'高质量发展，以中国的新发展为世界提供新机遇。中国共产党将继续同一切爱好和平的国家和人民一道，弘扬和平、发展、公平、正义、民主、自由的全人类共同价值，坚持合作、不搞对抗，坚持开放、不搞封闭，坚持互利共赢、不搞零和博弈，反对霸权主义和强权政治，推动历史车轮向着光明的目标前进！"[②]2021 年 9 月 21 日，习近平同志在第七十六届联合国大会一般性辩论上强调"世界百年未有之大变局和新冠肺炎疫情全球大流行交织影响。各国人民对和平发展的期盼更加殷切，对公平正义的呼声更加强烈，对合作共赢的追求更加坚定"[③]。这就是说，人类共同价值观顺

---

① 习近平. 习近平在联合国成立 70 周年系列峰会上的讲话［M］. 北京：人民出版社，2015：15.
② 习近平. 在庆祝中国共产党成立 100 周年大会上的讲话［N］. 人民日报，2021－7－2.
③ 习近平. 坚定信心 共克时艰 共建更加美好的世界［N］. 人民日报，2021－9－22.

应了世界文明进步的潮流,符合世界人民的共同利益,因而它不仅是人类一致的价值取向和追求,更是构建新型国际秩序、推动国际经济秩序合理化的理念基础。

## 一、推动国际经济秩序合理化须积极对外传播人类共同价值观

推动国际经济秩序合理化,需要维护国家主权平等,坚守国际公平正义。习近平同志曾深刻指出:"公平正义是世界各国人民在国际关系领域追求的崇高目标。在当今国际关系中,公平正义还远远没有实现。"①世界各国有大小强弱之分,无高低贵贱之别,在国格上一律平等。国际事务应由各国共同参与解决,不能以大欺小、恃强凌弱、以富欺贫。要充分尊重各国的国家主权和领土完整,不干涉别国内政,尊重各国自主选择社会制度和发展道路的权利。各国要在谋求自身发展的同时,积极促进其他国家共同发展,坚决反对那种以邻为壑、转嫁危机、损人利己的做法。

推动国际经济秩序合理化,需要建立互商互谅的伙伴关系。随着全球化的深入发展,各国比以往更加紧密地联系在一起,形成了你中有我、我中有你的利益共同体。当前,很多全球性问题,如气候变化、恐怖主义、跨国犯罪、移民、传染性疾病等,早已跨越了民族和国家边界,需要各国同舟共济、通力合作、携手应对。协商是民主的重要形式,也是新型全球治理的重要手段。国际经济秩序合理化需要各国共同参与,坚持共商共建共享原则,以对话解决争端、以协商化解分歧,坚决反对少数大国把自身意志强加于其他国家的行径,要在全球层面倡导建立互商互谅的伙伴关系。

推动国际经济秩序合理化,需要所有国家独立自主地参与国际经济事务,遵循公平合理原则,秉持开放精神,推进互帮互助、互惠互利、合作共赢。发达国家和发展中国家应该加强合作,共谋发展,尤其要注重保障广大发展中国家的发展权利,坚决反对将一国的发展繁荣建立在其他国家贫穷落后的基础之上。要坚

---

① 习近平.弘扬和平共处五项原则 建设合作共赢美好世界——在和平共处五项原则发表 60 周年纪念大会上的讲话 [M].北京:人民出版社,2014:10-11.

持多边主义，倡导双赢、多赢、共赢的新理念，摒弃我赢你输、赢者通吃的旧思维。习近平同志强调："要加强宏观经济政策协调，推动国际经济、金融、货币体系改革，推动建设开放公平的多边贸易体系，加强国际援助交流合作，推动经济全球化朝着普惠共赢的方向发展。"①当前，世界各国普遍面临贫富差距不断扩大的问题，贫者愈贫、富者愈富的局面愈加凸显，解决这一问题更需要世界各国加强沟通、共享经验，着力打造兼顾效率与公平的规范格局。

推动国际经济秩序合理化，需要倡导树立共同、综合、合作、可持续安全的新观念，摒弃一切形式的冷战对抗思维。要充分尊重和发挥联合国及其安理会在维护世界和平、安全与稳定方面的核心作用，建立公正有效的共同安全机制，采用和平方式和强制性行动双轨并举的手段来解决国际争端，通过多边合作维护共同安全，营造公道正义、共建共享的安全格局，反对动辄使用武力或者以武力相威胁。

推动国际经济秩序合理化，需要促进和而不同、兼收并蓄的文明交流。要充分尊重文明多样性和发展模式多样化，充分尊重每个国家的历史、文化、宗教、习俗等特点。要在不同文明间广泛开展对话和交流，消除意识形态偏见与隔阂，促进各种文明和谐共存、相互借鉴，推动人类文明实现创造性发展。

推动国际经济秩序合理化，需要加强发展中国家的国际话语权，积极对外传播人类共同价值观。国际话语权不仅指一个国家对外表达自身对于国际事务的看法和意见的权利，而且指一国对外话语体系在国际上产生的权力。近代以来，欧美等国率先在世界上建立了资本主义制度，并完成了工业革命，由此确立了其在制度领域的主导话语权。与此同时，欧美国家在实践过程中相继建立了一系列制度、机制和规范来处理国际事务，管控国家间分歧，由此奠定了其在国际秩序中的主导话语权。随着现代科技和传媒技术的发展，西方国家又在国际学术、国际传媒等领域确立了绝对优势地位，进而全方位垄断了国际话语权。推动国际经济秩序合理化，尤其需要加强发展中国家的国际话语权，以便让发展中国家的声音和意见能够在国际上被感知到，促使各项国际决策具有更强的代表性，并使人类共同价值观在更大范围内得到传播。

---

① 习近平.出席第三届核安全峰会并访问欧洲四国和联合国教科文组织总部、欧盟总部时的演讲[M].北京：人民出版社，2014：24.

## 二、构建人类命运共同体、人类共同价值观与马克思主义的新国际主义

我国《宪法》规定要"坚持互利共赢开放战略,发展同各国的外交关系和经济、文化交流,推动构建人类命运共同体;坚持反对帝国主义、霸权主义、殖民主义,加强同世界各国人民的团结,支持被压迫民族和发展中国家争取和维护民族独立、发展民族经济的正义斗争,为维护世界和平和促进人类进步事业而努力",以及"在人民中进行爱国主义、集体主义和国际主义、共产主义的教育"。这就涉及"国际主义"。原来人们对国际主义一般认识是这样的:"国际主义是指各国无产阶级在反对剥削制度、争取自身解放斗争中,在政治、经济、道义等方面相互支持、相互援助,坚持国际团结的思想和政治原则。"但随着世界共产主义运动遭受巨大挫败,国际主义的价值与内涵也在发生重大变化。国内外有论著把其当作过时无用的价值观念来看待,也有论著对其内容进行改造或填充新的内容,这表明"新国际主义"对于当前我国的学术研究和对外交往工作,均具有重要的理论和现实意义。

在关于新国际主义的认知与把握中,有三种不同的新国际主义理论,即西方的新国际主义、折中主义的新国际主义与马克思主义的新国际主义。

第一,西方国家宣扬的新国际主义。这种新国际主义是为了维护垄断资产阶级的利益或资本主义国家的利益而提出的一种理论,在本性与本质上与马克思主义的国际主义完全不同。其基本观点是打着维护世界和平与自由民主的旗号,践行与倡导有利于维护资本主义统治与世界垄断资产阶级剥削和压迫的国际主义。美国有的总统使用的新国际主义就是这个意义上的新国际主义。

第二,折中主义的新国际主义。这是国内有些论著主张的新国际主义。这种新国际主义认为,世界的主题已发生变化,在和平与发展已成为世界主题的情况下,应完全抛弃社会主义意识形态,不再推动世界社会主义发展,只需主张不同国家之间的和平交往与合作发展。毋庸置疑,世界主题的变化与时代的发展,确实需要国际主义在理论上更新以适应时代的需求。但国际主义在理论上的创新,决不能否定马克思主义的本真精神。马克思和恩格斯曾指出:"各民族的原

始封闭状态由于日益完善的生产方式、交往及因交往而自然形成的不同民族之间的分工消灭得越是彻底,历史也就越是成为世界历史。"①在新时代,需要对马克思主义的国际主义进行理论创新,但一定要在马克思主义理论轨道上进行拓展。

第三,马克思主义的新国际主义。这是笔者所倡导的新国际主义。马克思主义的新国际主义包含三层含义:一是以人类共同价值观为基础,促进人类命运共同体发展;二是以马克思主义和社会主义核心价值观为基础,促进世界社会主义发展;三是联合国际一切进步力量,反制围剿中国等爱好和平国家和社会主义力量的霸权主义和垄断寡头势力。

马克思主义的新国际主义主张联合一切热爱和平发展的国际力量,致力于推动构建人类命运共同体和促进人类文明进步。它不仅是世界各国无产阶级与无产阶级政党积极参与国际事务与全球治理的指导思想与政治原则,也是社会主义国家积极参与国际事务与全球治理的指导思想与政治原则。马克思主义的新国际主义包括的基本内容有:世界各国工人阶级为了人类解放与自身解放,在与各种反动势力的斗争中相互支持、团结合作的思想与原则;世界各国工人阶级政党之间加强合作与交往的思想与原则;世界各国热爱和平的人民站在全人类的立场上推动构建人类命运共同体与推动人类文明进步的思想与原则;第三世界国家携手联合起来共同反对霸权主义与帝国主义的思想与原则;热爱与拥护社会主义事业的世界人民一同构建社会主义共同体的思想与原则;等等。

人类命运共同体是马克思主义的新国际主义的践行平台。对于马克思主义的新国际主义的构建,我们不仅要坚持以马克思主义为指导,还必须立足于我们现在所面对的现实及未来的发展趋势。国际共产主义进入新的发展阶段,其必然要有新的国际主义理念与价值观来与之相适应。在我们这个时代,以习近平同志为核心的党中央提出来的人类命运共同体思想,就是一种马克思主义的新国际主义思想与理念。要把人类命运共同体构建好,就必须团结世界上一切热爱和平与追求人类可持续发展的进步力量,与那些阻碍人类历史进步的邪恶势力做斗争。这也告诉我们,在推动构建人类命运共同体的过程中,既存在着团结与合作的对象,也存在着要与之斗争的势力。与人类进步力量团结合作,与人类

---

① 马克思恩格斯文集(第 1 卷) [M].北京:人民出版社,2009:540－541.

邪恶势力坚决斗争,将是我们在推动构建人类命运共同体的实践中所要采取的策略。例如,我们在推动构建人类命运共同体的过程中,必定要与霸权主义、霸凌主义、军国主义、狭隘的民族主义、极端的宗教主义、各种恐怖主义等做有理有利有节的斗争。

如果说共产国际共同体是马克思主义的原国际主义的世界性组织平台的话,那么人类命运共同体也必将是马克思主义的新国际主义的践行平台。推动构建人类命运共同体,是马克思主义的新国际主义诞生的历史使命。对于马克思主义的新国际主义而言,它的一个最为现实的历史使命就是要为推动构建人类命运共同体提供行动指南与精神支撑。推动构建人类命运共同体,需要全世界的人民联合起来一起行动才能实现。习近平同志指出:"作为负责任大国,中国坚守和平、发展、公平、正义、民主、自由的全人类共同价值,坚持共商共建共享的全球治理观,坚定不移走和平发展、开放发展、合作发展、共同发展道路。只要坚持走和平发展道路,同各国人民一道推动构建人类命运共同体,就一定能够迎来人类和平与发展的美好未来!"①中国虽然是推动构建人类命运共同体的呼吁者与践行者,但单靠中国自身的力量是无法做到构建人类命运共同体的,因此必须要联合一切可联合的力量,必须要调动世界人民的主动性与积极性。而要让世界人民联合起来共同推动构建人类命运共同体,就需要一种能真正居于世界人民立场与立足于全人类整体利益的思想来启蒙与指引。马克思主义的新国际主义就是一种以人类命运共同体思想为基本内涵的国际主义。推动构建人类命运共同体就是新时代世界人民践行马克思主义的新国际主义的现实平台。

全人类共同价值是马克思主义的新国际主义的价值内核。马克思主义的新国际主义,不仅是建立在马克思主义理论基础之上的新国际主义,也是建立在全人类共同价值基础之上的新国际主义。全人类共同价值不同于西方"普世价值",它包括和平、发展、公平、正义、民主、自由等现代价值理念。习近平同志指出:"我们要本着对人类前途命运高度负责的态度,做全人类共同价值的倡导者,以宽广胸怀理解不同文明对价值内涵的认识,尊重不同国家人民对价值实现路径的探索,把全人类共同价值具体地、现实地体现到实现本国人民利益的实践中

---

① 习近平.在纪念中国人民志愿军抗美援朝出国作战 70 周年大会上的讲话 [N].人民日报,2020 − 10 − 23.

去。"①全人类共同价值是反映全人类整体利益与根本利益或世界人民共同利益的价值体系，是新时代引领人类社会与世界文明向前发展的先进价值理念。而西方"普世价值"是垄断资产阶级为了维护自身的利益而向世界人民灌输的价值"迷魂汤"。西方"普世价值"虽与全人类共同价值在概念形式存在一致的地方，但其包含的内容是不同的，其内容所反映的立场与价值诉求更是大相径庭。全人类共同价值，不仅体现了世界主题，也反映了这个时代世界各国人民共有的价值追求。这些价值追求，既是良好世界秩序得以维持的价值基础，也是世界人民对美好生活的价值向往。

全人类共同价值既是推动构建人类命运共同体的价值基础与价值支撑，也是马克思主义的新国际主义的价值基础与价值支撑。马克思主义的新国际主义，其在理论本性与精神实质上是马克思主义的。马克思主义作为一种新的世界观与方法论，作为社会主义革命、建设与改革的指导思想，它的立场或立脚点是人类社会或社会化的人类，进一步讲就是全人类的整体利益与世界人民的共同利益。马克思主义及其新国际主义的立场是全人类的整体利益与世界人民的共同利益。从价值的维度讲，全人类共同价值是全人类的整体利益与世界人民的共同利益在观念上的体现与反映。由此可见，全人类共同价值也必然构成马克思主义的新国际主义的价值内核。只有以全人类共同价值作为价值基础、价值支撑与价值内核，马克思主义的新国际主义才能永葆其马克思主义的理论本性与精神实质。在世界百年未有之大变局的历史时代，习近平同志强调："我们要秉持人类命运共同体理念，坚守和平、发展、公平、正义、民主、自由的全人类共同价值，摆脱意识形态偏见，最大程度增强合作机制、理念、政策的开放性和包容性，共同维护世界和平稳定。"②这既是对马克思主义的新国际主义的践行，也是国际经济秩序合理化的价值观基础。

---

① 习近平.加强政党合作 共谋人民幸福［N］.人民日报,2021－7－7.
② 习近平.让多边主义的火炬照亮人类前行之路［N］.人民日报,2021－1－26.

# 参考文献

## 中文文献

### 著作类

[1]马克思恩格斯文集(1—10卷)[M].北京:人民出版社,2009.

[2]列宁选集(1—4卷)[M].北京:人民出版社,2012.

[3]毛泽东文集(第1—8卷)[M].北京:人民出版社,1993.

[4]邓小平文选(第1—2卷)[M].北京:人民出版社,1994.

[5]邓小平文选(第3卷)[M].北京:人民出版社,1993.

[6]江泽民文选(第1—3卷)[M].北京:人民出版社,2006.

[7]胡锦涛文选(第1—3卷)[M].北京:人民出版社,2016.

[8]习近平新时代中国特色社会主义思想学习纲要[M].北京:学习出版社,2019.

[9]习近平谈治国理政(第1卷)[M].北京:外文出版社,2018.

[10]习近平谈治国理政(第2卷)[M].北京:外文出版社,2017.

[11]习近平谈治国理政(第3卷)[M].北京:外文出版社,2020.

[12]程恩富.经济全球化与中国之对策[M].上海:上海科学技术文献出版社,2000.

[13]曾华群.国际经济新秩序与国际经济法新发展[M].北京:法律出版社,2009.

[14]车丕照.法学视野中的国际经济秩序[M].北京:清华大学出版社,2021.

[15]戴维来.中等强国崛起与国际关系的新变局[M].北京:中央编译出版社,2017.

[16]冯绍雷,潘兴明.中国与周边国家关系:国际关系现实问题研究[M].上海:格致出版社,2020.

[17]谷源洋,谈世中,陈立成.发展中国家的经济发展战略与国际经济新秩序[M].北京:经济管理出版社,2007.

[18]郭树勇.文化国际主义:新型国际治理的逻辑[M].上海:上海人民出版社,2019.

[19]贾庆国,严军.新型大国关系:机遇与挑战[M].北京:北京大学出版社,2015.

[20]李爱华.马克思主义国际关系理论专题研究[M].北京:人民出版社,2013.

[21]梁守德,陈岳,李义虎.新型大国关系、国际秩序转型与中国外交新动向[M].北京:世界知识出版社,2014.

[22]曹胜强.现代国际关系史:世界体系的视阈[M].北京:人民出版社,2011.

[23]秦亚青.权力·制度·文化:国际关系理论与方法研究文集(第二版)[M].北京:北京大学出版社,2016.

[24]沈丁立,任晓.亚洲经济转型与国际秩序[M].上海:上海人民出版社,2009.

[25]沈伟.国际经济秩序是如何形成的:法律、市场和全球化[M].北京:法律出版社,2014.

[26]舒建中.国际经济新秩序:历史与现实[M].南京:南京大学出版社,2013.

[27]王逸舟,张小明,庄俊举.国际关系理论:前沿问题和新的路径[M].上海:上海人民出版社,2018.

[28]朱雄兵.国际货币秩序的变迁[M].北京:经济管理出版社,2011.

[29]邢丽菊,张骥.中外人文交流与新型国际关系构建[M].北京:世界知识出版社,2019.

[30]徐以升.新秩序:美联储货币互换网络重塑国际货币体系[M].北京:中国经济出版社,2016.

[31]于洪君.剧变中的国际关系与政党情势[M].北京:社会科学文献出版社,2016.

[32]余建军,缪开金.国际关系与国家安全[M].北京:人民出版社,2012.

[33]张汉林.全球化背景下国际秩序重构与中国国家安全战略研究[M].北京:经济科学出版社,2021.

[34]张建新.国际体系变革与新型大国关系[M].上海:上海人民出版社,2013.

[35]张士伟.美国与世界经济秩序的变革(1916—1955)[M].武汉:武汉大学出版社,2015.

[36]张树华.民主化悖论:冷战后世界政治的困境与教训[M].北京:中国社会科学出版社,2017.

[37][英]阿瑟·刘易斯.国际经济秩序的演变[M].乔依德,译.北京:商务印书馆,2017.

[38][美]多尔蒂等.争论中的国际关系理论(第五版):[M].阎学通,等,译.北京:世界知识出版社,2013.

[39][美]理查德·加德纳.英镑美元外交:当代国际经济秩序的起源与展望[M].符荆捷,王琛,译.南京:江苏人民出版社,2014.

[40][美]龙安志.人民币国际化:重构全球经济新秩序[M].张梦溪,译.北京:中华工商联合出版社,2020.

[41][美]罗伯特·吉尔平.全球政治经济学:解读国际经济秩序[M].杨宇光,杨炯,译.上海:上海人民出版社,2013.

## 期刊类

[42]程恩富.当前西方金融和经济危机对世界资本主义生存和发展的影响[J].海派经济学,2011(1).

[43]程恩富.反思和超越新自由主义主导的经济全球化[J].河北学刊,2008(1).

[44]程恩富,夏晖.美元霸权:美国掠夺他国财富的重要手段[J].马克思主义研究,2007(12).

[45]程恩富,李静."一带一路"建设海上合作的国际政治经济学分析[J].管理学刊,2021(1).

[46]程恩富.世界财富分配失衡与未来全球民主治理[J].绿叶,2010(1—2).

[47]黄河,王润琦.公共产品与国际经济秩序:起源、当前挑战与重塑[J].太平洋学报,2021(5).

[48]卢江,郭采宜.国际经济格局新变化与中国开放型经济体制构建研究[J].政治经济学评论,2021(3).

[49]陈静静,张勇.国际秩序变革与日欧战略接近[J].欧洲研究,2021(2).

[50]陈须隆.在世界大变局中推动国际秩序演变的方略和新视角[J].太平洋学报,2021(1).

[51]雷达,初晓.国际经济秩序演变与百年未有之大变局[J].国际商务研究,2021(1).

[52]舒建中.战后国际秩序的演进与启示:制度改革的视角[J].国际问题研究,2021(1).

[53]李巍.美国铁锈地带及其对国际经济秩序的影响[J].现代国际关系,2020(12).

[54]王宝珠,王利云,冒佩华.构建新型国际经济关系:理论与实践——兼析"制度型开放"[J].上海对外经贸大学学报,2020(6).

[55]张志敏,开鑫,李静.国际经济秩序的发展、困境与中国方案——兼论中美贸易摩擦和新冠肺炎疫情的影响[J].西部论坛,2020(5).

[56]张嘉明.国际经济秩序视野中人类命运共同体"相互依赖"问题[J].理论视野,2019(12).

[57]佟家栋,何欢,涂红.逆全球化与国际经济新秩序的开启[J].南开学报(哲学社会科学版),2020(2).

[58]王宝珠,王琳,王利云.新型国际经济关系:理论逻辑与中国贡献[J].经济学家,2020(4).

[59]朱艳圣.人类命运共同体理念与构建国际政治经济新秩序[J].国外理论动态,2018(11).

[60]王彦志."一带一路"倡议下的国际经济秩序:发展导向抑或规则导向[J].东北亚论

坛,2019(1).

[61]雷达,马骏.国际经济秩序演进与主流经济思想的周期性更迭[J].江海学刊,2018(6).

[62]姜跃春.国际经济格局新变化及其发展趋势[J].人民论坛·学术前沿,2019(1).

[63]黄琪轩.国际秩序始于国内——领导国的国内经济秩序调整与国际经济秩序变迁[J].国际政治科学,2018(4).

[64]安礼伟,马野青.国际经济秩序:中国的新需求与政策思路[J].经济学家,2019(1).

[65]黄河.贸易保护主义与国际经济秩序[J].深圳大学学报(人文社会科学版),2019(3).

[66]刘晔.新型经济全球化与国际经济新秩序的构建[J].管理学刊,2019(2).

[67]吕虹,孙西辉.国际经济秩序变迁的理论与现实——基于结构化概念的分析[J].太平洋学报,2019(9).

[68]沈伟.逆全球化背景下的国际金融治理体系和国际经济秩序新近演化——以二十国集团和"一带一路"为代表的新制度主义[J].当代法学,2018(1).

[69]雷达,杨连星.现行国际经济秩序改革困境与全球治理理念的完善[J].中国人民大学学报,2017(4).

[70]佟家栋,刘程.全球化调整期与国际经济新秩序中的中国定位[J].中共中央党校学报,2016(1).

[71]车丕照.国际经济秩序"导向"分析[J].政法论丛,2016(1).

[72]马方方.建立国际经济援助新秩序需要国际经济民主[J].当代世界与社会主义,2016(5).

[73]陈建奇,张原.中国在国际经济秩序中的定位及战略选择[J].国际贸易,2015(1).

[74]陈飞翔,吕冰.加快更新国际经济秩序时不我待[J].国际贸易,2015(6).

[75]徐秀军.金融危机后的世界经济秩序:实力结构、规则体系与治理理念[J].国际政治研究,2015(5).

[76]刘建飞.国际格局演进与国际秩序重塑[J].当代世界与社会主义,2015(5).

[77]李向阳.国际经济秩序的发展方向[J].现代国际关系,2014(7).

[78]杨卫东,魏鑫.西方学术视域下自由国际秩序危机之评析[J].国外社会科学,2021(5).

[79]卢维良,刘长富.习近平同志推进国际关系民主化的思考[J].毛泽东思想研究,2016(4).

[80]毕小婧,涂永前.论人类命运共同体理念对全球经济治理体系的重大意义[J].学习与实践,2021(12).

[81]陈广亮.资本的全球化与国家关系民主化的悖论及真正驱动力[J].科学社会主义,2009(6).

[82]唐爱军.历史唯物主义视域中的世界秩序与中国方案[J].哲学动态,2021(8).

[83]宋效峰.新型国际关系:内涵、路径与范式[J].新疆社会科学,2019(2).

[84]舒建中.美国的战略性对外援助:一种现实主义的视角[J].外交评论(外交学院学报),2009(3).

[85]徐东辉,徐柳凡.和谐世界:超越"极"的国际关系新体系[J].科学社会主义,2008(2).

[86]徐德斌.马克思国际政治思想及其当代启示——基于对《共产党宣言》的考察[J].江苏大学学报(社会科学版),2020(2).

[87]尚伟.中国外交对马克思主义国际关系理论的践行与创新发展[J].马克思主义研究,2020(2).

[88]刘建飞.国际关系现代化与国家治理现代化[J].理论视野,2020(4).

[89]孙吉胜."一带一路"与国际合作理论创新:文化、理念与实践[J].国际问题研究,2020(3).

[90]吴雁飞.人工智能时代的国际关系研究:挑战与机遇[J].国际论坛,2018(6).

[91]李滨,陈子烨.实践逻辑视野下的新型国际关系建构[J].世界经济与政治,2018(11).

[92]张云.国际关系的区域研究:认识论视角的解构与重构[J].史学集刊,2019(4).

[93]黄河,周骁.超越主权:跨国公司对国际政治经济秩序的影响与重塑[J].深圳大学学报(人文社会科学版),2022(1).

[94]孙绍勇.协同推进态势下"一带一路"发展机遇的产证统一[J].理论学刊,2019(4).

[95]孙绍勇,陈锡喜.反思、转换、优化:传统文化对中国梦国际传播的话语调适[J].求索,2017(5).

[96]孙绍勇,王文余."一带一路"战略:超越传统地缘政治的中国逻辑——基于"世界岛"和"边缘地带"理论的比较视野[J].青海社会科学,2017(1).

[97]孙绍勇.习近平经济公正思想的生成逻辑及其当代意蕴[J].新疆社会科学,2017(4).

## 外文文献

[98]Akcadag E. Alagoz. Creation of the Asian Infrastructure Investment Bank as a part of China's smart power strategy[J]. *The Pacific Review*,2019(6).

[99]Bevir Mark. *Governance:A very Short Introduction*[M]. London:Oxford University Press,2013.

[100]Camilla T. N. Sensen. The Significance of Xi Jinping's "Chinese Dream" for Chinese

Foreign Policy: From "Tao Guang Yang Hui" to "Fen Fa You Wei"[J]. *Journal of China and International Relations*, 2015(3).

[101]Clark Ian. *International Legitimacy and World Society*[M]. Oxford: Oxford University Press, 1987.

[102]Current Richard Y. *"The United States and 'Collective Security': Notes on the history of an Idea" in Alexander Deconde*[M]. Durham: Duke University Press, 1957.

[103]D. Sokol, Thomas Cheng, Ioannis Lianos. *Competition and the State*[M]. California: Stanford University Press, 2014.

[104]Deitz Andrew. Competitive Neutrality in Australia, Presentation to the OECD 11th Global Forum on Competition: Session Ⅲ– OECD Project on State[J]. *Enterprises and Competitive Neutrality*, 2012(2).

[105]Deming Chen. *Economic Crisis and Rule Reconstruction*[M]. Singapore: World Scientific Publishing, 2016.

[106]Denghua Zhang. The Concept of Community of Common Destiny in China's Diplomacy: Meaning, Motives and Implications[J]. *Asia & the Pacific Policy Studies*, 2018(5).

[107]Draper P, Lacey S, Ramkolowan Y. Mega-regional Trade Agreements: Implications for the African, Caribbean, and Pacific Countries[J]. *Environment*, 2014(3).

[108]Ecke Alfred E., Thomas W. Zeiler. *Globalization and the American Century*[M]. Cambridge: Cambridge University Press, 2003.

[109]Eckes Alfred E. *A Search for Solvency: Breton Woods and the International Monetary System (1941 — 1947)*[M]. Texas: University of Texas Press, 1975.

[110] The Economist Intelligence Unit. Prospects and Challenges on China's One Belt, One Road: a Risk Assessment Report[J]. *The Economist Intelligence Unit*, 2015(1).

[111]Fleury J. S., Marcoux J. M. The US Shaping of State-Owned Enterprise Disciplines in the Trans-Pacific Partnership[J]. *Journal of International Economic Law*, 2016(6).

[112]Gelpi Christopher. *The Power of Legitimacy: The Role of Norms in Crisis Bargaining*[M]. Princeton: Princeton University Press, 2003.

[113]Gilpin Robert. *War and Change in World Politics*[M]. Cambridge: Cambridge University Press, 1982.

[114]Hayek Friedrich A. *Rules and Order*[M]. Chicago: Chicago University Press, 1973.

[115] Hull Cordell. *The Memoirs of Cordell Hull*[M]. London: Macmillan Company, 1948.

[116]Ian F. Fergusson, William H. Cooper, Remy Jurenas and Brock R. Williams. The Trans-Partnership Negotiations and Issues for Congress[J]. *Congressional Research Service*, 2013(7).

[117]Ikenberry G. John. Institutions, Strategic Restraint, and the Persistence of American Postwar Order [J]. *International Security*, 1998(23).

[118]Irina Ionela Pop. Strengths and Challenges of China's "One Belt, One Road" Initiative [J]. *Centre for Geopolitics & Security in Realism Studies*, 2016(1).

[119]Jean Marc F. Blanchard, Colin Flint. The Geopolitics of China's Maritime Silk Road Initiative[J]. *Geopolitics*, 2017(22).

[120]Jin Kai. Can China Build a Community of Common Destiny[J]. *The Diplomat*, 2013 (28).

[121]Josef Drexl, Vicente Bagnoli. *State-Initiated Restraints of Competition*[M]. Cheltenham: Edward Elgar Publishing, 2015.

[122]Koopman Gert – Jan. Competitive Neutrality-Focus on EU State Aid Policy[J]. *Presentation in Global Forum on Competition*, 2012(2).

[123]Leela Cejnar, Rachel Burgess. Challenging the Need for a Global Competition Law [J]. *European Competition Law Review*, 2014(35).

[124]Maher M. Dabbah. *The Internationalisation of Antitrust Policy* [M]. Cambridge: Cambridge University Press, 2003.

[125]Mariana Pargendler. State Ownership and Corporate Governance[J]. *Fordham Law Review*, 2012(80).

[126]Michael D. Swaine. Chinese Views and Commentary on the "One Belt, One Road " Initiative[J]. *China Leadership Monitor*, 2015(47).

[127]Morallos D, Amekudzi A. The State of the Practice of Value for Money Analysis in Comparing Public Private Partnerships to Traditional Procurements[J]. *Public Works Management & Policy*, 2008(13).

[128]Nicola Casarini. When All Roads Lead to Beijing. Assessing China's New Silk Road and its Implications for Europe[J]. *The International Spectator*, 2016(51).

[129]Sadiq K. , Richardson C. Tax Concessions for Charities: Competitive Neutrality [J]. *The Tax Base and Public Goods Choice*, 2010(25).

[130]Schirm Stefan A. Leaders in Need of Followers: Emerging Powers in Global Governance[J]. *European Journal of International Relations*, 2010(16).

［131］Schmitz David F. *The Triumph of Internationalism*: *Franklin D. Roosevelt and a World in Crisis*［M］. Lincoln: Potomac Books Inc, 2007.

［132］Scissors Derek. Why the Trans-Pacific Partnership Must Enhance Competitive Neutrality［J］. *The Heritage Foundation Backgrounder*, 2013(6).

［133］Smith Joseph. The United States and Latin America: A History of American Diplomacy［J］. *Routledge*, 2005(12).

［134］Symons Jonathan. The Legitimation of International Organizations: Examining the Identity of the Communities that Grant Legitimacy［J］. *Review of International Studies*, 2011 (37).

［135］Taylor S. The Challenge of Competitive Neutrality in Public Procurement and Competition Policy: the UK Health Sector as Case Study［J］. *Competition Policy International*, 2011 (7).

［136］Thomas Zimmerman. *The New Silk Roads*: *China*［M］. New York: the U. S. and the Future of Central Asia of New York University, 2015.

［137］Thuy T. Do. China's Rise and the "Chinese Dream" in International Relations Theory ［J］. *Global Change*, *Peace and Security*, 2015(27).

［138］Timo Kivimaki. Soft Power and Global Governance with Chinese Characteristics［J］. *The Chinese Journal of International Politics*, 2014(7).

［139］Vladimir Yakunin. The Future of World Order: Building a Community of Common Destiny［J］. *China Quarterly of International Strategic Studies*, 2017(3).

［140］Weidong Liu, Michael Dunford. Inclusive Globalization: Unpacking China's Belt and Road Initiative［J］. *Area Development and Policy*, 2016(1).

［141］Westra Joel H. Cumulative Legitimation, Prudential Restraint, and the Maintenance of International Order: A Re-examination of the UN Charter System［J］. *International Studies Quarterly*, 2010(54).

［142］Worthington A. , Dollery B. An Analysis of Recent Trends in Australian Local Government［J］. *International Journal of Public Sector Management*, 2002(15).